KB076162

지방자치는 우리의 삶을
어떻게 바꾸는가

지방자치는 우리의 삶을 어떻게 바꾸는가

How Does Local Autonomy
Change Our Lives

존엄한 삶을 위한
참여민주주의

Participatory democracy
for a dignified life

정현주 지음

서문

언론에서 지방자치단체(지방정부)
의 불미스러운 사건이 보도될 때마다 "우리나라처럼 좁은 국가에서
지방자치는 필요 없다, 세금 낭비다, 제발 지방자치단체 좀 해체하자"
는 등의 절박하고도 진지한 댓글들을 자주 보게 된다. 이러한 현상은
그만큼 많은 사람들이 지방자치를 부정적으로 인식하거나 일상생활
이 영위되는 지역 정치에 무관심하다는 것을 반증하는 것이다.

그러나 냉소를 잠시 접고 우리는 지방자치에 대해 진지하게 생각해
볼 기회를 가져야 한다. 현재 정치적 상황은 자치분권을 대폭 강화하
려는 추세다. 국회에 다수의 관련법 개정안이 입법 예고된 상태다. 이
들 법이 개정된다면 지금보다 지방자치단체의 권한이 더 확대, 강화되
어 우리의 사회적 삶의 양상도 달라질 것으로 예상된다. 따라서 현재

우리에게 지방자치란 무엇인지 그 의미를 재구성해야 할 필요성이 절실하다.

전 세계적으로 지방자치 실시 여부는 그 국가가 민주국가인지 혹은 독재국가인지를 판가름하는 척도가 되었다. 근대 국민국가가 성립한 후 민주주의 국가 대부분은 지방자치를 실시해 왔고, 현재는 확고한 국가운영 시스템으로 정착되었다.

역사적으로 어느 나라에서나 독재세력은 지방자치를 약화시키거나 금지시켰다. 그들은 중앙집권을 강화하면서 절대 권력으로 국민을 통제하고 억압해 왔다. 반면 민주세력은 분권을 통해 지방행정을 그 지역의 주민들이 참여해 자율적으로 행사하도록 주민주권을 강화해 왔다. 결국 민주주의 국가 시스템 안에서 지방자치는 존재할 수 있었던 셈이다.

현재 우리나라에서 실시하는 지방자치는 독재정권에 대항한 민주화 투쟁이라는 역사와 맥락을 함께한다. 1961년 박정희 정권이 금지시켰던 지방자치는 1987년 6월 항쟁에 따른 개헌과 김대중 전 대통령이 '지방자치 전면실시'를 요구하며 단식투쟁을 한 결과 힘겹게 부활할 수 있었다. 미비한 권한에도 불구하고 지방자치가 실시된 지 30년이 다 되어가는 동안 자치 경험이 축적되어 이제는 제도적으로 주민 참여가 확대 보장되는 등 정착기로 접어들고 있다.

그러나 "세금만 낭비하는 지방자치를 해체하라"는 등의 주장은 다양한 각도에서 심층적으로 각 층위를 분석해 볼 수 있다.

우선 박정희 군부세력에 의해 지방자치가 금지되고, 반공이 국시였던 우리나라 현대사를 되돌아볼 필요가 있다. 당시 정권은 언론과 출판

물은 물론 일반인들 사이에서도 자치라는 단어 사용을 금기시했다. 학교에서도 지방자치에 대한 교육을 철저하게 금지시켰다. 그 결과 현재까지도 우리나라 인구 구성 비율이 지방자치를 교육 받지 못한 구세대와 충분하다고 평가하기는 어렵겠지만 지방자치를 교육 받으며 성장한 신세대가 공존하고 있다는 점을 상기할 필요가 있다.

과거 자치에 대한 교육 부재는 오늘날까지도 부정적인 영향을 미치고 있다. 교육 부재라는 역사적 경험은 우리에게 지방자치가 민주주의의 핵심이라는 것을 제대로 인식하지 못하게 만든 원인이 되었다. 그로 인해 우리에게는 민주주의의 가치와 지방자치와의 상관성에 대한 의미체계를 정확히 읽어낼 능력이 결여되어 있는 것으로 보인다. 그 대신 많은 사람들이 중앙집권에 익숙해졌고 중앙정치만 제대로 작동된다면 민주주의가 발전할 것이란 환상을 갖게 만든 것은 아닐까 한다.

현재 지역에서 활동하고 있는 정치인들 대부분이 지방자치를 제대로 교육받지 못한 구세대에 해당하는 것이 현실이다. 따라서 지역 정치인들조차 지방자치에 대한 기초 지식이 결여될 수밖에 없다. 그들은 지방자치에 대한 지식을 습득할 시간도 없이 선거가 끝나고 당선되자마자 곧바로 정치 활동을 시작해야 한다. 물론 자체적으로 실무역량 강화를 위한 교육을 실시한다. 하지만 그들에게는 선출직 공무원이 갖춰야 할 자질과 정체성을 형성할 기회조차 거의 없다. 따라서 그들 대부분은 자신의 권한과 역할, 책임이 무엇인지 정확하게 인지하지 못한 상태에서 경험과 행정직 공무원들에 전적으로 의존해 활동한다. 그러다 보니 잦은 시행착오와 오류를 반복하다가 임기를 마치는 것이 현실이다.

민주주의는 효율성만을 기준으로 그 가치를 실현할 수 없다. 이 명제는 지방자치에도 해당된다. 지방자치제도 자체가 민주주의의 산물이기 때문이다. "세금을 낭비하는 지방자치"라는 인식은 기업이 경제적 효율성을 극대화하는 것처럼 효율성을 재고해 지방의회를 해체하라는 것이다. 대신 의원 활동비로 지급되는 예산을 복지 등 다른 분야에 쓰라는 의미도 함축하고 있다.

그러나 일부 시민들이 부정적으로 생각하는 지방자치의 진정한 가치는 가까운 곳(자신이 살고 있는 지역)에서 정치적 참여를 확대해 직접민주주의를 발전시키는 토대를 만드는 데 있다. 지방자치가 대의민주주의라는 한계를 지닌 약한 민주주의이자 정치제도임에는 분명하다. 하지만 주민들의 의지와 열망이 모여 직접 참여를 통해 그 지역에서 자아를 실현할 때 대의민주주의의 한계를 극복하면서 그들이 의도하는 대로 지역을 바꿀 가능성이 열릴 것이다. 지역이 지방자치에 의해 발전 가능성이 높은 미시적인 정치적 장이 되는 셈이다. 지역 주민이 그 지역의 주권자가 되어 헌법이 보장하는 주권자로서의 권력을 자신이 살고 있는 그 지역에서 행사하는 것이 바로 자치가 지닌 본질적 가치다. 그러므로 지방자치는 효율성 극대화라는 논리로 환원될 수 없다.

위와 같이 과거 교육 부재는 현재까지도 큰 영향을 미쳐 지방자치에 대한 인식이 왜곡되고 결여된 결과를 초래했다. 또한 일반 시민들의 "지방자치를 해체하자"는 식의 부정적인 인식은 민주주의의 발전을 가로막는 장애요소가 되고 있다. 필자의 이 같은 문제의식은 이제야

말로 지방자치에 대한 인식의 전환이 절실한 시점이라는 고민으로 함축되었고 이 책을 쓰게 된 강력한 동인이 되었다.

그렇다고 덮어놓고 현재의 지방자치제도가 완벽하다고는 말할 수는 없다. 일부 지방정치인들의 도덕적 일탈이 주기적으로 언론을 장식하는 사례에서 알 수 있듯이 말이다. 지방자치단체장들이 자치의 가치를 좇기보다는 행정 절차를 무시하고 독선적인 행정을 수행하는 경우도 있다. 지역 정치인들의 수준과 역량이 높다고 말할 수도 없다. 다만 지역 주민들의 사회적 삶의 질을 높이기 위해 헌신적으로 활동하는 다수의 지역 정치인들이 존재한다는 사실만은 엄연한 진실이다.

필자는 시민단체에서 활동하다 2010년 화성시 동탄 지역구에서 시의원으로 당선되어 4년간 의정활동을 경험했다. 필자 역시 지방자치를 교육받지 못한 구세대며, 지방자치에 대해 무지하기는 일반인과 다름없었다. 4년 내내 낮에는 의정활동을, 밤에는 지방자치를 학습하며 숨가쁜 일상을 보냈다. 그 중압감을 혼자 감당하기에는 너무나 벅찼기에 임기를 마치고 성찰의 시간을 갖지 않을 수 없었다. 가장 절실했던 것은 '4년 동안 공적영역에서의 활동 경험에 대해 의미 부여를 어떻게 할 것인가'라는 점이었다. 당시에는 인식하지 못했으나 임기를 마치고 난 후, 지난 시간에 대한 의미의 재정립이 필요했던 것이다. 그 의미를 제대로 구성해 내지 못한다면 개인적으로도 삶에 대한 전망을 찾기 어려울 것이란 위기의식이 상당히 컸었다.

다소 거창하게 느껴질지 모르겠으나 종국에는 '정치란 무엇인가'

에 대해 집요하게 자문할 수밖에 없었다. 그것이 중앙이든 지역이든, 본질적으로 정치와 법은 '뫼비우스의 띠'와 같이 누군가의 생사여탈을 직간접적으로 결정하는 권력 그 자체라는 결론에 도달했다.

한편 지방자치 부활 후 중앙정부의 권한이 순차적으로 지방정부로 이양되었다. 그 결과 삶의 질과 직결되는 복지·아동·장애인·여성·일자리 창출 등에 대한 행정권한과 집행권을 지방정부가 행사하고 있다. 즉 지방자치단체가 자치법규(조례) 제정을 통해 주민의 생명과 신체 보존에 힘쓰거나 제약·통제권을 독점하고 생명정치를 수행하는 권력의 주체가 된 것이다. 그래서 지방자치단체가 자신의 역할에 충실했다면 뉴스를 통해 끊임없이 보도되는 비극적인 사건들을 예방해 생명을 구할 수도 있었을 것이라는 상상을 자주하게 된다. 즉 지역 주민의 입장에서 봤을 때, 지방자치가 행사하는 권력의 행태는 생존의 문제와 직결되는 것이다.

위와 같이 직간접적으로 주민들의 생사여탈을 결정하며 생명정치를 수행하는 권력 그 자체인 지방자치단체의 역할과 책임은 막중하다. 그에 반해 일반 시민들은 지방자치가 무엇인지 잘 모른다. 지역에서 참여 활동을 하고 있는 사람들도 마찬가지다. 그래서 지역 주민들이 지방자치가 무엇인지 정확하게 아는 것으로부터 주권을 행사하고 자신의 권리 찾기가 가능하다는 것을 알려야 한다는 문제의식이 이 책을 쓰게 된 일차적인 목적이다. 따라서 이 책에는 필자의 경험을 살려 일반 시민들이 꼭 알아야 할 지방자치의 기본적인 개념과 사례를 소개하고 있다.

최근 사회문화적으로 자기계발에만 몰두하는 사람들이 많아지는 현상은 상당히 염려스러운 일이다. 물론 자아실현을 위한 자기계발의 필요성을 부정하지는 않는다. 그러나 자기계발서를 비롯한 관련 문화 상품들은 의도적으로 사회 구조적인 모순을 은폐시킨다. 더 나아가 국가와 사회가 책임져야 할 문제까지도 개인의 책임으로 떠넘기며 불안감을 조장하고 자발적으로 자신을 훈육하고 통제하게 만드는 속성을 갖는다.

자기계발과 자아를 실현하려는 자기계발은 개인의 영역에서만 완전하게 이루어질 수 없다. 자아실현 욕망은 타자와의 관계망 내에서 형성되는 사회적 행위다. 즉 그 욕망의 세계는 사회내적으로 타자와 서로가 상호작용하며 관계하는 세계로 사회적 삶을 통해서만 가능하다. 기본적으로 우리의 사회적 삶이 영위되는 장이 바로 미시적인 정치가 이루어지는 지방자치다. 그러므로 우리는 지방자치를 통해 자기계발과 자아실현이 가능하도록 만들어야 한다.

한 마디로 지방자치는 우리의 사회적 삶의 생명이 지속적으로 작동 가능하도록 산소를 제공하는 권력이자 기계장치다. 그 산소를 제공하는 지방자치라는 기계가 오작동을 일으켜 산소 공급이 중단된다면 우리의 생명은 치명타를 입게 될 것이다. 만약 산소가 오염되었다면 그것을 예민한 감각으로 간파해 내고 산소를 정화시켜 낼 힘이 필요하다. 이 힘은 지역 주민의 적극적인 참여로부터 나온다. 따라서 참여민주주의라는 강한 민주주의만이 신선한 산소를 제공해 우리들의 사회적인 삶에 생명력을 불어 넣어줄 수 있다. 결국 참여하는 개인의 삶이 공명하고 연대하며 자기 조직화를 통해 지방자치를 품어 안고, 한편으로는 지방자치가 개인의 삶을 포용할 때 우리의 삶의 질은 한층 더 건강해질 것이다.

　이 책의 궁극적인 목표는 지방자치를 통해 직접 민주주의를 발전시키는 데 밑거름이 되는 것이다. 오늘날 중앙정치든 지방정치든 대의민주주의는 과두제로 전락했다. 우리는 날마다 이익집단으로 변질된 정당 정치와 자신의 이익을 추구하기 위해 정치를 이용하려는 정치인들의 민낯을 보며 선거 날짜가 다가오기만을 기다린다. 그러나 이렇게 소극적인 자세만으로는 주권자로서의 권력을 행사할 수 없다. 대의민주주의의 한계를 극복하고 직접 민주주의를 통해 실천적으로 대안을 제시할 수 있는 방안은 우리가 먼저 지방자치가 무엇인지 정확하게 아는 것으로부터 출발해야 한다.

2019년 6월
저자 정현주

차례

1장   자기결정적인 삶

근대성과
개인의 부상

　　　　　　　　　노예제 시대에 노예에게는 자율적인 주체로 살아갈 권리가 없었다. 동서양을 막론하고 노예에게 절대적으로 요구되었던 것은 복종뿐이었다. 신분에 따라 이미 자신의 정체성이 결정된 노예들의 타율적 삶은 그들의 운명이었다. 한 마디로 노예는 인간의 존엄성을 지닌 자율적인 존재가 아니라 숨 쉬는 사물이자 지배계급의 재산의 일부분이었다.

　중세시대 사람들 역시 위계에 따른 신분질서를 자연스러운 것으로 받아들였다. 중세인들은 노예 신분에 비해 삶의 방식이 개선되기는 했지만 그들도 출생배경에 따라 무차별적으로 자아정체성을 부여받은,

이미 포섭된 존재들이었다. 그들은 누구나 출신성분에 따라 국가 혹은 종교 공동체가 규정해준 대로 행동하며 자신의 정체성을 드러내야만 했다. 권력 집단이 부여해준 정체성을 무시하고 자신의 개별성을 드러낼 경우 배제되고 억압 당했다.[1]

우리가 익히 아는 것처럼 고대 그리스 국가에서도 자유와 평등에 입각한 민주주의 원리가 작동했다. 하지만 당시의 민주주의 체계는 모든 인간이 태생적으로 자유롭고 독립적인 존재로 태어난다는 평등 사상을 원칙으로 한 것은 아니었다. 여성들과 노예들은 배제되었고 그들은 타율적인 삶을 살아야만 했다. 고대 그리스 국가에서 개인이 평등·자율·독립적인 존재로 간주된 것은 시민계급에 국한되었으며 인간 그 자체가 절대적 기준은 아니었다. 당시 시민계급은 출생 배경에 따른 위계질서 속에서 형성되었다. 인류 역사에서 모든 인간이 태어날 때부터 평등하며 자유롭고 독립적인 존재라는 민주주의 사상이 개인 각자에게 보편적으로 적용된 것은 근대 이후에 일어난 일이다.[2]

현대사회에서 우리가 누리는 민주주의적 삶의 기원을 찾아 거슬러 가다 보면 근대의 여명기와 마주치게 된다. 르네상스가 시작된 이탈리아에서 15세기부터 상업이 발달하면서 부를 축적한 도시를 중심으로 인본주의가 확산되기 시작한다. 로베르 르그로Robert Legros는 근대성과 개인의 정체성 관계를 아래와 같이 우리가 쉽게 이해하도록 설명한다.

근대사회는 새로운 종류의 인간들로 구성되어 있다. 그들이 서로를 평등한 존재로, 서로에게서 독립해 있는 자율적 존재로 간주하고, 그렇게 서로를 대하게 되었을 때 인간들은 사실 이 말이 일찍이 가져보지 않았던 의미로, 즉 이 말의 고유한 의미로 개인들이 되었다. 민주주의의 기원을 이루는 이러한 인간관계의 변화는 근대의 여명기에 태동했다. 인본주의가 그것을 증명한다.[3]

근대 들어 성립된 민주주의에 대한 기본 원칙은 두 가지로 요약된다. 인간은 누구나 태어나는 순간부터 천부적인 자율성을 가지며, 평등한 권리를 가진 독립적인 존재라는 것이다. 이와 같이 인간 자신에 대한 인식의 대전환은 이전 시대에는 결코 단 한 번도 가져보지 못했던 새로운 관점이었다. 또한 전 근대의 그 어떤 시대, 그 어떤 사회도 인간이 평등한 존재라는 가치를 원칙으로 작동된 적은 결코 없었다.[4] 따라서 인간이 자율적이며 평등한 존재라는 사상을 기반으로 한 근대의 개인은 근대 이전의 시대와는 전혀 다른 자아상과 정체성을 갖게 된다.

종교혁명을 거친 후, 중세의 신분 사회가 해체되면서 인간은 자유로운 개별적 존재가 된다. 철학적으로는 도덕적 행위의 근원이 외부로부터 주어진 것이 아니라 각자에게 내재된 것이라고 인식하기 시작한다. 그 결과 자신의 행위에 대한 책임도 함께 져야 하는 개인의 정체성이 대폭 강화되기 시작한다. 비로소 인간은 신과 종교로부터 독립된 단독자가 될 수 있었던 것이다. 종교적 예속에서 벗어난 근대적 개인은 세속화된 일상세계를 영위하게 된다.

시대가 변하면서 일상의 생활방식이 민주화 되어갔고 인간관계에서도 커다란 변화가 생겨난다. 그들은 한 공간에서 장시간 함께 일하며 타자를 자신과 동일시하거나 닮은 존재로 경험한다. 즉 인간이 자유롭고 평등한 존재라고 인식하면서 타자에 대한 새로운 윤리적 감수성을 느끼게 된 것이다.

중세부터 신분사회가 해체되고 인간이 자율적이고 평등한 존재가 되었다는 의미는 현재 우리가 살고 있는 자본주의 사회가 모순 없는 사회라는 말은 아니다. 다만 중세시대의 모순과 자본주의 사회의 모순의 층위가 다를 뿐이다.

인간에 대한 새로운 윤리적 감수성이 대중적으로 공유되면서 사람들 사이에서 평등의식은 더욱 확산된다. 이렇게 인간 존재에 대한 인식의 재정립으로 개인은 스스로 주체적 자아를 가진 존엄한 존재로 경험하게 된 것이다. 일상생활에서 인간관계의 변화에 대한 생생한 경험은 민주주의가 발전할 수 있는 토대가 되었다는 점에서 매우 중요한 의미를 갖는다.

18세기부터 시작된 산업혁명은 농경사회의 해체를 더욱 가속화하면서 농촌을 대도시로 변모시킨다. 이제 개인은 상품의 대량 생산이 가능한 공장에 모여 같은 노동 조건에서 장시간 일하며 생산을 담당한다. 이러한 경험은 그들에게 이전 시대와는 다른 정서와 감정구조를 갖게 만들었다. 개인으로 쪼개진 원자들이 산업혁명과 함께 집단을 이루면서 대중으로 재구성 되어 갔다.

게오르그 짐멜Georg Simmel은 이미 20세기 초에 대도시에 사는 개인은 심리적으로 신경과민 상태에 놓여 있다고 진단했다.[5] 21세기 들어 포스트모더니즘postmodernism 문화가 주도하는 현대사회는 정신분열증에 시달릴 정도로 급속한 변화가 이루어지고 있다. 심지어 세계화로 상징되는 글로벌global 문화는 하루가 다르게 우리에게 새로워질 것을 강요한다. 하나의 정체성이 안착하기도 전에 새로운 정체성으로 옷을 바꿔 입기를 요구하며, 이에 적응하지 못하는 사람들에게 혼란을 야기한다.

포스트모더니즘 문화는 스펙타클Spectacle한 미디어Media와 광고로 끊임없이 우리의 욕망을 자극하고 유혹하며 소비사회에 안주하게 만든다. 미디어 생산자들은 분야를 가리지 않고 인간을 단지 수동적인 소비자로만 취급하려는 경향성을 보인다. 소비문화가 구조화되고 내면화되면서 우리는 인간관계에서도 상대가 자신에게 이득이 될 때까지만 유효하다는, 즉 교환가치가 최우선시 되는 데 익숙해졌다.

신자유주의는 사회적 책임을 개인에게 떠넘기며 인간을 더욱 개별적인 존재로 원자화 했다. 정치권은 사회의 구조적 모순은 그냥 둔 채 성공하고 싶으면 개인이 더욱 열정적으로 일하고 노력해야 한다고 강요한다. 그들은 복잡한 정치와 사회문제에 대해 대안을 제시하기보다는 대중을 냉소주의에 빠지게 만들며 현실 정치에 대한 혐오와 무관심을 유발한다. 그 결과 과두제적이며 관료화로 변질된 대의민주주의의 한계는 더욱 극명해졌다.

이제 누군가 삶의 길목에서 어떻게 살아야 하는지, 무엇을 어떻게 결정해야 하는지, 어느 방향으로 길을 가야하는지 안내해 주는 이가 없다. 우리는 각자의 손에 등불을 들고 자신만의 지도를 펼쳐 들고 삶의 오솔길을 밝히며, 스스로 안내자가 되어 유령처럼 자신의 삶의 길을 걸어야 한다. 길을 밝혀줄 등대가 해체된 포스트모더니즘 시대, 우리는 과연 어떻게 살아야 하는 것일까.

자신의 삶에서
주인으로 살기

　　　　　　　　　　사람들은 누구나 자유의지에 따라 자신이 원하는 대로 스스로 삶을 결정하며 살아가기를 소망한다. 자신의 의지에 따른 자기결정이 가능한 삶이야말로 자신의 삶이라는 역사의 무대 위에서 주인공이 될 수 있기 때문이다. 따라서 사람들은 현실 세계에서 좌절과 패배라는 비극을 경험하더라도 매 순간 자기결정에 의한 삶의 존재 이유를 찾아 희망을 품고 살아가야 한다.

　자유의지에 따른 자기결정적인 삶은 자아실현의 전제조건이다. 자아실현은 자신이 되고자 하는 어떤 모습을 자유의지로 실현하는 것이다. 즉 자아실현이란 자신이 원하는 삶의 이상에 도달하기 위해 자신만의 특성과 재능을 키워 현실세계와 합일시키는 것을 말한다. 하지만 타자의 억압과 강제에 의해 자신이 원하지 않는 삶을 살아야 한다면, 그 것은 타자의 욕망일 뿐, 자아실현이라고 할 수는 없다.

　그렇다면 자유의지에 따른 자기결정이 갖는 의미는 무엇일까. 이는 자신의 존재 자체가 자신의 삶에서 주인이라고 인식하는 것이다. 즉 주체적으로 자신을 장악하고 구성해낼 능력을 키우고 재능을 발휘해 적극적으로 자아를 실현하는 삶이다. 자기결정에 의한 주체적인 삶과 관련해 앙리 르페브르Henri Lefebvre는 '전유'라는 단어를 자주 사용했다.

　전유란 자신의 육체, 자신의 욕망, 자신의 시간을 타인에게 맡기는 것이 아니라 그것들을 스스로 장악하고 주체적으로 관리한다는 의미다. 전유란 결국 소외되지 않은 인간, 자기 존재를 자기가 소유하고 있는 인간을 말하

는 것이다. 따라서 전유의 반대말은 강제가 된다.[6]

자유의지에 따라 자신의 몸, 자신의 욕망, 자신의 시간을 주체적으로 장악하면서 온전하게 자기 자신으로 사는 삶이야말로 전유하는 삶인 것이다. 전유하는 삶이야말로 자신의 삶에서 자신 스스로가 주인으로 사는 것이다. 하지만 전유하는 삶을 사는 것은 쉬운 일이 아니다. 도처에서 내 의지와 상반되는 부당한 권력행사가 내 삶을 끊임없이 침해할 수 있기 때문이다. 최근 언론에 보도된 미투MeToo 문제와 '갑질'로 표현되는 사건들은 우리 사회에서 전유하는 삶이 얼마나 어려운 것인지 잘 보여준다.

자기결정적인 삶은 권력과 밀접한 관계가 있다. 인간관계를 둘러싼 권력행사는 항상 어디에서나 존재하기 때문이다. 나 자신을 둘러싼 권력은 일상 생활세계에서 행사되는 미시권력과 국가로부터 행해지는 거시권력으로 구분할 수 있다.

미시권력은 일상의 생활세계에서 모든 인간관계를 둘러싸고 끊임없이 작동한다. 가정과 직장에서 이루어지는 미시권력 행사가가 대표적이다. 일상생활 속에서 작동하는 은밀한 미시권력 행사는 가정문화와 직장문화라는 말로 포장된다. 이 포장은 권력의 본질을 은폐하면서 사람들에게 무의식적으로 작용될 가능성이 크다. 그렇기 때문에 부당하게 행사되는 미시권력에 대해 무엇이 문제인지 당사자들은 자각하지 못하는 경우가 많다. 그렇다고 미시권력 행사가 부정적인 측면만 있는 것은 아니다. 긍정적인 미시권력 행사도 가능하다는 점을 염두에 두면서 부정적인 미시권력 행사의 예를 살펴보자.

부부사이에서 남자는 여자에게 집안일과 육아를 모두 책임지게 만들면서 가부장적인 남성 권력을 은밀하게 행사한다. 명절만 되면 며느리들은 가히 폭력적이라 할 수 있는 거대한 규모의 명절 노동에 노출된다. 며느리들은 이를 감수하면서 가부장적인 권력행사에 굴복해 왔다. 최근 들어서야 여자들이 독박육아에 대해 문제를 제기하고, 명절 노동을 며느리들만 다 할 수는 없다고 자기결정적인 선언을 하고 있는 실정이다.

생활세계에서 일어나는 일상적인 미시권력 행사는 시간이 갈수록 공고해지면서 관계의 불평등을 구조화했다. 미투를 선언한 서지현 검사는 "단 하루도 성희롱을 당하지 않은 날이 없었다"[7]며 검찰사회의 부도덕성을 고발했다. 안희정 전 충남도지사와 이윤택 전 연희단거리패 단장의 여성에 대한 성폭력 역시 우리 사회가 여성이 자신의 몸과 자신의 욕망에 대해 자기결정적인, 전유하는 삶을 사는 것이 얼마나 어려운 일인지 반증한다.

우리 사회에서 일어나는 미시권력 행사는 그 규모나 수준으로 봤을 때 더 이상 우연히 발생하는 갑질이 아니다. 대기업은 하청업체에, 프랜차이즈 본사는 지점에, 정규직은 비정규직에, 맘카페들은 지역의 자영업소에 두루두루 권력을 행사한다. 대한항공 오너 가족들이 보여주는 것처럼 권력행사가 이미 구조화되었다는 점에서 개인적인 차원에서 대항하기에는 한계가 있다. 또한 강자가 약자에 대한 미시권력 행사를 갑질이란 단어로 묘사하는 언론의 행태는 미시권력 행사의 본질을 은폐하기도 한다.

이러한 미시권력 행사 앞에서 인간은 서로 평등하고 존엄한 존재가 될 수 없다. 권력을 행사하는 당사자는 그 권력의 속성 때문에 인간성을 상실하게 된다. 권력행사를 당하는 사람은 자신의 몸과 욕망의 주인이 될 수 없다는 점에서 피해자가 된다. 결국 스스로 자신의 존엄성을 파괴하고 파괴당한다는 점에서 모두에게 비극이다. 무엇보다 심각한 문제는 생활세계에서 이루어지는 미시권력을 행사하는 사람들로 인해 많은 사람들이 자기결정권을 박탈당하면서 노예적 삶을 강요받고 있는 것이다.

전유하는 삶을 살기 위해서는 나 자신을 둘러싸고 행사되는 부당한 미시권력을 예민하게 포착하고 진지하게 대항할 필요가 있다. 자기결정적인 삶은 자신의 존엄성을 지키고 자유로운 인간으로서 자기를 실현하는 것을 함의하기 때문이다. 우리가 자기결정적인 삶을 살기 위해서는 생활세계에서 다양하게 행사되는 부당한 미시권력에 대항할 수 있는 주체가 되어 적극적으로 행동할 수 있어야 한다. 이를 실현하기 위해서는 무엇보다 끊임없이 자신의 존재를 탐색하는 것과 함께 진지한 결단이 동반되어야 한다. 이와 함께 자신의 삶에 대한 열정과 도덕적 단호함 그리고 강제와 억압적 상황에 대항할 용기가 필요하다.

결국 우리가 전유하는 삶을 살 수 있느냐, 없느냐의 문제는 생활세계에서 민주주의의 실현 여부에 따라 결정된다. 미시권력이 행사되는 생활세계의 장場에서 민주주의의 가치가 적용되느냐, 되지 않느냐에 따라 전유하는 삶의 가능성이 결정되기 때문이다. 생활세계에서 민주주의의 실현 여부는 사회구조와 함께 우리가 '살아가는 방식way of living'[8]으로서 문화의 문제로 접근이 가능하다.

민주주의의 본질은 대의제의 절차적 정당성을 획득하기 위한 투표 행위에만 국한되지는 않는다. 따라서 고대 그리스의 직접 민주주의 사회가 그랬듯이 현재 우리는 '살아가는 방식'으로서의 정치를 위한 민주주의 본연의 가치를 되새겨 볼 필요가 있다. 필자는 아래의 인용문에서 말하고 있는 민주주의의 본질에 대해 "정치적 영역뿐만이 아니라 사회·경제·문화 등 인간의 사회적 삶의 모든 영역에 적용되어야 하는 사회 구성과 운영의 원리"로 이해한다.

민주주의의 본질 그 자체에 대한 근본적인 물음, 즉 '민주주의가 보편적 선거권, 다수결의 원리, 대의제적 시스템 등과 같은 정치적 원리로서만 이해되면 되는가', 아니면 보다 근본적으로 '민주주의는 정치적 영역뿐만이 아니라 사회·경제·문화 등 인간의 사회적 삶의 모든 영역에 적용되어야 하는 사회 구성과 운영의 원리로 이해되어야 하는가'라는 물음을 담고 있다.[9]

우리 사회가 민주주의의 본질을 '살아가는 방식'으로서 "인간의 사회적 삶의 모든 영역에 적용되어야 하는 사회 구성과 운영 원리"로 받아들인다면 현재 당면한 심각한 모순들을 해결할 수 있는 길이 열릴 것이다. 민주주의에 대해 이와 같은 관점을 갖는다면 문제 인식과 질문도 달라질 수 있다. 현재 페미니즘 운동은 남녀가 서로를 혐오하며 대결 양상으로 치닫는 상황이다. 시선을 돌려 과연 남녀관계에서 민주주의 원리가 적용되고 있는가라는 질문을 할 수 도 있다. 독박육아와 명절노동을 두고 과연 우리 사회의 가정이 민주적인가라고 질문할 수 있으며, 직장에서 상사가 부하 직원에게 행하는 갑질, 하청기업에 대한 대기업의 갑질 등에 대해서도 같은 질문을 던져볼 필요가 있다. 생활세계에서 민주주의의 가치가 실현된다면, 인간관계를 둘러싸고 벌어지는 다양한 미시권력 행사의 장에서 자기결정적인 삶, 즉 자신의 삶에서 주인이 되는 전유하는 삶의 가능성은 훨씬 높아질 것이다. 전유하는 삶을 위한 민주주의적인 사회적 조건과 환경은 필연적으로 우리 모두가 행복한 삶을 살기 위해 전적으로 필요한 문화적 요소가 된다. 또한 우리가 전유하는 삶을 살기 위해서는 거시권력이 작동되는 정치영역에 참여할 수 있어야 한다. 국가와 사회라는 집합체 안에서 살아가는 인간의 삶은 그 자체가 정치적일 수밖에 없기 때문이다. 오늘날 대부분의 국가가 보편적인 정치원리로 대의민주주의 제도를 채택하고 있다. 따라서 자기결정적인 삶과 참여에 의해 이루어지는 민주주의 제도는 서로 밀접한 연관성을 갖는다.

우리가 민주주의를 "사회·경제·문화 등 인간의 사회적 삶을 위해 모든 영역에서 적용되어야할 가치"로 인식한다면 참여의 폭은 현재보다 더 넓게 확장될 수 있다. 사회적 삶이 이루어지는 공공영역에 참여하는 것은 다양한 측면에서 복합적인 층위로 이루어지는 정치적 행위다. 따라서 형식적이고 절차주의의 정당성 확보에 필요한 도구로 전락해버린 대의민주주의 제도에서 투표에 참여하는 수동적인 역할만을 참여라고 규정할 수는 없다.

민주주의의 본질적 가치가 그렇듯이 참여는 인간의 사회적 삶의 모든 영역에서 이루어져야 한다. 참여민주주의가 강한 민주주의 사회를 만들어낸다. 우리는 공적영역에서 어떠한 문제를 해결하는 과정에 참여해 자기결정권을 행사할 수 있어야 한다. 또 새로운 규범을 정하는 일에 참여해 그 사안에 대해 찬성할 수도 있고 반대할 수도 있어야 하며, 그 과정에서 충분히 자신의 의견을 개진할 수 있어야 한다. 정치가 부정직하고 비도덕적으로 작동한다면 이를 용인하지 않고 적극적으로, 반대를 위한 실천적인 행위도 할 수 있어야 한다. 즉 고대 그리스 사회가 직접 민주주의를 통해 사회의 모든 영역에서 자기결정을 실현했던 것처럼 현대사회 역시 직간접적인 방식으로 활발하게 정치영역에 참여해야 한다.

결국 자유의지에 따른 전유하는 삶은 일상의 생활세계와 정치영역 모두에서 주체적으로 자신이 정한 삶의 법칙을 실천할 때 가능하다. 자기결정적인 삶을 산다는 것은 강제와 억압에 대항하며 자기 자신이 자신의 삶에서 주인이 되는 것이다. 이는 결국 우리가 온전한 삶을 사는 데 필요한 전제 조건이다. 강제와 억압에 의한 권력행사에 희생되어 타율적인 삶과 타자의 욕망을 대리 욕망하며 사는 삶은 결코 행복하다고 말할 수는 없기 때문이다.

자치는 왜 민주주의의 초석인가

자신의 일을 독립적으로 결정하고 책임지면서 주체적으로 사는 삶을 '자치'라는 말로 요약할 수 있다. '자치自治'의 사전적 정의는 '자기의 일을 스스로 처리'하는 것이다. '자치'는 타자의 간섭이나 억압을 받지 않고 자유의지에 따라 자신 스스로를 다스리며 통치하는 행위를 말한다. '자치'는 개인의 삶의 영역과 지역·국가 단위 모두에 해당되는 개념이다. 우선 개인부터 '자치'가 가능한 삶을 이야기해 보려고 한다.

인간에게 자치가 가능하려면 자신만의 삶의 법칙을 세우고 그것을 수행할 수 있는 능력이 있어야 한다. 이를 위해서는 진지하게 자신의 내면 깊숙한 곳으로부터 독립심이 우러나와야 한다. 독립심은 자아의 일부분이 표출된 것으로 타자에게 의존하지 않고 제힘으로 일을 처리하려는 마음으로 자치와 긴밀하게 연결된 개념이다. 독립심의 개념을 심층적으로 해석하면 "자신의 일에 대해 스스로 결정하고 자발적으로 해결하려는 의지와 능력"이다. 이렇듯 독립심은 자신의 삶을 기획하고 실행하며 과정을 평가하면서 결과에 책임지는 전 과정을 내포하는 개념으로 확장될 수 있다.[10]

자신만의 삶의 법칙을 세운다는 것은 각자가 자신만의 방식으로 삶을 운영하려는 의지를 가진 주체라는 말과 상통한다. 이는 자신이 살아가는 방식에 대해 의미의 그물망을 엮는 일이기도 하다. "의미란 의식적·무의식적 영향에 따르는 복합적 정신구조물"이며 "의식과 물질을 품어 싼 것"이다.[11] 한 개인의 출생배경, 가족과 사회적 인간관계, 과거에 경험했던 기억과 현재의 환경에 따른 자신의 상황, 자신이 소유한 물건 등 이 모든 것이 어떠한 의미를 부여할 것인지에 대한 원재료가 될 수 있다. 그러므로 의미는 자신이 이루고자 하는 꿈에 대한 의지와 몰입 상태 등 그를 둘러싼 환경에 따라 의식적·무의식적으로 융합되는 정신구조물로서 개인마다 나무가 지닌 나이테처럼 고유한 무늬를 지니는 주관적 영역이다.

자신만의 삶의 법칙을 세운다는 것은, 타자와는 구별되는 고유한 정체성을 찾고 자신의 문화를 구성하는 실천적인 행위를 하겠다는 의지이기도 하다. 그래서 삶의 법칙을 세우는 것은 인간이 행복한 삶을 살기 위해 분투하는 과정으로 이해할 수 있다. 우리는 삶에 의미를 부여하고 실천적인 행위를 통해 그 의미의 질을 높여갈 수 있는 존재다. 이에 대해서는 인간이 자신의 삶에 의미를 부여하지 못할 때 허무주의나 맹신에 빠져 자아가 고통 받는 사례를 생각하면 쉽게 이해될 수 있다. 허무주의와 맹신은 의미의 질이 낮은 것을 말한다. 삶의 질도 낮아질 수밖에 없는 상태로 자아가 고통 받는 것은 당연한 결과일지도 모른다.

　　우리는 자신의 운명을 바꿀 수 있는 중대한 일들을 스스로 결정해야 하는 상황과 수시로 마주치게 된다. 그 과정에서 친밀한 관계를 맺으며 타자에게 조언을 구하고 도움을 받을 수는 있다. 그러나 조력자는 조력자일 뿐이다. 최종적으로는 타자에게 의존하지 않고 자신의 일을 스스로 결정해야 한다. 자신의 일에 대해 조력자는 도움만 줄 수 있을 뿐 끝까지 책임을 지지는 않기 때문이다.

　　그렇다고 인간이 유아독존적인 존재일 수만은 없다. 인간의 자아는 복합적인 것으로 상황에 따라 변화 작용한다. 인간은 타자를 만나면서 의례 기제를 통해 소통하고 상호작용하는데, 이러한 기제는 "개인에게는 자아를, 사회에는 도덕적 질서를 보장해준다."[12] 또한 현대사회에서 인간은 단일한 자아의 얼굴이 아닌 복수의 상황적 자아의 얼굴로 살아간다. 결국 인간은 타인과 관계를 맺는 과정에서 서로에게 영향을 주고받으며 자아의 변화과정을 거치면서 정체성을 형성해 가는 존재다.

정체성은 정태적이거나 변화할 수 없는 것이 아니라, 환경이나 태도의 변동에 따라 달라진다. 그리고 정체성은 단일하고 획일적인 것이 아니고 여러 가지 요소와 형태를 가진다.[13]

자아가 복수로 존재하며 상황에 따라 달라지듯, 정체성 역시 정태적이거나 형이상학적인 그 무엇이 아니다. 인용문과 같이 정체성은 현실의 일상생활에서 여러 가지 요소와 상황에 따라 다양하게 변동된다.

이 정체성은 자신의 경험과 사회적 환경, 상황과 맥락에 따라 얼마든지 달라질 수 있는 것이다. 정체성의 복수성은 자신의 내부에서 의지에 따라 낡은 정체성을 해체시키고 새로운 정체성을 재구성할 수 있는 가능성의 세계로 인식될 수 있다. 열려 있는 가능성으로서의 정체성을 재구성하기 위해서는 정신구조와 감정구조를 다 함께 변화시킬 열정과 용기, 즉 에너지가 필요하다. 결국 자신만의 삶의 법칙을 세운다는 것은 단 하나의 법칙을 고수하는 것을 말하지는 않는다. 상황의 변화에 따라 자신을 변화시킬 수 있는, 열려 있는 가능성으로 이해해야 한다.

독립심의 개념 설명에서도 잠깐 언급했지만 자치에는 결과를 책임지는 과정이 뒤따른다. 그렇기 때문에 무엇보다 어떠한 일을 결정하기에 앞서 신중한 자세가 필요하다. 과거의 통찰을 기반으로 현재를 진단하고 평가하면서 미래를 조망해야 한다. 또 어떠한 일에 대해 스스로 책임지기 위해서는 사태의 본질을 간파하는 능력과 함께 결과를 예견할 수도 있어야 한다. 종합해 보면 개인이든 공동체든 타자의 간섭과 통제를 극복하고 온전하게 자치를 수행하기 위해서는 지혜를 갖추어야 한다. 어떠한 일이든 또 어떠한 상황에서든 지혜를 갖는다면, 설사 자신의 결정이 잘못되더라도 성찰을 통해 같은 잘못을 반복하지 않고 다시 일어설 기회로 삼게 될 것이다.

자치가 추구하는 자율적 삶은 국가 공동체의 권위를 부정하는 등의 무정부 상태에서 각자 개인이 하고 싶은 것을 마음대로 다 하는 것이 아니다. 쾌락을 충족하기 위해 타인에게 피해를 주면서까지 원하는 것을 다 한다면 자칫 방종에 빠지거나 비도덕적인 일탈 행위로 규범을 벗어날 수 있다. 그러나 방종과 일탈행위는 자치가 추구하는 가치와는 거리가 멀다. 자치는 절제력을 내포하며 이성적 분별력과 도덕적 단호함을 전제한다.

자치는 오랫동안 인류가 공동체를 형성하고 생존해 오면서 축적되고 응집된 경험과 지혜가 만들어낸 결과로서의 보편적 법칙을 준수한다. 즉 규범 안에서 자신의 권리를 주장하고 타자와 소통하며 그 관계망 안에서 조화롭게 자율적으로 자기결정에 의해 사회적 삶을 살아가는 것을 말한다. 그러나 법과 제도가 문제가 있거나 시대를 반영하지 못해 자기결정권을 침해한다면, 이에 대항해 새로운 규범을 만드는 과정에 참여할 수 있어야 한다.

인간이 발전 시켜온 민주주의적인 정치제도는 자율적인 자기결정권에 근거한다. 그러나 민주적으로 선출된 대표자더라도 강력한 중앙집권체제로 국민을 통치한다면 지역의 자율성을 훼손할 가능성이 높다. 이 경우 지방자치는 민주주의의 방파제 역할을 할 수 있다.

절대적인 중앙집권체제가 얼마나 비민주적이었는지는 우리나라 근현대사가 증명하고 있다. 강력한 중앙집권의 폐해를 줄이기 위해

분권을 원칙으로 지역의 자율적인 자기결정권을 보장하는 제도가 지방자치다. 그러므로 지방자치는 민주주의의 초석이다.

인간은 자기결정이 가능할 때 공명하며 스스로 자기 조직화를 통해 창발성을 발휘하고 변화에 대처하는 능력이 높아진다. 또한 자율과 참여가 가능할 때 지역 공동체는 자생적으로 상호작용하면서 개별성을 반영한 문화를 창출한다. 인간은 자신이 발 딛고 사는 지역으로부터 존재의 의미를 찾을 수밖에 없다. 그래서 지역은 내 생활세계의 장이 생생하게 펼쳐지는 공간이며 삶의 터가 된다. 지방자치가 나와 관계없는 정치인들만을 위한 장이 되어서는 안 되는 이유가 여기에 있다. 나와 가장 밀접한 정치영역이 지방자치이며 민주주의를 가름할 바로미터가 지방자치인 것이다.

2장 우리나라 지방자치 역사

제헌헌법과
지방자치

현대사적 의미에서 우리나라의 지방자치 역사는 짧은 편이다. 해방 후, 1948년 7월 제헌헌법에서 지방자치를 규정하면서 처음으로 우리나라에 지방자치제도가 도입된다. 우리나라 현대사가 정치적으로 혼란과 대립·갈등을 겪어왔던 과정만큼이나 지방자치의 역사도 복잡했으며 순탄치 않았다. 더욱이 현재의 모습으로 지방자치가 정착하기까지의 과정은 수난과 역경으로 점철되었다고 해도 과언이 아니다.

아래의 도표에서 확인할 수 있듯이 우리나라 지방자치는 1948년부터 시작되었으나 1961년부터 1990년까지 30년 동안 중단되었다가

지방자치 연대표[1]

구분	도입기 (1948~1961)	중단기 (1961~1990)	부활·발전기 (1991~현재)
자치 단체 종류	광역단체:서울특별시·도 기초단체:시·읍·면	광역단체:서울특별시· 직할시·도 기초단체:시·군	광역단체:특별시·광역시 (특별자치시)·도(특별자 치도) 기초단체:시·군·구·자 치구
기관 구성	기관대립형 (지방의회+집행기관)	기관통합협 (지방의회 폐지)	기관대립형 (지방의회+집행기관)
의회 의원 선출	1기(1952)~3기(1960): 직선 서울특별시·도의원:직선 시·읍·면:직선	의회폐지 서울특별시·도:내무부장 관 승인 시·군:도지사 승인	1기(1991)~8기(2018) 시·도의원:직선 시·군·구의원:직선

1987년 개헌을 통해 1991년에 부활한다.

1948년 7월 제정된 제헌헌법은 지방자치에 관해 다음과 같이 규정한다.

제8장 지방자치

제96조 지방자치단체는 법령의 범위 내에서 그 자치에 관한 행정사무와 국가가 위임한 행정사무를 처리하며 재산을 관리한다. 지방자치단체는 법령의 범위 내에서 자치에 관한 규정을 제정할 수 있다.

제97조 지방자치단체의 조직과 운영에 관한 사항은 법률로써 정한다. 지방자치단체에는 각각 의회를 둔다. 지방의회의 조직, 권한과 의원의 선거는 법률로써 정한다.[2]

제헌헌법은 제8장 제96조에 "지방자치단체는 법령의 범위 내에서 자치에 관한 행정사무와 국가가 위임한 행정사무를 처리"하는 것과 제97조에서 '지방의회'를 구성할 것을 규정한다. 제96조는 지방자치단체의 집행부를 말하며 제97조는 견제기관인 지방의회를 둠으로써 우리나라 지방자치단체가 기관 대립형으로 구성되는 것을 전제한다. 이와 같이 우리나라 역사상 최초로 제헌헌법에서 지방자치를 규정한 것은 헌법이 지방자치의 존재를 절대적으로 보장한 것으로 큰 의의가 있다.[3] 즉 어떠한 권력 기관도 헌법에 보장된 지방자치를 부정하거나 훼손할 수 없다.

지방자치를 규정한 제헌헌법이 지닌 의미는 매우 뜻깊다. 해방 직후 당시의 정치세력은 국가를 절대적인 중앙집권체계로 운용하는 것을 원치 않았기 때문이다. 따라서 제헌헌법의 규정은 민주주의의 가치에 충실한 지방자치분권 원리에 따라 중앙정부와 지방자치단체 간의 상호협력 하에 국가를 운용하겠다는 의지를 밝힌 청사진이기도 했다.

1948년 11월 「지방행정에 관한 임시조치법」이 제정·공포된다. 이 법은 임시조치로 행정구역과 행정기구에 관해 약간의 조치를 취한 깃에 불과했다. 기존의 제도를 그대로 도입한 채 완전한 지방자치를 전면적으로 실시하기에는 한계가 있었다.

1949년 3월 우리나라 최초로 「지방자치법」이 국회를 통과하면서 근대적인 지방자치제도가 시작될 것처럼 보였다. 이 법은 "도·시·읍·면의 특별시(광역)와 시·읍·면(기초)장은 각기 지방주민이 직접 선거한다"고 규정하고 있다. 부칙 제1조에서 "본법은 공포한 후 10일을 경과한 후에 시행한다"고 규정한다.

그러나 국회에서 통과된 「지방자치법」 시행일을 둘러싸고 국회와 중앙정부가 당리당략에 따라 대립하면서 수정을 거듭하는 과정을 반복한다. 좌우대립이 극심했던 정치적 혼란 상황에서 법안을 수정해 지방자치를 부정하는 조항을 삽입하는 일까지 발생한다. 「지방자치법」 제정 후에는 중앙정부가 지방자치 실행 시기를 연기하고 국회에서는 법안이 폐지되는 사건도 일어난다. 정부가 국회에서 통과된 「지방자치법」 공포를 연기하면서 「지방자치법」은 절차상 정당성을 획득하지 못하고 결국 시간이 지나 국회가 폐회되어 1949년 3월 국회를 통과한 「지방자치법」도 폐기되고 만다.

지방자치가 시행될 수 없었던 배경에는 국회와 중앙정부의 극심한 대립이었다. 국회는 「지방자치법」을 곧바로 시행해 주민의 직접선거에 의한 지방자치가 실시되기를 바랐다. 하지만 「지방자치법」이 지방자치단체에 대한 중앙정부의 사정·감독권을 규정하지 않은 점과, 대통령의 도지사의 임명 권한을 규정하지 않았다는 점에서 정부는 불만이 많았다.

1949년 7월 정부의 의사가 대폭 반영된 「지방자치법」이 제정 공포된다. 하지만 법만 제정되었지 지방자치가 곧바로 시행되지는 못했다. 12월 국회는 한 번도 실시하지 않은 「지방자치법」을 제1차 개정하지만 끝내 지방의회가 구성되지 못한 채 1950년 6·25전쟁이 발발했다.

전쟁으로 국가가 정상적인 기능을 하지 못하는 상황이 되었다. 하지만 1952년 4월과 5월 두 차례에 걸쳐 우리나라에서 최초로 선거 실시가 가능한 지역에서 지방선거가 이루어지고 그 결과에 따라 전쟁 중이었던 1952년 제1기 지방의회가 구성된다.

이승만 정권이 민주주의를 확대·실현하기 위해 지방자치를 실시한 것은 결코 아니었다. 이승만은 장기집권을 도모했으나 대통령 선거를 앞두고 당시의 지지도만으로는 재선이 어려운 상황이었다. 그는 치안상태를 명분으로 연기했던 지방자치선거를 전쟁 중에 전략적으로 실시한 것이다. 당시는 국회 간선제로 대통령을 선출했다. 그래서 먼저 지방의회를 장악한 후, 자신의 대통령 재선에 반대하던 국회에 압박을 가하려는 정치적 의도였다.

이렇듯 초기부터 우리나라 지방자치는 중앙정치권력의 의지에 따라 정략적으로 이용되며 향방이 좌우되었다. 그럼에도 불구하고 전쟁·전후복구·빈곤 등 국가가 큰 혼란과 위기에 처한 상황에서도 1952년 제1대, 1956년 제2대, 1960년 제3대까지 지방의회가 구성된다. 좌우 대립이 극심해 정치적으로 불안정한 국가 상황에서도 지방자치가 지속된 것이다.

그렇지 않아도 불안정한 지방자치가 본격적으로 시련을 겪게 된 계기가 있었다. 이승만 정권이 반공국가체제 확립을 명분으로 중앙집권체제를 강화하면서부터다. 제1공화국에서 「지방자치법」은 제4차까지 개정된다. 특히 1958년 제4차 개정은 단체장을 직선제 선출 방식에서 임명제 방식으로 전환하는 등 지방자치의 민주성을 심각하게 훼손했다. 당시 어떤 정치 세력이 다수당이 되느냐에 따라 「지방자치법」은 단체장을 임명제에서 선출제로, 선출제에서 임명제로 바꾸는 식으로 개정을 반복했다.

제1공화국 시기 「지방자치법」의 개정 의도는 중앙집권의 강화였다. 법 개정으로 중앙권력을 강력하게 존속시킬 수 있는 한도 내에서만 지방자치가 부수적으로 허락되었던 것이다. 그 결과 지방자치는 무력화되었고 실질적인 민주주의는 후퇴했다. 이는 한 마디로 대의민주주의 체제를 포기하고 대통령이 국민을 직접 통치·관리하는 독재체제로 전환된 것을 의미한다. 동시에 시민사회가 관변단체로 전락하면서 중앙권력을 감시·견제할 힘도 점차 약화되어 갔다.[4]

역사적으로 제1공화국에서 실시된 지방자치는 완전한 실패였다. 국민의 자치능력 부족, 운영상의 결함과 제도의 미비, 지방재정의 빈약 등을 포함해 좌우가 대립·갈등하는 불안정한 정치적 상황도 지방자치가 실패한 요인으로 작용했다. 무엇보다 당시 이승만 대통령이 자신에게 유리한 정치적 상황을 만들기 위해 지방자치를 마음대로 조작한 것이 실패의 결정적인 원인이었다. 결론은 제1공화국에서의 지방자치는 정권의 속성과 정치 세력의 정파적 이해관계에 따라 운명이 갈렸다고 말할 수 있다.

4·19 이후 출범한 제2공화국은 내각책임제를 근간으로 가장 민주적인 국정운영 체계를 구축한다.[5] 제2공화국은 1960년 제5차 「지방자치법」을 개정하고 전면적으로 지방자치를 실시한다. 「지방자치법」 개정은 대통령 임명제 방식이었던 단체장을 직선제 선출방식으로 바꾸는 것이 주요 골자였다. 1960년 12월부터 지방선거가 실시되면서 지방단체장과 지방의원이 직선제로 선출된다.

그러나 극심하게 불안정한 정치·사회적 갈등과 정치권의 대립 상황으로 지방자치는 파행적인 운행 과정을 겪는다. 결국 군사 쿠데타로 지방자치는 1년을 넘기지 못하고 파국으로 치달았다. 당시 지방자치 실시는 국민에게 민주주의를 경험하며 자치능력을 갖추도록 하는 훈련 과정이었다. 제헌헌법에 근거해 실시된 지방자치는 우리나라의 국가권력구조를 민주적으로 계승·발전시킬 가능성으로서의 소중한 자산이었다. 그러나 불행하게도 민주주의의 씨앗은 발아하지 못한 상태에서 군홧발에 짓밟히면서 암흑 상태로 빠져들었다.

긴 시간은 아니었지만 지방자치 실시 기간을 통해 우리가 성찰해야 할 점이 있다. 이승만으로 대변되는 중앙집권세력은 시·도지사의 임명을 통해 중앙권력 강화를 시도한 반면 민주세력은 시·도지사의 직선제 선출로 지방분권 강화를 시도했다. 「지방자치법」 개정의 쟁점은 바로 시·도지사의 임명제와 직선제 선출이었다. 이 문제는 아직도 현재 진행형으로 변주되어 나타난다. 어떠한 정당 정치세력이 집권하느냐에 따라 중앙권력을 강화하거나 혹은 지방분권을 강화하려는 방향으로 정책의 중심축이 이동하는 것이다.

5·16 군사 쿠데타와
지방자치 중단

박정희 전 대통령은 우리나라의 지방자치를 짓밟고 말살시킨 장본인이다. 군인 신분이었던 박정희를 비롯한 군사혁명위원회는 5·16 군사 쿠데타를 감행한 1961년 5월 16일 가장 먼저 지방의회를 해산시킨다. 이로써 우리나라 지방자치는 중단된다. 1952년 4월 지방의회가 구성된 이래 9년 1개월만의 일이었다.

박정희는 6월 6일 「비상조치법」 제20조에 근거해 도지사와 서울특별시장 등을 임명한다. 인구 15만 이상인 시의 장은 국가재건최고회의의 승인을 통해 내각이 임명하고 기타 지방자치단체장은 도지사가 임명하도록 한 것이다. 주민들이 민주적으로 직접 선출한 지역의 대표를 끌어내리고 지방자치단체장을 임명직으로 전환시킨 것이다. 결국 우리나라는 민주주의를 포기하고 독재에 의한 전체주의 국가로 접어들게 된다.

대통령이 된 박정희는 1962년 12월 개정한 헌법 부칙 제7조 제3항에 "이 헌법에 의한 최초의 지방의회의 구성시기에 관하여는 법률로 정한다"는 규정을 추가한다. 이 조항의 의도는 지방자치 금지였다. 따라서 이 조항은 지방자치 실시를 무기한 연기하는 근거가 된다.

10년 뒤인 1972년 박정희 정권은 개헌을 통해 유신헌법 부칙 제10조에 "이 헌법에 의한 지방의회는 조국통일이 이루어질 때까지 구성하지 아니한다"고 명시함으로써 지방자치의 숨통을 끊는다. 실상 우리나라가 분단국가였더라도 지방자치를 못할 이유는 없었다. 단지 조국통일은 지방자치를 금지하는 명분일 뿐이었다. 반공을 국시로 앞세웠던 박정희 전 대통령은 강력한 중앙집권을 유지하기 위해 지방자치를 조국통일과 연계하면서 금지했던 것이다.

박정희 군사정권은 지방자치만 폐지한 것이 아니었다. 농협과 농지개량조합 등, 본격적으로 지역의 조합장 선거까지 개입하며 자치의 씨를 말렸다. 이뿐만 아니라 지역에서 공동체와 자치의 성격을 띤 크고 작은 모든 단체들을 해산하려고 시도했다. 이들 조직을 해체하는 데 실패할 경우 중앙정보부를 통해 일상적으로 감시와 통제를 했다.

2009년경, 필자는 화성시에 위치한 산안마을 공동체 대표를 만날 일이 있었다. 그는 박정희 정권 시절, 중앙정보부에서 일상적으로 공동체를 감시했다고 전했다. 그러니까 박정희 정권은 시골 마을의 아주 작은 공동체와 자치마저도 허용하고 싶지 않았던 것이다.

이렇듯 지방자치 문화가 배양될 수 있는 대부분의 사회적 근거가 해체되고 자치는 금기시 되었다. 헌법이 규정한 민주공화주의는 실종되고 주민의 의사와 관계없이 중앙집권에 의한 공작정치만 난무하는 세상이 되어 버렸다.

더욱이 박정희 정권은 지방자치라는 용어가 국민들 사이에서 언급되는 것조차 허용하지 않았다. 인간의 자율성과 자기결정권이라는 욕망 그 자체를 인정하고 싶지 않았던 것이다. 다만 그는 반공을 국시로 앞세워 새마을 지도자회·부녀회 등 통제 가능한 관변단체만을 인정하고 예산을 지원하며 전국적인 단체로 키워 나갔다.[6] 박정희 정권이 새마을운동을 이용해 국민에게 얼마나 큰 위력을 발휘했는지는 아래의 인용문이 잘 보여 준다.

> 새마을운동은 국민정신교육이라는 전대미문의 동원 체제를 가동해 '조국근대화를 위한 멸사봉공의 국민적 집단주체'를 구성하고자 하였다. 통계에 의하면 1972년부터 1980년까지 새마을교육 실적은 합숙교육 67만 8천 명, 단기 교육 연인원이 6,953만 명에 달한다. 1975년 인구는 34,706,620인데 이는 전 국민이 해당 기간 동안 2회 이상 교육에 참여한 셈이 된다.[7]

위의 인용문이 말해 주듯 당시 대한민국 국민은 새마을운동에 의한 동원 체제 속에서 언제라도 국가가 부르면 지체 없이 동원되어야 하는 타의적인 삶을 살아야만 했다.

중앙집권 세력은 국민정신교육이라는 명분으로 국민을 동원했다. 전 국민은 그 자리에서 강압적으로 국가 이데올로기를 주입 당했다. 평상시 국민정신교육에 동원되지 않더라도 국민은 언론과 미디어를 통해 날마다 전체주의적인 근대국가 이데올로기에 노출되면서 자치 의식을 가질 기회를 갖지 못했다.

　　1980년 제5공화국 시기 전두환 정권은 개헌을 단행한다. 헌법 부칙 제10조에 "이 헌법에 의한 지방의회는 지방자치단체의 재정자립도를 감안하여 순차적으로 구성하되, 그 구성 시기는 법률로 정한다"고 규정해 지방자치 실시를 연기한다. 박정희는 통일을, 전두환은 지방재정 자립도를 명분으로 지방자치 실시를 무기한 연기한 것이다.

　　우리나라 헌법 본문에서 지방자치에 관한 규정이 폐기된 적은 단한 번도 없었다. 하지만 중앙집권세력은 헌법 부칙을 통해 지방자치를 금지하며 강제하고 통제했다. 1987년 제9차 개헌으로 부칙 제10조 규정을 삭제하기 전까지 헌법의 부칙 변화 과정은, 우리나라 지방자치 중단기에 관한 거의 모든 역사라 해도 과언이 아니다.

긴급조치와
시대의 자화상

　　　　　　　　　1, 2공화국에서 실시된 지방자치는 파행적으로 운행된 실패한 자치였다. 해방 직후 국민은 지방자치가 함의하는 민주주의의 가치를 제대로 받아들일 만한 역사적 상황도 아니었다. 더군다나 지방자치 중단 시기에 제왕적이고 절대적인 중앙

집권에 따른 정치권력 구조에서 우리는 자치가 무엇인지 모르며 무지한 상태에 있었다. 지방자치라는 말을 금기시했던 역사에서 알 수 있듯이 공교육 과정에서 지방자치가 무엇인지 가르치지 않았다. 또한 자신이 살고 있는 지역에서 자치를 경험할 기회조차 없었다.

안타깝게도 우리나라는 지방자치 중단으로 자치능력을 갖추지 못한 국가로 후퇴했다. 지방자치 중단은 민주주의의 가치를 심각하게 손상시켰다는 점에서 역사적으로 불행한 일이다. 자치의식을 갖지 못한 대부분의 사람들은 막상 지방자치가 부활했을 때 그 의미를 온전하게 받아들일 수조차 없었다. 필자도 예외는 아니었다. 자치에 대한 의식 자체가 없는 상태에서 어떻게 자치능력을 갖출 수 있었겠는가.

지방자치에 대한 무지와 왜곡은 여전히 오늘날까지 진행중이다. 국민 다수가 심리적으로 지방자치를 부정하고 있다는 것이 더 정확한 표현이 아닐까. 우리는 너무나 중앙집권에 의한 권력행사에 익숙해져 있으며, 대통령 한 사람만 잘 뽑으면 국가가 민주적으로 운영되고 나라가 발전할 것이라고 믿는 식이다.

국민이 지방자치를 부정적으로 인식하는 현실은 민주주의의 발전을 가로막는 장애요소이기도 하다. 많은 사람들이 지방자치의 의의를 폄훼하거나 참여도 하지 않으면서 방관자의 입장에서 비판에 앞장서는 것이 현실이다. 현재 자칭 민주주의자라는 사람들조차 자치가 빠진 공허한 민주주의를 논하는 형편이다.

따라서 현재는 민주주의를 실현할 척도가 되는 지방자치에 대한 인식의 패러다임 전환이 요구된다. 진정한 지방자치 없는 민주주의의 실현은 불가능하다. 온전한 민주주의 의식을 회복하는 차원에서라도 지방자치가 중단된 30년 동안 자치의식이 침윤당해 온 과거를 되돌아 볼 필요가 있다. 과거를 성찰할 수 있을 때 우리들 마음속에서 비전이라는 씨앗을 품을 수 있기 때문이다. 또한 온전한 자치의식 회복은 자치능력을 강화할 힘이 될 터이다.

한편 지방자치 중단 시기 우리나라에서 민주공화주의 원리는 작동하지 않았다. 국민은 강력한 중앙집권에 의한 독재체제에서 감시·통제와 처벌을 감내하며 살아야만 했다. 그 단적인 예가 「긴급조치」에 따른 국민의 일상적인 감시·통제와 처벌이었다. 어떠한 과정을 거쳐 초헌법적인 「긴급조치」가 가능했는지 당시의 역사를 고찰해 보자.

박정희 정권의 서구식 근대화와 저임금 구조에 기반을 둔 기업 중심의 경제성장 정책은 1960년대 말부터 엔트로피 상황에 다다른다. 사회적으로 모순이 심각하게 드러나기 시작한 것이다.

1970년 11월 13일 노동자 전태일의 분신으로 상징되는 노동문제는 사회 전반에 커다란 영향을 미치며 충격파를 안겼다. 대학생들은 1965년 6월 '한·일 기본조약' 반대, 1971년 4월 29일 제7대 대통령 선거 직후 부정선거 규탄 시위를 하며 박정희 정권에 저항했다. 박정희 정권은 각각의 학생 시위에 '위수령'을 발동해 서울대·고려대·연세대 등의 대학에 휴업령을 지시하고 무장군인을 학내에 진주시키고, 당시 시위에 가담했던 학생들은 제적처분 당했다.[8]

박정희 정권은 1971년 12월 6일 '국가비상사태선언'을 하고 12월 27일 「국가보위에 관한 특별조치법」을 제정했다. 이어서 1972년 10월 17일 '대통령 특별선언'을 발표했다. 특별선언의 핵심은 비상계엄령 선포와 국회해산, 부분적인 헌법정지였다. 1972년 '대통령 특별선언'

은 이후 유신선포라 칭하게 된다.

박정희 정권이 유신선포로 국회를 해산시킨 것은 대의민주주의의 형식적 체계마저 부정하는 반민주적인 행태였다. 최고 권력자가 국민을 대상으로 직접 정치행위를 하겠다는 것과 다름없었던 것이다. 이로써 우리나라는 제왕적인 독재국가체제로 후퇴하고, 국민을 대상으로 한 중앙정부의 일상적인 공포정치가 시작된다.

한편 박정희 정권은 계엄령 상황에서 개헌을 추진, 1972년 11월 21일 개헌을 위한 국민투표가 실시된다. 박정희 정권의 개헌안은 투표율 91.9%, 찬성 91.5%로 확정되어 12월 27일 공포된다. 1972년 12월 27일부터 시행된 이 유신헌법은 박정희 정권이 영구집권을 위해 구상한 시나리오를 반영한 것으로 제3공화국이 구축한 공화주의에 입각한 헌법을 파괴한 결과를 가져왔다. 유신헌법이 발효된 기간을 유신체제 또는 유신독재라고 한다.[9]

유신헌법은 제3장에 '통일주체국민회의'라는 기구를 규정했다. '통일주체국민회의'는 '주권적 수임기관'으로 국민이 직접선거로 선출한 대의원으로 구성된다. 대의원 수는 2,000인 이상 5,000인 이하의 범위 안에서 법률로 정하고 임기는 6년이며 의장은 대통령이다.

제39조는 "대통령은 통일주체국민회의에서 토론 없이 무기명투표로 선거하고 재적대의원 과반수의 찬성을 얻은 자를 대통령당선자로 한다"고 적시하고 있다. 제40조는 "통일주체국민회의는 국회의원 정수의 3분의 1에 해당하는 수의 국회의원을 선거한다"고 규정하고 있다.

위와 같이 유신헌법은 대통령 직접선출 방식에서 '통일주체국민회의'가 간선제로 대통령을 선출할 근거를 만들었다. 또 '통일주체국민회의'가 국회의원 3분의 1을 선출하도록 규정해 박정희 정권이 영구 집권할 수 있는 길을 텄다. 박정희 전 대통령은 1971년 대통령 선거 운동 중 "여러분께 다시는 나를 찍어달라고 하지 않겠다"고 유세한다. 그는 이 말에 대해 대통령 간선제 선출이 가능한 유신헌법을 만들어 현실화 했다.

유신헌법 제53조 제1항은 "대통령은 천재·지변 또는 중대한 재정·경제상의 위기에 처하거나, 국가의 안전보장 또는 공공의 안녕질서가 중대한 위협을 받거나 받을 우려가 있어, 신속한 조치를 할 필요가 있다고 판단할 때에는 내정·외교·국방·경제·재정·사법 등 국정전반에 걸쳐 필요한 긴급조치를 할 수 있다"고 규정한다.

박정희 정권은 위의 유신헌법 제53조에 근거해 1974년 1월 8일부터 총 9차례의 「긴급조치」를 시행한다. 특히 제9호는 앞서 시행했던 「긴급조치」의 모든 내용을 종합·집대성한 것으로 반민주적이며 초헌법적인 내용이었다. 박정희 정권은 「긴급조치」를 시행하면서 어떠한 경우라도 국민이 자신을 비판하면 용납하지 않는 공포정치를 행사했다. 1975년 5월 13일부터 1979년 12월 8일까지 시행된 「긴급조치」 제9호는 다음과 같다.

「긴급조치」 제9호

① 다음 각 호의 행위를 금한다.

　가. 유언비어를 날조, 유포하거나 사실을 왜곡하여 전파하는 행위

　나. 집회·시위 또는 신문, 방송, 통신 등 공중전파 수단이나 문서, 도화, 음반 등 표현물에 의하여 대한민국 헌법을 부정·반대·왜곡 또는

비방하거나 그 개정 또는 폐지를 주장·청원·선동 또는 선전하는
행위

다. 학교 당국의 지도, 감독 하에 행하는 수업, 연구 또는 학교장의 사
전 허가를 받았거나 기타 예외적 비정치적 활동을 제외한 학생의
집회·시위 또는 정치 관여 행위

라. 이 조치를 공연히 비방하는 행위

② 제1에 위반한 내용을 방송·보도 기타의 방법으로 공연히 전파하거나,
그 내용의 표현물을 제작·배포·판매·소지 또는 전시하는 행위를 금
한다.

③ 재산을 도피시킬 목적으로 대한민국 또는 대한민국 국민의 재산을
국외에 이동하거나 국내에 반입될 재산을 국외에 은닉 또는 처분하는
행위를 금한다.

④ 관계 서류의 허위 기재 기타 부정한 방법으로 해외 이주의 허가를 받거
나 국외에 도피하는 행위를 금한다.

⑤ 주무부장관은 이 조치 위반자·범행 당시의 그 소속 학교·단체나 사업
체 또는 그 대표자나 장에 대하여 다음 각 호의 명령이나 조치를 할 수
있다.

가. 대표자나 장에 대한, 소속 임직원·교직원 또는 학생의 해임이나
제적의 명령

나. 대표자나 장·소속 임직원·교직원이나 학생의 해임 또는 제적의
조치

다. 방송·보도·제작·판매 또는 배포의 금지 조치

라. 휴업·휴교·정간·폐간·해산 또는 폐쇄의 조치

마. 승인·등록·인가·허가 또는 면허의 취소 조치

⑥ 국회의원이 국회에서 직무상 행한 발언은 이 조치에 저촉되더라도 처벌되지 아니한다. 다만 그 발언을 방송·보도·기타의 방법으로 공연히 전파한 자는 그러하지 아니한다.

⑦ 이 조치 또는 이에 의한 주무부장관의 조치에 위반한 자는 1년 이상의 유기징역에 처한다. 이 경우에는 10년 이하의 자격정지를 병과한다. 미수에 그치거나 예비 또는 음모한 자도 또한 같다.

⑧ 이 조치 또는 이에 의한 주무부장관의 조치에 위반한 자는 법관의 영장 없이 체포·구속·압수 또는 수색할 수 있다.

⑨ 이 조치 시행 후, 특정범죄 가중처벌 등에 관한 법률 제2조(뇌물죄의 가중처벌)의 죄를 범한 공무원이나 정부관리·기업체의 간부직원 또는 동법 제5조(국고손실)의 죄를 범한 회계관계 직원 등에 대하여는, 동법 각조에 정한 형에, 수뢰액 또는 국고손실액의 10배에 해당하는 벌금을 병과 한다.

⑩ 이 조치 위반의 죄는 일반법원에서 심판한다.

⑪ 이 조치의 시행을 위하여 필요한 사항은 주무부장관이 정한다.

⑫ 국방부 장관은 서울특별시장, 부산시장 또는 도지사로부터 치안질서 유지를 위한 병력출동의 요청을 받은 때에는 이에 응하여 지원할 수 있다.

⑬ 이 조치에 의한 주무부장관의 명령이나 조치는 사법적 심사의 대상이 되지 아니한다.

⑭ 이 조치는 1975년 5월 13일 15시부터 시행한다.[10]

박정희 정권이 시행했던 「긴급조치」 제9호는 1979년 10·26으로 박정희 전 대통령 자신이 사망하면서 막을 내린다. 이후 권력을 장악한 전두환 신군부가 1979년 12월 8일 「긴급조치」 제9호를 해제한다. 「긴급조치」를 시행한 기간은 총 2,159일이었다. 이후 전두환 신군부는 1980년 10월 개헌을 단행한다. 「헌법」 전부개정을 통해 제53조를 삭제하면서 「긴급조치」는 헌법적 실효성을 상실했다.

대법원은 2013년 4월 전원합의체에서 「긴급조치」 제9호에 대해 위헌·무효를 선언했다. 2014년 3월 헌법재판소 역시 재판관전원일치 의견으로 「긴급조치」 제9호에 대해 위헌 판결을 내렸다.

2005년 5월 3일 「진실·화해를 위한 과거사정리기본법」이 제정된 후, 12월 1일 독립된 국가기관으로 정식 출범한 '진실·화해를 위한 과거사정리위원회(이하 진실화해위원회)'가 자료집을 발간했다. '진실화해위원회'가 발표한 「2006년 하반기조사보고서」에 따르면 그들이 입수한 총 1,412건의 판결문은 1심 판결 589건, 항소심 판결 522건, 상고심 판결이 252건이다. 1심 판결 중 「긴급조치」 1·4호 위반 36건, 3호 위반 9건, 9호 위반, 554건이다. 이에 해당되는 총인원은 974명이다.[1] 「긴급조치」 제9호 위반이 554건으로 다른 건에 비해 압도적으로 많은 것을 알 수 있다. 참고로 2019년 현재, 아직까지도 당시의 판결문은 일부 비공개 상태에 있다.

1심 판결문 589건을 유형별로 분석한 결과 1) 음주 대화나 학교 수업 중 박정희·유신체제 비판 252건 2) 재야운동권에서 반유신 정치활동 85건 3)대학생들이 교내에서 유신반대·긴급조치 해제 촉구시위를 하고 유인물 제작 배포 187건 4) 간첩행위 2건 5) 국내자산 해외

도피 29건 등이다.[12]

음주를 하며 대화를 나누거나 학교 수업 중 박정희·유신체제 비판은 표현의 자유 침해로, 그 내용의 일부를 구체적으로 살펴보자. '막걸리 보안법'이라고도 불리었던 「긴급조치」의 피해자에 대한 2018년 2월《중앙일보》기사에 따르면 「긴급조치」를 위반한 사람들은 아래의 인용문에서와 같이 대부분 일상생활에서 언어로 박정희 정권을 비판한 경우에 해당된다.

노용주(1975년 당시 48세) 씨는 군청 앞에서 "올해는 잘 살게 해준다고 하더니, 이것이 잘 살게 한 것이냐" "국민들은 기아선상에 있다. 박정희가 백성들을 굶어 죽게 했다. 종합개발계획은 거짓말이다"고 말한 죄로 1년 6개월 동안 징역살이를 했다.

식당에서 낮술 하면서 "박정희 정치, 이승만만 못하다" "우리 평생 대통령 선거 한 번 못해 본다"는 대화를 나눈 손모(1976년 당시 46세) 씨는 징역 1년의 실형을, 경리학원 수강생들에게 "박정희 대통령이 처음 출마할 때는 한 번만 하고 다시 하지 않겠다고 하고서 세 번씩이나 국민들을 속였다"고 했던 강사 박모(1975년 당시 23세)씨는 징역 3년에 집행유예 5년의 유죄판결을 받았다.

드라마 '허준' 등 인기 사극에 출연했던 배우 신국(60·1977년 당시 29세) 씨도 "박정희 아들 박지만이 어느 여성 영화배우와 썸씽이 있었다"는 가십성 소문을 동료들과 나눴다가 징역 1년에 집행유예 2년을 선고받았다.

김모(1975년 당시 52세) 씨는 아침부터 술을 마신 뒤 인천역 플랫폼에서 누구에게랄 것도 없이 "박 대통령이 군인을 했으면 얼마나 했느냐. 너희들이 아무리 그래 봐라. 얼마 안 있으면 인민군이 따발총을 가지고 와서 쏴 죽인다"고 말했다가 1년 6개월을 교도소에서 보냈다.

박모(1975년 당시 36세) 씨는 늦은 밤술에 취해 큰길가에서 "김종필이는 김일성의 스파이다. 박정희는 나쁜 놈이며 총살해야 한다"고 말했다가 징역 7년을 선고받았다.[13]

위와 같이 박정희 정권은 표현의 자유를 박탈하고 자신을 비판한 국민의 행위에 대해 감시와 처벌로 엄벌한다. 자유와 민주주의를 박탈당한 상태에서 말 몇 마디로 박정희 정권을 비판한 일반 국민은 법정에서 형을 받고 범죄자로 전락해 갔다. 인용문에서 밝힌 것처럼 "박정희 정치, 이승만만 못하다", "우리 평생 대통령 선거 한 번 못해 본다"는 등의 대화로 징역 1년의 실형을 사는 것이 과연 민주주의 국가라고 할 수 있을까.

특히 중앙정보부의 조작에 의한 '인민혁명당 재건위(이하 인혁당)' 사건은 초유의 사법살인으로 대표적인 반인권 사례로 알려져 있다. 1975년 4월 8일 대법원 전원합의체에서 「국가보안법」과 대통령 「긴급조치」 제4호 위반으로 유신반대 활동을 하던 지식인 8명에게 사형을 선고했다. 1975년 4월 9일 새벽 그들은 사형집행을 당했다. 사형을 선고 받은 지 불과 18시간 만에 일어난 일이었다. 이 사건에 대해 2007년 1월 23일 서울중앙지법 형사합의23부는 국가의 불법행위에 의한 사형집행이었다는 점을 인정하고 무죄를 확정했다.[14]

「긴급조치」 제9호 전문이 말해주듯 유신체제에서 학문의 자유가 파괴된 교육현장은 황폐화되어 갔다. 날이 갈수록 금서가 늘어 갔다. 대학이 학생들에게 가르칠 수 있는 학문은 정부가 허용한 범위 안에서만 가능했다. 대학에 군인이 주둔하고, 중앙정보부에 일상적으로 감시당하는 처지로 전락했다. 교수들은 외국에서 비밀리에 들여온 책과 논문으로 골방에 숨어서 연구를 했다. 학생들은 감시와 처벌을 피해 금서를 읽고 금지곡을 부르며 시대에 저항했다.

박정희 정권의 국민에 대한 감시와 통제는 일상생활 속으로도 파고들어 갔다. 당시 경찰은 풍기문란을 방지한다며 거리에서 가위로 장발 청년들의 머리카락을 자르거나 짧은 치마를 입은 여성들의 허벅지 속으로 자를 들이대며 단속했다. 지금은 상상도 못할 일이지만 당시 국민은 거리에서도 훈육과 포섭의 대상으로 전락해 버린 것이다. 이렇듯 개인의 취향과 일상의 문화조차도 국가가 요구하는 정치적 규범에 속박 당하면서 획일화되어 갔다. 국민들은 남녀노소를 불문하고 정치권력에 대해 수치심과 모멸감을 느끼면서, 분노를 안으로 삼켜야만 했던 시절이었다. 국민에 대한 일상적 단속은 정부가 엄벌을 통해 국민 전체를 통제하는 식의 전시효과까지 노린 것이었다.

지방자치가 금지된 시기는 한마디로 독재체제인 중앙집권 세력과 국민 간의 문화권력 투쟁의 시기로 규정할 수 있다. 문제는 국가의 폭압적인 통제기제가 국민의 의식 일부로 내면화된 것이다. 자아검열이 일상화된 상태에서 차츰 국민의 의식은 자기결정적 의지와 자치능력을 상실하면서 획일화되고 정치적으로 무기력해졌다.

절대적인 중앙집권에 의한 통제의 일상화는 개인의 창의력이 발현될 수 있는 기회 자체를 차단해 버린 결과를 가져왔다. 결과적으로 국민은 오로지 최고 권력자가 허용하는 이데올로기 내에서만 생각하고 행동할 수 있게 되었다. 전체주의 국가에서 자기결정권을 실현할 수 있는 자치가 더 이상 허용되지 않았던 것이다. 시간이 지나면서 개인에게나 지역의 공동체에서조차 자치가 소멸되어 가는 듯이 보였다.

중앙은 집중화되어 서울 공화국이 되어 갔다. 지방은 정치·경제적으로 중앙권력에 빠르게 예속되면서, 중앙이 주변부를 통제하고 착취하는 구조가 형성되었다. 시도지사 등이 임명직으로 전환되면서 권력자가 임명만 하면 누구라도 단체장이 될 수 있었다. 독재 권력을 유지하는 데 기여한 사람들이 최고 권력자가 떡고물로 던져주는 단체장의자리를 마다할 리가 없다. 최고 권력자의 입맛에 따라 자리를 차지한자들이 과연 지역을 위해 일할 의지가 있었을까. 그들은 국가가 하달하는 정책을 각 지역에서 실시하는 것이 주된 임무였고, 그럴수록 정치권력은 중앙으로 집중되었다.

다양한 지역문화는 중앙정치에 포섭되거나 배제되면서 정체되어갔다. 극단적으로 새마을운동에 의해 지역의 외형까지 동일화되는 현상이 나타났다. 중앙정부에 의한 전체주의 정책은 지역의 고유성을해체하는 결과를 초래했다.

자치가 실종되면서 지방관청의 위상은 중앙정부의 출장소로 전락했다. 당시의 지방자치는 내용 없는 껍데기에 지나지 않았으며, 통치의 효율성을 위한 기술적인 지방자치체계였다. 시도지사들은 지역 주민들에게 반드시 필요한 일을 위해 정책을 개발하거나 절박하게 예산을 확보할 이유가 없었다. 주민들은 지역의 주체라기보다 통제와억압의 대상일 뿐이었다. 중앙정부로부터 철저하게 통제당하는 지방행정은 주민들이 국가에 저항하지 못하도록 감시자 역할도 마다하지 않았다. 지방관청이 박정희 정권을 비판한 주민들을 「긴급조치」 위반으로 신고하는 건수가 많았다는 것이 대표적인 사례다.

자치 의식이 희박해져 가는 국민들의 의식 속에 반공을 국시로 한 안보의식이 강압적으로 자리를 파고들었다. 국가 이데올로기를 비판하면 감시와 탄압이 뒤따랐고 반복적인 정치적 억압과 통제 기제는 국민 의식의 일부를 왜곡시켜 버렸다.

절대 권력을 가진 중앙정부는 국가 그 자체와 동일시되고, 정치란 대통령이라는 최고 권력자와 자치권을 상실한 무력한 개인이 마주 보는 것이었다. 결국 우리나라는 중앙집권에 의한 권력의 과잉으로 중앙은 비만상태에 이르렀고 지방의 정치체계는 영양실조에 걸려 빈사상태에서 벗어나지 못했다. 지방자치 중단 시기 우리나라 국민은 민주주의의 핵심 가치인 '참여'가 무엇인지도 모른 채, 중앙정부의 통제 기제 속에서 숨죽이며 삶을 이어가야만 했다.

지방자치가 중단된 이후 1991년 지방자치가 부활하기까지 세계는 급속하게 변화하고 있었다. 후기 산업사회로 접어든 세계는 각 분야에서 탈 중심화 현상이 가속화하여 더 이상 단일하고 강력한 중앙집권 체제로 국가를 운영하는 것이 한계에 다다랐다. 이러한 시대에 들어서자 중앙권력의 약화와 지역의 급부상은 거부할 수 없는 시대의 흐름이 되었다. 중앙권력이 일방적으로 정보를 통제하고 일사불란하게 주변부를 통제하는 식의 국가주의적인 정치의 종말을 의미하는 것이었다. 과거처럼 중앙권력이 국가 공동체 구성원들의 욕망을 일방적으로 억압하면서 관리하고 통제하던 시대는 끝났다. 다양해진 국민의 욕망을 충족시켜줄 정치구조는 절대왕정 시대를 연상시키는 중앙집권적인 단일한 정치구조가 아니다. 우리나라 지방자치의 부상은 이러한 시대적 맥락과 함께 읽어야만 한다.

6월 항쟁과
개헌

1984년 11월 제5공화국 헌법 부칙 제10조에 근거해 당시 집권당이었던 민정당과 야당이었던 민한당 및 국민당은, 1987년 상반기부터 일부 지역에서 지방자치를 실시하기로 합의하고 이를 대외적으로 천명한다. 1985년 3월 대통령령으로 「지방자치제실시연구위원회규정」을 제정하고, 같은 해 국무총리 산하에 '지방자치제실시연구위원회'를 설치한다. 이 위원회는 앞으로 다가올 지방자치 시대를 대비해 본격적으로 조사·연구에 착수한다. 이후 연구 성과에 따라 관계법령의 정비와 관련제도의 보완을 위해 '지방자치기획단'을 발족시키기도 한다.[15]

하지만 실질적으로 지방자치가 부활한 원동력은 정치권과 최고 권력자의 의지나 법학자들의 연구 성과가 아니었다. 1987년 6월 시민들이 민주화를 요구하며 백골단의 폭력적인 진압과 최루탄을 두려워하지 않고 거리로 나가 군사독재 정권에 저항한 결과이자 성과였다.

1987년 6월 당시의 헌법은 전두환 정권이 유신헌법을 개정한 것이었다. 제5공화국 헌법은 '통일주체국민회의'가 대통령 선거인단이 되어 간선제로 대통령을 선출하는 방식으로 임기는 7년 단임제로 규정하고 있었다. 전두환 역시 유신헌법에 근거해 1980년 8월 '통일주체국민회의' 주최로 장충체육관에서 간선제로 뽑힌 대통령이었다. 그는 직선제로 선출된 대통령이 아니었기 때문에 다수의 국민에게 정통성을 인정받지 못했고, 체육관 대통령이란 말을 들어야만 했다.

제5공화국 시절 한국의 시대적 상황은 암울했다. 한국전쟁 이후 최초로 1985년 노동자들이 구로 동맹파업을 하면서 노동자 권리를 주장했다. 1986년 부천경찰서에서 권인숙 씨가 성고문을 당하고, 1987년 1월 당시 대학생이었던 박종철 학생이 남영동 안기부에서 고문치사를 당했다. 6월 9일 이한열 학생이 최루탄을 맞고 7월 사망했다. 독재 정권의 폭압적인 정치로 사람들이 희생되는 사건이 연이어 터지자 국민의 분노가 극에 달했다.

전두환은 1987년 6월 항쟁 전이었던 4월 13일 호헌조치를 위한 특별 담화를 발표한다. 이 담화의 핵심은 대통령을 당시의 헌법에서 규정한 대로 간선제로 선출하겠다는 것이었다. 이와 함께 "국민의 정치 참여를 확대하기 위한 지방자치제를 강제적으로 실시해 나갈 계획"이라고 말하며 "지방자치가 시작된다면 민주 발전을 위한 또 하나의 튼튼한 토대가 마련되는 것"이라고 덧붙였다.[16]

집권당이었던 민정당은 1987년 6월 10일 잠실체육관에서 제4차 전당대회 및 대통령 후보 지명대회를 개최해 노태우를 대통령 후보로 선출했다. 전두환은 장기집권 계승 시나리오에 따라 제5공화국 헌법 체계에서 간선제로 노태우를 대통령으로 선출하고, 실질적으로는 자신이 권력을 행사하기 바랐다. 그는 12 · 12군사 반란의 동지로 자신의 오른팔 격이었던 노태우를 대통령 후보로 지명하면서 자신의 꿈을 이루려고 했던 것이다.

민정당이 노태우를 대통령 후보로 지명하자 이는 국민의 분노에 기름을 부은 격이 되었다. 숨죽이며 전두환 군사정권의 폭압적인 독재정치를 지켜보던 시민들은 이 소식을 듣고 본격적으로 행동하기 시작했다. 시민들은 6월 10일부터 29일까지 총 19일 동안 전국의 거리에서 "호헌철폐 독재타도"를 목놓아 외치면서 격렬하게 저항한다. "호헌철폐"란 전두환 정권이 지키려고 했던 간선제에 의한 대통령 선출 방식을 규정한 헌법 조항을 철폐하고, 국민이 대통령을 직접선거로 선출할 수 있도록 개헌하라는 주장이었다.[17]

당시 시민들은 대통령 직선제가 관철되지 않으면 절대로 물러나지 않을 단호한 기세로 격렬하게 저항했다. 최루탄이 뒤덮은 전국의 거리에서 시위가 대대적으로 지속되었다. 시민들 입장에서 대통령 직선제 없는 대한민국의 민주화는 상상할 수도 없었다.

마침내 6월 29일 노태우는 6·29선언문을 발표한다. 대통령 직선제와 지방자치 실시가 선언문의 골격이었다. 이 선언문은 "지방의회 구성은 예정대로 순조롭게 진행되어야 하고…교육자치도 조속히 실현"한다는 내용을 포함하고 있었다. 즉 대통령 직선제는 기본이며 지방자치와 교육자치를 실시하겠다는 것이었다.

6·29선언문 발표는 사실상 신군부정권의 대국민 항복 선언이었다. 전두환 군사정권이 국민이 요구한 대통령 직선제를 수용할 수밖에 없었던 이유는 복합적이었다. 그 맥락을 살펴보면 외부의 시선을 무시할 수 없었던 상황이었다는 것을 알게 된다.

당시 88서울 올림픽 개최를 1년 여 앞둔 시기에 대한민국으로 집중된 전 세계의 이목도 6월 항쟁이 성공한 요인으로 작용했다. 한국의 불안정한 정국으로 올림픽 개최 여부가 불확실해질 수도 있었다. 외부의 시선이 집중되는 상황에서 전두환 군사정권이 80년 광주에서처럼 군대를 동원해 국민을 폭력적으로 진압할 수는 없었다. 결국 전두환 정권의 유일한 선택은 당시 야당과 국민이 요구한 호헌철폐와 대통령 직선제를 수용하는 것뿐이었다.

2017년 12월 언론에 보도된 '전두환 장기집권 시나리오' 비밀보고서 원본에 따르면 전두환은 직접 후계자를 육성해 2000년까지 집권하겠다는 계획이었다.[18] 아마도 87년 6월 항쟁이 없었다면 20년 간 장기 집권하겠다는 그의 계획이 실행에 옮겨졌을 지도 모른다.

1987년 6월 항쟁 직후 10월 우리나라는 제9차 개헌을 단행하여 9월 18일 국회에서 여야 합의에 따라 「헌법개정안」이 발의된다. 10월 12일 국회에서 개헌안이 의결되고 27일 실시된 국민투표 결과 93.1%의 찬성으로 개헌이 확정된다. 제9차 개헌은 10월 29일 공포되면서 완결된다.[19]

개헌을 통해 헌법 부칙 제10조 "이 헌법에 의한 지방의회는 지방자치단체의 재정자립도를 감안하여 순차적으로 구성하되, 그 구성 시기는 법률로 정한다"는 조항을 삭제한다. 제8장이 규정한 지방자치에 관한 헌법의 규범성을 회복하게 된 것이다.[20] 1988년 4월 국회는 「지방자치법」을 전부 개정했다. 이와 같이 헌법과 법률이 순차적으로 개정되면서 새롭게 지방자치에 관한 제도적 틀이 갖추어졌다.

1987년 제9차 개헌 헌법 제4장은 대통령 선출 방식과 임기를 다음과 같이 바꾸었다. "대통령은 국민의 보통·평등·직접·비밀선거에 의하여 선출한다. 임기는 5년으로 하며, 중임할 수 없다." 이외에도 국민의 기본권을 강화하는 내용이 다수 포함되었다. 1987년 개헌 헌법은 현재까지도 우리나라 정치권력체계의 근간을 이루고 있다. 정치권에서 몇 번인가 개헌을 시도했지만 실현되지 않았으며 현재에 이른다.

그러나 6월 항쟁의 후속 조치였던 1987년 개헌 과정에서 시민세력은 참여할 기회조차 없었고 배제되었다. 시민세력이 신군부세력으로 대표되는 전두환 정권을 타파하는 데 결정적으로 기여했지만 새로운 체제를 확립하는 과정에서 배제된 것이다. 그 결과 제9차 개헌 헌법은 시민 정신을 담보하지 못한 한계를 지닌다.

1987년 5월 27일 결성된 '민주헌법쟁취국민운동본부'의 공동대표 65명 중 정치인은 8명뿐이었다. 이를 통해 당시 민주화 운동을 이끌었던 시민세력과 정당 정치와의 괴리감이 컸다는 것을 알 수 있다. 이 단체는 6월 29일까지 민주화 운동을 주도했다. 그러나 6·29 선언 이후 개헌안이 타결될 때까지 헌법 제정과정은 완전히 소수의 정치 엘리트들이 주도했다. 양당 사이에 개헌을 위한 합의가 진행되었고 '8인 정치회담'이 구성되었지만 시민단체들은 어떠한 영향력도 행사하지 못했다. 그 결과 '8인 정치회담'이 주도한 개헌안에는 자치분권 국가를 위한 개념 정립은 물론 국가의 비전을 제시할 관념도 결여되었다.[21] 결국 1987년 개헌헌법은 1948년 제헌 헌법이 보장한 지방자치단체의 틀을 그대로 유지하는 한계를 보여준다.

김대중 전 대통령의
단식과 지방자치 부활

　　　　　　　　　　　　1987년 12월 16일 대통령 선거
는 1972년 10월 유신 이후 15년 만에 국민이 직접 투표하는 방식으로
치른 선거였다. 투표 결과 민정당 노태우 후보가 당선된다. 1987년 대
통령 직선제 실시로 우리나라가 정치적 후진국에서 벗어나 민주주의
국가로 도약할 수 있는 계기가 된다. 비록 전두환 정권과 한 몸이었던
노태우 후보가 대통령으로 당선되었지만, 국민은 6월 항쟁으로 대통
령 직선제를 성취했고, 민주주의 의식도 폭넓게 확장되었다.

　대통령 직선제는 일정대로 진행됐지만 6·29 선언문에서 "지방의회
구성은 예정대로…조속히 실시"한다는 약속과 달리 지방자치를 실시
할 기미는 보이지 않았다. 1988년 2월부터 임기를 시작한 노태우 전
대통령은 언제 지방자치를 실시할 것인지 명확한 입장을 밝히지 않은
채 차일피일하며 시간만 보내고 있었다.

　「지방자치법」은 1960년 11월 일부 개정 후 지방자치가 중단되면서
유명무실한 법으로 전락했다. 국회는 6·29선언문에 따라 지방자치를
실시하기 위해 1988년 4월, 28년 만에 「지방자치법」을 전부 개정한다.
그러나 법적 근거가 만들어졌다고 해서 지방자치가 곧바로 실시된 것
은 아니었다. 당리당략과 이해관계가 복잡하게 얽힌 정치권이 위법적
으로 지방자치 실시를 지연시켰다. 이와 같은 상황을 지켜보던 지방
자치학회 회원들이 중심이 되어 조속한 시일 내에 지방자치를 실시할
것을 촉구하며 1991년 헌법소원을 내는 일이 벌어지기도 했다.

　당시 야당은 정부에 지방자치 실시를 끈질기게 요구했지만 받아들

여지지 않았다. 마침내 1990년 10월 8일부터 20일까지 당시 평민당 총재였던 김대중 전 대통령이 야당대표 자격으로 지방자치 전면 실시를 요구하며 13일 동안 목숨을 걸고 극한의 단식 투쟁을 단행했다.

당시는 여야의 정치적 대립이 극에 달한 상황이었다. 그러나 김대중 전 대통령의 단식은 파급효과가 컸다. 정치권이 이를 무시할 수만은 없었다. 마침내 1990년 12월 6일 여야는 지방자치 실시를 극적으로 최종 합의했다. 합의안의 핵심은 첫째, 기초 및 광역 지방의회를 1991년 6월 30일 이내에 구성한다. 둘째, 기초 및 광역 지방자치단체장 선거를 1992년 6월 30일 이내에 실시하는 것 등이었다. 이로써 1961년 지방자치가 5 · 16 군사쿠데타로 중단된지 30년 만에 불완전하게나마 다시 실시되었다.[22]

6 · 29선언 이후 4년째가 되던 1991년 단체장의 임명 방식을 그대로 유지한 채 우선 직접선거로 지방의회만 구성했다. 민주주의 잣대로 평가했을 때 1991년 지방자치 실시는 매우 불완전한 반쪽의 구조가 아닐 수 없었다. 임명제와 선출제가 공존했기 때문이다. 그러므로 지방자치제도가 본격적으로 민주주의의 형식적 체계를 완전하게 갖춘 시기는 1995년부터다. 이때부터 직접선거를 통해 단체장과 지방의원을 동시에 선출했다.

지방자치 실시를 위해 평민당 총재 자격으로 13일 간 단식했던 김대중 전 대통령은 대통령직에서 퇴임한 후 아래와 같이 회고한다.

자서전에서 김 대통령은 지방자치제가 실시됨으로써 변화된 지방에 대한 소회를 밝혔다.

"지자체 도입으로 우리 사회는 많이 변했다. 무엇보다 그 지역에 살고 있는 주민들이 그곳의 주인이 되었다. 풀뿌리 민주주의에 대한 자연스러운 실험은 주권 의식을 고취시켰다. 중앙에서 일률적으로 부정 선거를 획책할 수 없고 지방이 중앙의 눈치를 보지 않고 소신 있게 주민을 위한 행정을 펼칠 수 있게 되었다. 청도의 소싸움과 함평의 나비축제 같은 지역 행사가 세계적인 명성을 얻으며 주민의 소득 증대에 기여하는 것도 따지고 보면 지자체 도입의 결과였다. 주민의 투표로 임기가 보장된 일꾼이 어디를 보고 일하겠는가. 당연히 주민들의 눈높이에 맞춰 지역을 살필 수밖에 없다."[23]

지방자치 부활은 6월 항쟁과 함께 정치인 김대중 전 대통령의 희생으로 일구어낸 성과다. 김대중 전 대통령이 소회에서 밝히고 있듯 지방자치 실시는 주권의식의 신장과 함께 "무엇보다 그 지역에 살고 있는 주민들이 그곳의 주인이 되었다"는 의식을 심어주었다. 김대중 전 대통령은 지방자치 부활이야 말로 우리나라가 실질적인 민주주의 국가를 실현하는 것이라고 확신했던 것이다.

지방자치 부활
이후의 평가

김대중 정부는 지방자치의 제도적 도입기 혹은 소극적 지방분권 시기에 해당된다. 김대중 정부에서 지방분권은 지역균형발전을 위한 도구로 활용되었다. 이 시기 영남지역에 비해 상대적으로 낙후된 호남지역에 집중적인 투자가 이루어지면서 지역 간 불균형이 다소나마 해소되었다.

김대중 전 대통령은 재임 기간이었던 1998년부터 2003년 사이 「지방자치법」을 개정해 지방자치단체의 기구와 인사행정 등에서 자율권을 확대했다. 1999년 제정된 「중앙행정권한의 지방이양 촉진 등에 관한 법률」에 따라 '지방이양추진위원회'를 구성해 중앙정부 사무 중 총 232건을 지방정부로 이양하며 지방분권을 촉진시켰다. 특히 임기가 시작되기 한 해 전 1997년 100대 국정과제의 하나로 자치경찰제의 도입을 채택한다. 자치경찰제 도입으로 지방자치제도가 획기적으로 발전할 것이란 기대를 모았으나 현재까지 실현되지는 않았다.

김영삼 정부에서 시작된 지역문화 활성화 정책은 김대중 정부로 이어지면서 더욱 다양해진다. 문화정책은 문화·관광·스포츠를 융합해 지역의 경제를 활성화하는 전략으로 전개되었다. 1995년 광주비엔날레, 1996년 부산국제영화제, 1997년 부천국제판타스틱 영화제 등은 박근혜 정권에서 몇 차례 위기를 겪었지만 현재까지 국제적 행사로 발전을 거듭하고 있다. 경주세계문화엑스포, 강원 동계아시안게임, 부산 아시안게임 등 대규모 국제행사는 지역의 경제를 활성화시키기 위한 문화전략이었다.[24]

이 시기에 다양한 지역축제가 폭발적으로 증가하며 맥이 끊겼던 전통 축제도 상당수가 부활되어 김대중 정권의 문화정책은 우리나라 축제문화 발전에 커다란 영향을 미쳤다.

한편 노무현 정부의 지방자치분권 정책은 2002년 "자율과 분권의 지방화시대"라는 대통령 공약에 기반한다. 2003년 임기를 시작한 노무현 전 대통령은 국정의 최우선 과제를 지방분권과 지역균형발전에 두었다. 노무현 정부는 「지방분권특별법」, 「신행정수도건설을 위한 특별조치법」, 「국가균형발전특별법」 등 지방분권과 관련한 3대 특별법을 제정했다. 대통령 직속 자문기구인 '정부혁신지방분권위원회'는 7개 분야 47개 과제를 선정하고 행정사무 구분체계 개선, 제주특별자치도 추진, 교육자치제도 개선, 자치경찰제 도입, 특별행정기관 정비 등을 직접 주관했다.[25] 노무현 정부는 987건의 중앙정부 사무를 지방정부로 이양한다. 2003년 4월 '신행정수도건설 추진기획단 · 지원단'을 발족하고, 12월 「신행정수도특별조치법」을 제정했다. 2004년 10월 헌법재판소의 위헌판결로 행정도시의 명칭이 '행정중심복합도시'로 수정 · 변경되고 마침내 명칭을 '세종'으로 확정했다.

또한 2005년 7월 국무총리 산하 '제주특별자치도추진계획단'이 발족되고 7월 25일 행정계층구조 개편을 위한 제주도민의 주민투표 결과 혁신안이 57.0%의 지지를 받았다. 이로써 기초자치단체를 폐지하고 2006년 7월 단일광역자치단체로서 4,500여 개의 특례가 인정되는 제주특별자치도가 출범했다.[26] 이 시기에 자립형 지방화를 위한 국가균형 발전 사업이 전개되었다. 우선 「국가균형발전특별법」에 따라 국가균형발전 5개년 계획이 수립되고 국토균형발전을 위한 노력으로 공공기관 지방 이전, 기업도시 · 혁신도시 사업 등 지방분산 사업이 전국적으로 추진되었다.

노무현 정부의 지방자치분권 정책은 종합적이고 체계적으로 설계된 청사진으로 지방자치의 혁신적 실행기로 평가받는다. 또한 노무현 정부가 추진했던 지방자치분권 정책과 로드맵은 앞으로 정권이 바뀌더라도 지방자치분권 정책에 커다란 영향을 미칠 것으로 판단된다.

노무현 정부는 지방자치분권 정책을 강력하게 추진했다. 그러나 성과가 미비한 원인은 내외부적 요인이 모두 작용했다. 정권의 내부적 요인으로는 노무현 대통령 당사자의 정치철학에 따른 국가균형발전과 지방분권 정책의 부조화로 인한 정책의 혼선이다. 외부적 요인은 탄핵정국을 겪으면서 대통령 직무가 정지돼 국정수행을 정상적으로 진행할 수 없었던 점이다. 물론 지방자치분권에 무관심했던 국민들의 의식도 무시할 수 없다.

노무현 정부의 지방자치분권 정책은 긍정적인 평가와 부정적인 평가가 엇갈린다. 노무현 정부가 「지방자치법」을 개정해 도입한 주민직접참정 제도는 현재까지 긍정적인 평가를 받고 있다. 그러나 2005년부터 지방선거에 정당 공천을 허용하면서 지방자치의 자율성을 훼손하고 있다는 평가를 받고 있다. 이와 같은 이유로 현재까지 정당에 의한 단체장과 지방의원 공천제가 폐지되어야 한다는 의견이 다수를 이룬다. 자치단체장과 지방의원에 대한 정당 공천은 결과적으로 지방자치가 중앙의 정당정치에 종속되는 결과를 가져왔다. 지방자치가 추구하는 지역의 자율성이라는 가치를 훼손한 것이다.

노무현 정부는 지방자치단체의 재정 자립도를 높이기 위해 다양한 정책 도입을 시도한다. 실질적으로 재정자립 없는 지방자치는 무력화될 수밖에 없기 때문이다. 그러나 결정적으로 2005년 지방세였던 종합부동산세를 국세화하면서 지방정부의 재정 자립도를 약화시키는 등의 모순된 정책을 펼치기도 했다.[27]

이명박 정부의 지방자치분권 정책은 지방분권의 미온적인 조정기로 평가받는다. 제17대 대통령 선거에서 이명박 후보는 행정권한의 지방이양과 광역경제권의 형성이라는 새로운 구상을 제시한 것이 특징이다. 이명박 정부의 지방분권에 대한 제도적 기반은 「지방분권 촉진에 관한 특별법」에 있었다. 2008년 12월 출범한 '지방분권촉진위원회'는 참여정부가 추진한 지방자치분권과 유사한 정책을 발표했다. '지방분권촉진위원회'는 763건의 중앙정부사무를 지방자치단체로 이양했다.

이명박 정부는 2010년 「지방행정체제 개편에 관한 특별법」을 제정해 지방분권보다는 행정체제 개편에 초점을 두는 양상을 보인다. 이법에 따라 창원·마산·진해가 통합했다. 2009년 창원·마산·진해 시의회가 통합안에 찬성 의결하면서 자율적으로 통합을 이뤘다. 일부 시민단체가 주민투표를 요구했지만 의회가 찬성 의결하면서 주민투표는 이루어지지 않았다. 당시 행정안전부가 각 지역의 지방의회가 의결해 자율통합을 할 경우, 주민투표를 생략할 수 있다는 입장이었기 때문이다.[28]

지방자치분권에 관한 이명박 정부의 성과는 지방재정 자립도의 확대에 기여한 점이다. 부가가치세의 5%를 지방소비세로 전환해 지방정부의 재정자립도를 높였다.

박근혜 정부는 지방자치분권의 정책적 시련기로 평가받고 있다. 박근혜 정부는 이원화되어 있던 「지방분권촉진법」과 「지방행정체제법」을 「지방분권 및 지방행정체제개편에 관한 특별법」으로 통합해 효율성을 높이려고 했다. 2013년 9월 '지방자치발전위원회'가 출범해 2013년 10월 30일부터 12월 24일까지 17개의 시·도 등에서 의견수렴을 위해 자치헌장 토크를 실시했다.

이를 근거로 2014년 6월 지방자치발전 20개 과제별 추진방안을 마련하고 2014년 7월부터 10월까지 관련부처 간의 협의 및 지방자치단체의 의견을 수렴했다. '지방자치발전위원회'는 2014년 11월 지방자치발전 「종합계획안」을 의결했다. 이 계획안은 2014년 12월 2일 국무회의의 의결을 받고 정부는 최종적으로 12월 8일 「지방자치발전 종합계획」을 발표했다. 그러나 종합계획은 계획으로만 끝나고 대부분 집행되지 않는다. 박근혜 정권은 위의 계획과 달리 지방자치단체와의 관계에서 갈등을 빚으며 지방자치의 가치를 훼손했다. 2014년부터 2015년 누리과정을 둘러싸고 중앙정부가 국비를 확보하지 않은 상태에서 지방자치단체에 예산 부담을 떠넘기려 하면서 갈등을 빚었다. 우리나라 지방자치단체의 재정자립도가 60%를 넘지 못하는 현실을 감안할 때, 보육예산 총액을 지방자치단체에 떠넘기는 것은 심각한 문제였다.

중앙정부의 지방자치단체에 대한 간섭과 통제도 다른 정부보다 심했다. 박근혜 정부는 일부 지방자치단체에 복지사업폐지를 지시했고, 지방세무조사권을 박탈하려고 했다. 지방자치단체의 신규 복지사업도 막으려고 했다. 한마디로 박근혜 정부는 지방자치단체의 자율성을 최대한 억제하면서 중앙집권적인 국가운영을 추구했다고 볼 수 있다.

박근혜 정부가 지방자치단체의 자율성을 훼손하려는 시도는 2016년에 있었던 지방교부세와 관련한 「지방재정법 시행령」 변경 건이 대표적이다. 2016년 6월 지방 간 형평성 강화를 명분으로 「지방재정법 시행령」을 수정하려고 했다. 정부교부금 불교부 지방자치단체에 해당하는 경기도의 6개시, 수원·고양·성남·용인·화성·과천에서 8천 억원에 해당되는 예산을 중앙정부가 타 지방정부에 재분배하겠다는 계획이었다. 한마디로 중앙정부가 경기도 6개시의 예산 일부를 재정 자립도가 더 낮은 타 지방자치단체에 재분배하겠다는 것이었다.

당시 이재명 성남 시장은 박근혜 정부의 지방자치 정책에 맞서 서울시청 앞에서 「지방재정개편안」 반대를 위해 무기한 단식농성을 벌인다. 6개 지방자치단체는 주민들과 함께 서울로 상경집회를 열고 "지방 간 재정 불균형은 근본적으로 지방자치단체 간의 문제가 아니라 정부의 해결 과제"라며 "정부는 스스로가 약속한 지방소비세율의 단계적 인상, 지방교부세 교부율 확대 등을 서둘러 이행해야 한다"고 촉구했다.[29] 결국 해당 지방자치단체의 격렬한 반대와 저항으로 정부의 계획은 무산되었다.

2017년 3월 10일은 박근혜 전 대통령이 파면 당한 날이다. 대통령 파면이라는 역사적 무게 때문에 크게 주목받지는 못했지만 우리는 탄핵문에서 지방자치와 관련된 중요한 언급을 놓쳐서는 안 된다.

헌법 재판소 결정문 「2016헌 나 대통령 박근혜 탄핵」에서 재판관 안창호는 보충의견을 통해 현행 헌법상 개혁과제를 제시한다. 1987년 제9차 헌법 개정 당시보다 우리나라의 경제 규모는 십여 배나 확장되고, 사회적 갈등 구조가 다층적으로 심화되고 있는 상황에서 권력분립원리에 기초하여 권력을 분할하고 상호간의 견제와 균형이 이루어져야 한다는 것이었다. 이를 위해서는 "지방의 자율·책임을 강조하는 지방분권원리와 대의민주주의의 한계를 보완하는 직접 민주주의원리를 강화한 현대적 분권국가의 헌법질서는 제왕적 대통령제에 대한

대안이 될 수 있다"고 적시하고 있다.[30]

　문재인 정부의 지방자치분권 정책에 대한 평가는 아직 이르다. 그러나 문재인 정부의 지방자치분권 정책은 노무현 정부를 계승하는 것으로 중간평가를 할 수 있다. 이미 문재인 정부는 2018년 3월 22일 헌법 전문에 "자치와 분권을 강화"하는 것과 제1장 총강 제1조 제3항에 "대한민국은 지방분권국가를 지향한다"는 내용을 규정한 정부주도의 「개헌안」을 발표한 바 있다.

　문재인 정부는 2018년 9월 「자치분권 종합계획」을 국무회의에서 확정한다. 「종합계획」은 "우리 삶을 바꾸는 자치분권"이라는 비전을 제시하며 "주민과 함께하는 정부, 다양성이 꽃피는 지역, 새로움이 넘치는 사회"라는 목표 아래 자치분권 실현을 위해 6대 추진 전략과 33개 세부 과제를 구성한다.

　「자치분권 종합계획」의 6대 추진 전략은 다음과 같다. 첫째, 중앙정부와 지방자치단체 간의 동반자적 관계로 대전환한다. 둘째, 중앙 권한의 획기적인 지방 이양 추진이다. 셋째, 강력한 재정분권 추진으로 현재 8대 2인 국세와 지방세의 비율을 7대 3 수준으로 개편하고, 점차 6대 4의 수준까지 확대한다. 넷째, 중앙과 지방 및 자치단체 간의 협력을 강화한다. 다섯째, 자치단체의 자율성과 책임성을 확대한다. 특히 지방의회의 인사권 독립 및 의회 운영의 자율성을 확대하고 주민에게 의회에 관한 정보를 추가 공개해 의정활동의 투명성을 높여나간다. 여섯째, 저출산·고령화 및 4차 산업혁명 등 자치 환경의 변화에 대비해서 장기적으로 지방행정 체제 개편과 지방선거 제도 개선 방안 또한 모색한다.[31]

위와 같이 지방자치분권 정책의 목표를 설정하고 「지방자치법」과 「지방재정법」을 일부 개정해 중앙정부의 권한을 지방자치단체로 대폭 이양했다. 「지방자치법」은 2018년 12월 24일 개정되었으며, 2019년 12월 25일 시행을 앞두고 있다. 특히 개정된 「지방자치법」은 제9조(지방자치단체의 사무범위)를 통해 중앙정부의 사무 권한을 지방자치단체로 이양한다.

「지방재정법」은 2018년 3월 일부개정 되었으며 2019년 1월부터 시행되었다. 제39조(지방예산 편성 등 예산과정의 주민참여)는 지방자치단체가 예산 편성 등의 과정에서 주민참여를 보장하기 위한 제도를 시행하라는 것이다. 이 법에 따르면 지방자치단체는 조례제정을 통해 '주민참여예산기구'를 설치해야 한다.

더불어민주당은 2019년을 자치분권 제도화의 원년으로 삼고 있다. 1월 9일 국회에서 '참좋은지방정부위원회'를 구성하고 중앙정부의 사무를 지방정부로 대폭 이양하는 「지방이양일괄법」을 2월 국회에서 통과시키기로 결의한다.[32] 이 법이 국회를 통과하면 지방자치단체는 더 막강한 자율권을 행사할 것이며 책임감 역시 막중해질 수밖에 없다.

위에서 살펴본 것처럼 지방자치부활 후 지방자치의 존재의의는 중앙집권의 정체성과 정치적 지향점에 따라 위상이 달라졌다. 김대중 정권은 소극적이었지만 초기 지방자치의 제도적 틀을 만들었다. 정책의 모순에도 불구하고 노무현 정권은 사활을 걸고 지방자치분권 정책을 실행에 옮겼다. 그런가 하면 박근혜 정권은 시대적 흐름을 거스르며 지방자치단체의 자율성을 훼손하기도 했다. 문재인 정권의 지방자치분권 정책은 노무현 정권을 이어받은 것으로 더 강한 지방자치분권을 계획하고 있다. 이렇게 지방자치가 부활한 후 전체적으로 지방자치 분권은 급물살을 타거나 때로는 역류하면서 중단 없이 현재에 이르렀다.

3장 지방자치의 개념과 법

개인과 공동체는 상보적 관계

          개인은 공동체에 속하고 공동체는 개인 없이 실재할 수 없는 상보적 관계다. 개인은 특수성을 가진 개별적인 존재다. 공동체는 개인의 특수성이 모여 전체를 구성하면서 보편성을 획득해 간다. 개인은 영토를 토대로 지역에서 삶을 영위한다. 그러므로 개인은 인식을 하든 못하든 자연스럽게 지역 사회에서 공동체의 일원으로 사회적 삶을 살아간다.

    개인이 공동체에 우선하는지, 공동체가 개인에 우선하는지에 대한 논쟁은 오랫동안 지속되었다. 이 논쟁은 자치권 사상이 지역에서부터 시작된다는 '지방권설'과 국가로부터 유래한다는 '국권설'로 확장되어 상호 대립해 왔다. '지방권설'은 자연법 사상과 역사적 유래관을 바탕으로 한다. 이는 지방이 국가권력으로부터 침해받지 않는 고유권한을 가졌으며, 지방단체가 국가 성립 이전부터 존재했기 때문에 국가가 오히려 지방단체로부터 권력을 인수한 것으로 보는 견해다. '국권설'은 '지방권설'을 부정하며 자치권이 국가로부터 전래된 것으로 보는 '전래설'과 지방단체의 특권이 국가 성립과 함께 시작되었다는 '수탁설'에 근거 한다.[1]

위의 두 입장이 실익 없는 논쟁이기 때문에 규범적인 관점에서 자치권을 인식하는 것이 '제도적 보장설'이다. '제도적 보장설'은 국가가 지방단체를 법적으로 승인한 것으로 보는 관점이다. 법적으로 승인 받은 지방자치제도이기 때문에 지방자치의 존재가 반드시 보장되어야 한다는 견해다. 이 견해는 헌법이 지방자치를 보장하기 때문에 국회가 입법권을 행사해 지방자치제도를 무력화시키지 못한다. 즉 법률에 의해 지방자치단체의 존재의의를 침해할 수 없다는 것이다. 현재 '제도적 보장설'은 통설로 여겨지고 있으며 가장 많은 지지를 받고 있다.[2] 우리나라도 '제도적 보장설'에 근거해 지방자치를 헌법이 보장하고 있다.

지역의 공적영역을 운용하기 위한 제도적인 행정구조가 지방자치제도다. 행정구조는 선거로 선출된 정치인이 대표가 되어 운용한다. 그러므로 지역의 정치 시스템이 작동하는 방식은 개인의 일상성에 커다란 영향을 미친다. 대의제에 의해 선출된 지역의 정치단위는 공적영역에서 개인의 일상적 삶을 지배하는 주체가 된다. 지역 사회의 모든 영역을 운용하는 기준이 되는 법과 제도를 생산하는 단위가 선출된 지역의 정치인들이기 때문이다. 개인의 삶은 지역의 공적영역과 분리될 수 없는 사회적 삶으로 정치적이다. 이것이 인간이 정치적인 존재일 수밖에 없는 이유다. 곧 내가 살고 있는 지역 사회에서 만나는 정치가 지방자치이고, 더 구체적으로 말하면 지방자치단체를 통해 자치가 실현되는 것이다.

지방자치의 개념

'지방자치'는 '지방'과 '자치'라는 두 단어가 결합된 것이다. 두 단어 중 어디에 방점을 찍느냐에 따라 '지방자치'는 다양하게 정의될 수 있다.[3] '지방'은 '지地'와 '방方'의 합성어로 '지地'는 중앙(서울)과 대칭되는 상대적인 개념으로 시골이라는 뜻으로 사용되어 왔다. '방方'은 방위를 가리키며 '모서리'의 뜻으로 한 국가의 일부분의 땅이라는 의미로 사용되었다. 대체로 '지방'은 서울(중앙)을 제외한 지역을 가리키는 의미로 쓰인다. '지방'은 특정 지역을 가리키는 것뿐만 아니라 포괄적으로 정치 · 법제 · 행정적인 성격을 내포하기도 한다.[4] 최근 들어 일부에서 '지방'자치라는 말보다는 가치중립성을 내포하는 '지역'자치라는 용어를 쓰자고 주장하는 사례도 있다.

자치는 지방주민 · 지방자치단체가 지역의 발전과 주민 생활의 향상을 위해 수행하는 일체의 활동으로 보통 행정을 중심으로 전개된다. 지방자치단체에서 수행하는 행정은 법 · 정책 · 계획의 집행만을 뜻하는 것이 아니다. 자치는 지방자치단체가 수행하는 정책·계획의 수립·입법 작용을 포괄하는 광의의 행정을 포괄적으로 담고 있다.[5]

지방자치는 지방자치단체와 국가(중앙정부) 간의 관계 그리고 지방자치정부와 지역주민과의 두 가지 관계 측면에서 이해될 수 있다. 지방자치단체와 국가 간의 관계 측면에서 지방자치는 단체자치라고 할 수 있다. 지방자치단체가 지역주민 간의 관계 측면에서는 주민자치라고 이해될 수 있다. 즉 지방자치가 국가 간의 관계에서는 단체자치가 되고, 주민 간의 관계 측면에서 보면 지방자치정부라는 것이다.

지방단체자치는 중앙정부로부터 분권을 핵심으로 한다. 국가와의 관계에서 독립성을 바탕으로 자신의 문제를 독자적으로 처리하는 식이다. 주민자치는 지방자치정부가 주민의 의견과 요구에 근거해 주민 참여를 토대로 처리하는 사무를 말하는 것이다.[6]

지방자치의 본질은 중앙정부로부터의 분권이라는 가치를 추구한다. 하지만 나라마다 제도와 형식은 매우 다양한 형태로 나타난다. 각 나라의 지정학적 조건·역사·문화배경·정치상황과 지역주민의 삶의 양식 등이 서로 다르기 때문이다. 그러므로 지방자치 개념은 다의적이고 중층적으로 정의될 수밖에 없다. 그러나 한 가지 동일한 원리는 모든 나라가 보충성 원칙[7]을 바탕으로 한다는 점이다. 보충성 원칙이란 개인이 할 수 있는 일은 개인이 우선 처리하고, 개인이 해결할 수 없는 공동의 문제는 그 지역의 집단이 자율적으로 처리하는 것이다.[8]

지방자치와 우리나라
지방자치법

지방자치가 무엇인지에 대한 정의는 다의적이고 중층적이어서 단일한 개념으로는 설명이 불가능하다. 그러나 일반적으로 지방자치의 개념을 종합하면 다음과 같다.

지방자치란, 일정한 지역에 사는 주민이 그 지역에서 스스로 단체를 구성하고 선거를 통해 대표자를 선출해 자가 부담으로 지역의 공동문제를 국가와 협력하여 대표자를 통하거나 스스로 처리하고 해결하는 것이다.[9]

위의 인용문에서 알 수 있듯 지방자치는 주민들이 참여하여 대표자를 선출해 자가 부담하면서 자율적으로 공동의 문제를 해결하고 책임지는 것이다. 위의 인용문을 고려하고 우리나라 「지방자치법」을 참고하여 지방자치를 정의하면 다음과 같다.

일정한 지역이란 특별시·광역시·도·시·군·구 등 행정단위를 말한다. 「지방자치법」제2조(지방자치단체의 종류)는 우리나라 지방자치단체의 종류를 특별시·광역시·특별자치시·도·특별자치도(광역)와 시·군·구(기초)등 등 두 가지로 분류하고 있다. 특별자치시·도는 서울특별시, 제주특별자치도와 세종특별자치시를 말한다. 2006년부터 제주특별자치도가 시행되었고 행정중심복합도시로 세종특별자치시는 2012년부터 시행되었다. 제주특별자치도와 세종특별자치시의 경우 기초지방자치단체가 없다.

중앙정부와 기초지방자치단체 사이에 있는 지방자치단체를 광역지방자치단체라고 정의한다. 주민에 가장 밀접해 있는 지방자치단체를 기초지방자치단체라고 한다. 이에 따라 우리나라 국가 구조는 중앙정부-광역지방자치단체(특별시·광역시·도)-기초지방자치단체(시·군·구)로 중층적으로 구성되어 있다.

이론적으로 광역지방자치단체와 기초지방자치단체는 수평적이며 협조적 관계여야 한다. 서로 분업하고 보완 협력하면서 지역 주민들을 위해 행정을 수행하는 것이다.[10]

주민은 「지방자치법」 제12조(주민의 자격)에서 "지방자치단체의 구역 안에 주소를 가진 자는 그 지방자치단체의 주민이 된다"고 규정하고 있다. 따라서 주민은 각 지방자치단체의 행정단위 내에 거주하는 사람을 말한다. 행정단위의 분류에 따라 '주민'은 국가 단위에서는 국민의 한 사람이며, 광역단위에서는 특별시민·도민이 되고, 기초단위에서는 시·군·구민이 된다.[11] 행정단위와 거주 지역에 따라 '주민'의 정체성은 다양하게 나타난다.

주민이 스스로 단체를 구성하는 것은 지역 주민이 집합적으로 스스로 단체를 구성할 수 있는 자기결정권을 보장하는 하는 개념이다. 이는 지방자치단체의 주체가 주민이라는 의미도 함의한다. 「지방자치법」 제3조(지방자치단체의 법인격과 관할)는 "지방자치단체를 법인"으로 한다. 법인으로서의 단체는, 일정한 지역 내에서 공공영역의 일(사무·행정)을 전문적으로 전담하기 위해 존재하는 기관을 말한다. 「지방자치법」 제115조(출장소)는 "지방자치단체는 원격지 주민의 편의와 특정 지역의 개발 촉진을 위하여 그 지방자치단체의 조례로 출장소를 설치할 수 있다"고 규정하고 있다.

주민이 선거를 통해 대표자를 선출하는 방식은 현대 민주주의 국가들이 대표자를 선출하는 방식으로 대의민주주의의 기본 원리다. 선거는 주민이 스스로 자신의 대변자를 집합적인 의사에 따라 선출하는 수단이 된다. 한 집단이나 조직이 다수결로 자신의 대표를 선출하고, 개인이 해결할 수 없는 공공영역의 일을 대표자에게 맡기는 것은 대의민주주의의 원리에 따른 민주정치의 핵심이다. 「지방자치법」 제31조(지방의회의원의 선거), 제94조(지방자치단체의 장의 선거)규정에 따라 지방의원과 지방자치단체장은 보통·평등·직접·비밀선거 방식으로 선출한다.

자가부담이란 자신이 살고 있는 지역의 공동문제를 처리하는 데 필요한 재원을 주민이 스스로 부담하는 것을 말한다. 이는 자치의 개념 중 자신의 일을 해결하는 데 있어 스스로 책임지는 원리에 해당된다. 「지방재정법」 제20조(자치사무에 관한 경비)는 "지방자치단체의 관할구역 자치사무에 필요한 경비는 그 지방자치단체가 전액을 부담한다"고 규정하고 있다. 「지방자치법」 제135조(지방세)는 "지방자치단체는 법률로 정하는 바에 따라 지방세를 부과·징수할 수 있다"고 되어 있다. 지방세는 지방자치단체가 재정수입을 충당하기 위해 행정관할 구역 안의 주민과 물건에 부과 징수하는 세금이다. 「지방자치법」 제122조(건전재정의 운영)에서 "지방자치단체는 그 재정을 수지균형의 원칙에 따라 건전하게 운영하여야 한다"는 규정에 따라 지방자치단체는 지방재정의 자주성과 건전성을 원칙으로 운영해야 한다.

지방자치단체의 재정은 일정한 범위 안에서만 자율성을 보장받으며 한정적인 독립성을 띨 수밖에 없는 구조로 한계가 있다.[12] 현실적으로도 우리나라 다수의 지방자치단체는 자주재원 비율이 매우 낮기 때문에 중앙정부에 의존할 수밖에 없는 구조다.

지역의 공동문제를 국가와 협력하여 대표자를 통하거나 스스로 처리·해결하는 것을 세부적으로 설명하면 다음과 같다.

첫째, **지역의 공동문제**는 지역의 공공분야에서 주민들의 생활과 관련한 다양한 현안을 중앙정부가 아니라 지방자치단체가 처리하는 것을 말한다. 현안은 농촌과 도시의 현안이 다르듯이 지역의 환경과 주민들의 삶의 방식에 따라 양상이 다양하게 발생할 수 있다. 공동문제를 전문적 용어로 자치사무라고 하며 일반적으로는 행정이라고 칭한다. 「지방자치법」 제8조(사무처리의 기본원칙)은 "그 사무를 처리할 때 주민의 편의와 복리증진을 위하여 노력하여야 한다"고 기본원칙을 규정하고 있다.

사무는 자치사무, 단체위임사무, 기관위임사무 등 세 가지로 구분한다. 지방자치단체가 반드시 해야 할 고유사무로 자치사무가 있다. 자치사무는 주민의 복리증진을 위해 지방의 공공사무를 처리하는 것을 말한다. 자치사무는 자기의 책임과 부담으로 처리하는 사무로 소요되는 예산을 지방자치단체가 전액 부담하는 것을 원칙으로 한다.

국가 또는 상급 지방자치단체로부터 법령에 따라 그 지방자치단체에 위임한 것으로 단체위임사무가 있다. 단체위임사무는 지방의 이해관계와 전국의 이해관계를 동시에 가지고 있다. 조세, 공과금징수, 하천보수 유지 등이 이에 해당된다. 단체위임사무를 수행하기 위해 필요한 예산은 해당 지방자치단체와 국가가 공동부담 하는 것을 원칙으로 한다.

국가 또는 상급 지방자치단체로부터 그 지방자치단체의 기관에게 사무처리를 위임한 기관위임사무도 있다. 기관위임사무에 해당되는 사무는 지방보다는 전국적 이해관계가 큰 사무의 성질을 지닌다. 기관위임 사무에 해당되는 예산은 전액을 위임기관이 부담하는 것을 원칙으로 한다.[13]

둘째, **국가와 협력하는 것**은 우리나라 「지방자치법」 제166조(지방자치단체의 사무에 대한 지도와 지원)와 제167조(국가사무나 시·도 사무 처리의 지도·감독)에 따라 주로 중앙정부는 광역지방자치단체를, 광역지방자치단체는 기초지방자치단체를 지도 감독한다. 그러나 말이 좋아 지도와 감독이지 실제는 위계질서에 따른 중앙정부의 지방정부에 대한 명령과 통제기제가 더 크게 작용한다. 제168조(중앙행정기관과 지방자치단체 간 협의조정)는 "중앙행정기관의 장과 지방자치단체의 장이 사무를 처리할 때 의견을 달리하는 경우 이를 협의·조정하기 위하여 국무총리 소속으로 '행정협의조정위원회'를 둔다"고 규정하고 있다. 이 조항은 중앙정부와 지방자치단체 간에 협의와 조정이 필요한 사안과 문제 해결을 위해 한시적인 협의체를 만드는 것을 말한다.

셋째, **지역에서 공공영역의 일을 대표자를 통하는 것**은 대의민주제 방식으로 간접민주주의를 말하는 것이다. 지역의 대표자는 지역주민에 의해 민주적으로 선출된 자로 대표자는 주민의 참여와 주민여론을 의식해 다수의 뜻을 지방자치단체의 정책으로 반영한다. 주민들 입장에서 공공영역의 문제를 대표자에게 청원(민원)하고 대표자는 이를 수렴하는 방식으로 일을 해결하는 경우가 대부분이다. 이럴 경우 주민은 간접적으로 대표자를 통해 일을 해결하는 것으로 이해될 수 있다.

지역의 일을 스스로 처리·해결하는 것은 직접 민주주의의 원리에 가깝다. 지방자치단체 운용 방식이 주민의 자율성과 참여를 전제하기 때문이다. 그러나 주민이 적극적으로 참여해 공공영역의 문제를 스스로 처리·해결하는 절차를 밟더라도 행정절차에 따라 대표자를 통하지 않을 수 없다. 문제를 해결하고 승인하는 과정에서 최종적인 권한을 가진 자는 대표자다. 그렇기 때문에 문제를 대표자를 통하거나 스스로 처리·해결하는 것은, 간접민주제를 근본으로 하면서도 직접민주제의 절충 방식으로 이는 지방자치단체 운용 원리를 말하는 것으로 이해할 수 있다.

지방자치의
구성요소

지방자치의 개념에는 아래의 인용문과 같이 지방자치단체, 공동문제, 자기부담, 자기처리, 공동협력 등 다섯 가지 요소가 내포되어 있다.

그 첫째가 지방자치단체이고, 둘째가 공동문제이며, 셋째가 자기부담이고, 넷째가 자기처리이며, 다섯째가 공동협력이다. 이러한 다섯 가지는 현실적으로 지방자치단체, 자치사무, 자주재정, 주민참여, 국가관여의 문제를 의미하며 이들은 결국 지방자치의 구성요소들이 된다.[14]

지방자치단체는 지역 주민에 의해 실현되는 것으로 자치구역을 바탕으로 정해진 지역의 행정구역 안에서 주민이 집합적으로 설립한 독립·공적 법인이다. **공동문제**는 주민이 공동으로 처리해야 할 문제를 해결하는 것으로 이를 자치사무라고 한다. **자기부담**이란 재정의 자주성을 말하는 것으로 재정의 자주성이 성립되지 않는다면 자치라고 할 수 없다. **자기처리**는 주민이 참여하여 주민의 의사에 따라 공동의 문제를 스스로 해결하는 것이다. 참여는 간접참여와 직접참여 두 가지 방식이 있다. **공동협력**은 국가 관여와 지방참여를 말한다. 국가와 지방자치단체 간의 적절한 기능 분담으로 긴밀한 협력 하에 지방자치단체가 운영되어야 한다는 것을 뜻한다. 국가와 지방자치단체는 동반자적 관계로 국가가 지방자치단체의 일에 관여하고 지방자치단체는 국정에 참여하는 방식으로 공동협력이 이루어져야 한다. 이를 표로 정리하면 다음과 같다.

구성요소	제도적 용어	실질적인 의미
지방자치단체의 구성요소		
지방자치단체	자치구역	정해진 지역의 행정구역 안에서 주민이 집합적으로 설립한 독립·공적인 법인
공동문제	자치사무	주민이 공동으로 처리해야할 문제를 해결하는 일
자가부담	자주재정	공동문제를 주민 자신의 부담으로 처리하는 것
자기처리	주민참여	주민의 의사에 따라 공동의 문제를 스스로 해결하는 것
공동협력	국가관여와 지방참여	국가(중앙정부)와 지방자치단체(지방정부) 간의 적절한 기능 분담으로 긴밀한 협력

국가와 지방자치단체(정부 간)와의
관계

우리나라에서 지방자치단체의 본질을 명확히 이해하기 위해서는 국가(중앙정부)와 지방자치단체와의 관계를 적확하게 이해하는 것이 무엇보다 중요하다. 관계는 역할에 의해 규정되므로 우선 국가와 지방자치단체의 역할을 알아야 한다.

국가는 거시적이면서도 전국적으로 통일성을 유지하기 위한 사무를 담당한다. 구체적으로 말하면 외교, 국방, 사법, 국세 등 국가의 존립에 필요한 사무와 물가정책, 금융정책, 수출입정책 등의 사무를 처리하는 역할을 한다. 국가사무는 전국적으로 통일적이며 전국적인 규모를 대상으로 한다. 또한 전국적으로 기준을 통일하고 조정해야 할 필요가 있을 때 국가가 이를 결정한다. 그리고 지방자치단체의 기술과 재정능력으로는 감당하기 어려운 거시적인 사무를 국가가 처리한다.

지방자치단체는 지역 주민의 일상생활과 가장 밀접한 사무를 담당하며 주민의 복리증진과 그 지역의 발전을 위한 사무를 처리한다. 지방자치단체의 사무 범위는 「지방자치법」에서 규정하고 있다. 지방자치단체는 지방자치단체를 유지하기 위한 자체 사무와 주민의 복리 증진을 위한 복지사업과 보건, 청소, 지역경제 활성화, 교육, 문화예술 진흥 등의 사무를 담당한다.

국가는 사무 권한을 지방자치단체에 배분하고 지도·감독하는 역할을 한다. 「지방자치법」제167조에서는 "지방자치단체나 그 장이 위임받아 처리하는 국가사무에 관하여 시·도에서는 주무부장관의, 시·군 및 자치구에서는 1차로 시·도지사의, 2차로 주무부장관의 지도·감독을 받는다"고 규정하고 있다. 이에 따라 지방자치단체가 수행하는 국가 위임사무에 대해 국가는 광역지방자치단체와 기초지방자치단체를 지도·감독하고 광역지방자치단체는 기초지방자치단체를 지도·감독하는 등 수직적 관계로 하양식의 사무를 수행한다.

또 제166조는 "중앙행정기관의 장이나 시·도지사는 지방자치단체의 사무에 관해 조언 또는 권고하거나 지도할 수 있으며"라고 규정하고 있다. 이 조항은 중앙행정기관(중앙정부)가 지방자치단체의 고유 사무에 대해 조언·권고할 수 있다고 규정한 것으로 국가와 지방자치단체가 수직적 관계라는 것을 의미한다.

두 조항은 실질적으로 중앙정부와 지방자치단체가 수직적 관계로 지방자치단체가 통제와 관리의 대상인 것을 명백히 하는 것이다. 특히 제167조가 언급한 국가사무를 지방자치단체가 위임 받아 처리한다고 해도 대상은 지역주민들로서 행정 수행의 주체는 지방자치단체가 된다. 제166조는 국가 사무가 아니더라도 지방자치단체의 고유 사무에 대해서도 국가가 조언·권고를 통해 통제가 가능하다.

거꾸로 기초지방자치단체가 상부 행정기관인 광역지방자치단체와 국가에 참여할 방법은 거의 없다. 주민참여에 의한 상향식 행정이 불가능한 것은 지방자치분권이 추구하는 가치와 불일치하는 것으로 비민주적이다. 위의 두 조항은 국가와 지방자치단체 간의 정책이 불협화음을 일으킬 때 갈등과 대립으로 긴장감을 조성할 가능성을 내포한다.

또한 「지방자치법」 제169조는 지방자치단체장이 법령에 위반되는 "위법·부당한 명령·처분을 할 경우 광역지방자치단체에 대해 주무부장관이, 기초지방자치단체에 대해서는 시 · 도지사가 기간을 정하여 서면으로 시정할 것을 명하고, 그 기간에 이행하지 아니하면 이를 취소하거나 정지할 수 있다"고 규정하고 있다.

우리나라의 국가와 지방자치단체의 구조는 수직 · 종속적 구조로 구성되어 있다. 즉 국가 차원에서 광역 · 기초지방자치단체는 하부 행정기관이며, 광역지방자치단체 차원에서 기초지방자치단체는 하부 행정기관이다. 반대로 기초지방자치단체 차원에서 광역지방자치단체와 국가는 상부 행정기관이 된다.

특히 국가에 의한 지방자치단체의 통제는 다음과 같이 국가를 구성하는 각 헌법기관에 의해 이루어진다. 첫째, 국회에 의한 법률의 제 · 개정과 국정감사 · 조사 등, 둘째, 법원에 의한 행정소송, 기관소송 등, 셋째, 헌법재판소에 의한 권한쟁의심판, 헌법소원 등, 넷째, 중앙정부에 의한 사전 감독수단으로 조언 · 권고 · 지도 및 보고징수와 승인, 다섯째, 사후 감독수단으로 재의요구, 취소 · 정지명령, 직무이행명령 및 감사 등, 여섯째, 기초지방자치 단체의 경우 광역지방자치단체에 의한 관리 · 감독이 이루어진다. 결론적으로 말하면 국가를 구성하는 각 기관에 의한 지방자치단체에 대한 통제의 층위가 매우 중층적이라는 것을 알 수 있다.

국가와 지방자치단체의 위계에 따른 수직적 행정문화와 기초지방자치단체가 상부 행정기관인 광역지방자치단체와 국가에 참여해 상향식 행정을 수행할 방법이 차단된 것은 문제가 심각하다. 법에 저촉되지 않는 한도 내에서 수직적 행정문화에 균열을 낼 수 있는 유일한 방법은 주민들이 지역의 문제해결을 위해 상부행정기관에 민원(청원)

을 제기하는 것이다. 하지만 이 방법은 제도적으로 정착되지 못했으며 사안에 따라 일시적으로 작용하기 때문에 한계가 있다. 지방자치단체가 상향식으로 국가 정책에 참여하기 위해서는 제도적으로 이를 뒷받침할 법적 근거를 만들어야 한다.

언어를
혁명하라

현재 국가와 지방자치단체와의 관계를 규정하는 제도적 법률 용어는 많은 모순을 내포하고 있다. 법이 의도적으로 사용하는 언표는 때로 진실을 은폐하거나 과장해 현실을 왜곡시켜 혼란을 야기한다. 기표signifiant가 기의signifié를 왜곡해 그 기호가 본질에 접근하지 못하게 만드는 식이다. 만약 일반인이 법률 용어를 무비판적으로 받아들인다면 자신도 모르는 상태에서 의식을 규정 당하게 되고 왜곡된 사고의 프레임frame으로 현실을 인식할 가능성이 있어 문제가 심각하다.

페터 비에리Peter bieri는『자기결정』에서 인간이 어떻게 언어를 통해 세계를 이해하고 정체성을 갖는지 아래와 같이 심도 있게 밝히고 있어, 지방자치를 이해하는 데 많은 도움을 준다.

모든 것의 열쇠는 언어다

우리를 문화적 존재로 만드는 기본적인 능력은 언어입니다. 왜 그럴까요? 하나의 문화가 가지는 가장 큰 사고적 성과는 이해함인데 언어가 우리에게 그 이해의 능력을 부여하기 때문입니다. 단어와 문장을 구사하는 능력을 갖추기 전에는 세계에서 일어나는 인과관계의 힘에 무조건적으로 휘말릴 수밖에 없습니다. 언어를 경험하게 되면서 세계를 대하는 우리의 위치는 달라집니다. 세계의 인과율에 기호 체계로 반응할 수 있게 되면 세계가 우리의 사고 체계 안에 수용되고 편입될 수 있는 이해 가능한 것이 됩니다…언어는 세계를 맹목적 인과율의 차원에서 이해 가능한 사건의 차원으로 변화시키지요.

언어에 이런 능력이 있는 것은 경험을 개념적으로 조직하는 일을 가능하게 해주기 때문입니다…언어가 없다면 우리의 체험은 단순한 느낌 이상이 되지 못할 것이며 언어 없는 직관은 맹목적으로 남을 것이지요. 우리는 언어적 서술을 통해 사물의 감각이 주는 단순한 윤곽을 넘어설 수 있고, 이것은 오직 언어의 습득을 통해 대상의 정체를 밝혀주는 체계적 범주화의 방법을 배웠기 때문에 가능 합니다…언어적 정체성은 정신적 정체성을 표명하는 성격을 띱니다.[15]

페터 비에리의 말처럼 우리는 언어를 통해 세계를 기호체계로 이해할 수 있다. 특히 우리는 언어를 경험하면서 대상에 대한 직관적 맹목이 아닌 대상의 정체를 명확히 밝혀 체계적으로 범주화시키는 방법으로 접근할 수 있다. 언어를 구사함으로써 언어를 구사하는 사람의 언어 정체성이 드러나고 자신의 정신적 정체성을 세계에 표명한다.

문제는 우리가 정확하게 언어를 구사하는 능력을 갖추었다고 가정해도 정치권력이 의도적으로 언어를 왜곡할 경우 대상의 정체성과 체계를 명확히 밝히지 못하고 혼란에 빠질 수 있다는 점이다. 이럴 경우

피곤하지만 그 의도를 간파하고 행간의 의미를 파고들어 본질에 이르기 위한 정신적 수고를 아끼지 말아야 한다. 그래야만 대상의 정체를 밝히고 체계적으로 그 대상을 범주화할 수 있기 때문이다.

언어의 중대성에 관한 하나의 사례를 보자. 2018년 3월 이재명 경기도지사는 예비후보 시절 공약으로 '서울외곽순

서울외곽순환고속도로
'서울외곽순환고속도로'라는 명칭은 서울중심주의적 사고가 반영된 결과로써 이 도로가 서울을 경유하는 비중은 10%에 불과하다. 출처: 《국민일보》, "경기·인천 '서울외곽순환도로 명칭 변경'에 서울시의회 반대", 2019.01.17.

환고속도로'를 '경기순환도로'로 명칭을 바꾸겠다고 했다.[16] 당시 필자는 이 공약이 경기도의 지역성을 회복하는 상징성을 갖는 것이라 판단해 환영했다. 인용문에서 말하는 "모든 것의 열쇠는 언어다"라는 것은, 언어는 상징적 구조체계로 사람의 의식을 규정하는 것을 의미한다.

경기도에 위치한 도로를 '서울외곽순환고속도로'로 명칭을 규정한 것은 서울중심주의적 사고가 상징적 언어체계에 반영된 결과다. 실제로 이 도로가 서울을 경유하는 비중은 10%에 불과하다.[17] 이 도로는 서울의 관점에서 봤을 때 외곽이지만, 경기도 관점에서는 경기도를 관통하는 순환도로가 된다. 언어를 바꾸면 사람의 의식도 달라진다. 의식이 달라지면 사물에 부여했던 의미체계도 달라질 수 있다. 이 공약이 실현되면 이제껏 서울중심의주에 매몰되어 경기도의 지역성에 의문조차 제기하지 않았던 우리들의 의식에 획기적인 전환을 가져올

뿐만 아니라 경기도의 정체성을 회복하는 중대한 계기가 될 것으로 보인다. 경기도민의 입장에서는 언어체계의 변화로 의식 구조가 달라져 삶의 질이 높아지는 것도 예상할 수 있다.

필자는 국가와 지방자치단체와의 관계를 규정한 법률 용어를 보면서 용어의 모순 때문에 지방자치를 이해하는 데 혼란한 점을 발견했다. 법률 용어가 지방자치의 가치와 체계를 명확하게 인식하지 못하게 의도적으로 왜곡하는 것은 아닌지 의구심을 가질 수밖에 없다. 그러다 보니 이 책에서 서술하고 있는 '국가' 역시 때로는 '국가' 그 자체를, 때로는 '중앙정부'를 지칭할 수밖에 없어 혼란스러운 것이 사실이다.

「지방자치법」 제1조에서 규정하고 있는 "국가와 지방자치단체 사이의 기본적인 관계를 정함으로써"와 헌법 제8장에서 규정하고 있는 '지방자치단체'에서 '국가'와 '단체'라는 용어에 주목하며 이를 사회역사적 맥락에서 비판적으로 해석해볼 필요가 있다.

국가 개념은 시대와 역사적 상황에 따라 재정립 과정을 거쳐 왔다. 현재도 국가 개념은 상대적이며 다의적으로 해석된다. 국가에 대한 사전적 정의는 "일정한 영토를 보유하며, 거기 사는 사람들로 구성되고, 주권을 가진 집단"으로 추상적이며 국민·영토·주권의 세 가지 요소를 필요조건으로 한다.

엄밀한 의미에서 '국가'는 국가를 구성하는 주체로서의 중앙정부와 지방정부의 통합체이다. 우리나라 국가 구조는 중앙정부-광역지방정부(광역지방자치단체)-기초지방정부(기초지방자치단체)로 중층적으로 구성되어 있다. 다시 말하면 이미 '국가'의 개념 안에 중앙정부뿐만이 아니라 지방자치단체가 국가기관이자 헌법기관으로 구성되어 있으며 국가의 부분집합으로 존재한다. 그러므로 「지방자치법」에서 언급하고 있는 "국가와 지방자치단체…"의 내용은 이미 국가 개념 안에 지방자치단체를 내포하고 있어서 언어 사용상 오류를 범하고 있는 셈이다. 「지방자치법」에서 언급하고 있는 국가란 실은 추상적인 개념체로서의 국가가 아니라 통치기구로서 실재하는 중앙정부를 국가와 동일시하는 것이다.

우리나라에서 중앙정부를 국가와 동일시하는 것과 지방정부를 지방자치단체라고 규정하고 있는 중첩된 모순을 한꺼번에 극복할 수 있는 대안적 용어는 '정부 간 관계Intergovernmental Relations, IGR'이다. 이는 한 나라 안에서 단일한 중앙정부와 다수의 지방정부 관계에서 복수의 정부조직 사이의 관계를 정의하는 것을 의미한다. "정부 간 관계는 '국가와 지방의 관계', '중앙과 지방의 관계', '지방자치단체 간의 관계'를 포괄하는 다양한 의미를 함축하는 개념이다."[18]

미국에서 1930년대 뉴딜New Deal정책 실행 과정에서 정부의 보조금 관계로 연방정부와 주정부 간의 갈등이 고조된 적이 있다. 이를 해결하기 위해 아이젠하워Eisenhower 대통령이 '정부간관계자문위원회'를 구성했다.[19] 이후 1953년 미국 행정부에서 '정부 간 관계'라는 말이 사용되기 시작했으며 학문적인 용어로는 1960년대부터 널리 사용되기 시작했다.[20]

이와 같은 역사적 맥락에서 정립된 '정부 간 관계' 개념이 갖는 함의는 중앙정부와 지방정부 간의 관계에서 지방정부가 중앙정부에 종속된 개념이 아니라 상호 수평·대등한 관계라는 점이다. 또한 미국에서 연방정부의 권한이 대폭 확대된 현재도 연방정부가 주정부나 지방

자치단체와의 관계에서 우위에 있거나 우월하다고 전제하지는 않는 점에 주목해야 한다.[21]

우리나라에서는 1990년대부터 학계에서 '정부 간 관계'라는 용어를 가치중립적인 개념으로 학문적인 맥락에서 사용해 왔다. 즉 중앙정부와 동일시되었던 국가를 중앙정부로 칭하고 지방자치단체를 지방정부라 칭한 것이다. 학문적 관점에서 국가는 중앙정부와 지방정부의 통합체로 인식하는 것이 타당하다. 그래야만 중앙정부를 국가라 칭하는 것에서 오는 모순을 해결할 수 있기 때문이다. 엄밀히 말해서 지방자치단체가 하는 일은 '일정한 지역에서 자치정부의 역할'이다. 지방자치는 지방정부(지방자치단체)가 주민들의 생활과 밀접하게 관련한 공공분야의 일을 스스로 결정하고 스스로 처리하는 방식이므로 이를 지방정부라 칭하는 것이 절대적으로 타당하다.[22]

국가를 중앙정부와 동일시하는 것은 과거 절대적인 권위 위에 군림했던 중앙정치권력의 힘을 상징적으로 보여주는 언어 관습이다. 자치분권시대에 중앙정부를 국가와 동일시했던 언어권력 시대는 끝나야 한다. 사회의 민주화는 언어의 민주화로부터 출발한다. 중앙정부를 국가가 아닌 중앙정부로 칭하고 지방자치단체를 지방정부로 칭할 수 있을 때, 중앙집권이 갖는 절대적인 상징권력이 다소나마 약화될 수 있을 것이다.

우리나라에서는 2003년 노무현 정부가 출범하면서 '정부혁신지방분권위원회' 산하에 '정부 간 관계 TF팀'을 구성하면서 당시 정부에서도 '정부 간 관계'라는 용어가 사용되기 시작했다. 노무현 정부는 '분권-참여형 거버넌스Governance'의 개념을 도입해 중앙정부의 권한을 지방으로 이양하고자 했다.[23] 그러나 노무현 정부에서 '정부 간 관계'라는 용어는 일부에서만 일시적으로 사용되고 법적 제도적 용어로 정착되지는 못했다.

현재 우리나라에서 지방자치단체는 제도상 법률 용어로, 지방정부는 학술 용어로 정착되어 사용되고 있다. 주로 학계에서 지방자치단체 대신 지방정부라는 용어를 쓰는 이유는 그들의 가치관을 드러내는 것이다. 지방자치가 발달한 나라에서 지방정부와 중앙정부는 거버넌스의 파트너partner로 분업하고 협력하는 관계다. 그들은 지방정부라는 단어를 지방정부가 중앙정부에 종속된 개념으로 사용하지 않는다. 마찬가지로 학계에서 지방자치단체를 지방정부라고 사용하는 것은 중앙정부와 지방정부가 대등한 관계임을 지지하는 것으로 이해된다.

지방자치단체에서 '단체'는 현재 지방정부의 역할과 존재의의 및 정체성을 명징하게 드러내기에 한계가 있다. '단체'라고 하면 조기 축구동호회, 새마을 부녀회, 시민단체 등 범주의 폭이 매우 넓다. 즉 '단체'라는 용어는 인식대상의 본질을 왜곡하고 지방정부를 체계적으로 범주화하는 데 방해가 된다. 지방정부의 역할을 지방자치단체로 규정한 것은 지방정부의 역할을 희석시킨다. 지방정부를 주로 학술 용어로 사용하는 것에서 알 수 있듯이 우리나라 법학자들은 '단체'라는 용어 사용을 비판적으로 인식하고 있다. 그들은 지방자치단체가 수행하는 지방정부의 역할과 기능을 살리기 위해 지방자치단체라는 용어를 지방정부로 바꿔야 할 필요성을 강조한다. 필자 역시 현재 법률 제도적 용어로 쓰이고 있는 지방자치단체보다는 지방정부라는 용어 사용을 적극 지지하는 입장이다. 그러나 헌법과 모든 법률에서 제도적으로 지방정부의 의미를 지방자치단체로 규정하고 있다. 따라서 앞으로 이 책에서도 지방정부의 개념을 부득이하게 지방자치단체로 명시할 수밖에 없다는 것을 미리 밝혀 둔다.

위에서 언급한 대로 현재 「지방자치법」은 중앙정부를 국가와 동일시하거나 중앙행정기관이라고 칭한다. 또 중앙정부의 사무범위를 국가사무라고 칭하기도 한다. 이는 지방자치 중단 시기에 중앙정부가 가졌던 우월한 권위의식이 여전히 화석처럼 남아 있는 것으로 비민주적이다. 지방정부를 지방자치단체라고 칭하는 것은 중앙정부와 지방정부 간의 권력의 비대칭적 관계가 여전히 관념으로 남아 있는 것으로 보아야 한다. 이러한 현상이 나타나는 이유는 다각적인 측면에서 분석된다.

역사적으로 우리나라는 오랫동안 강력한 봉건제에 의한 중앙집권 체제였다. 더구나 유교사상이 뿌리 깊게 남아 있는 상태에서 중앙이 지방을 통제하는 방식에 익숙했다. 봉건시대에 왕을 "나랏님"이라 칭했던 것에서 알 수 있듯이 일반인들에게 왕과 나라는 동일한 존재로 인식되었다. 일제강점기에 국가는 강력하고 절대적인 중앙집권체제하에서 지도·감독을 넘어 지방을 통제하고, 억압, 수탈했으며, 두 관계는 상호 수직·종속적이었다. 이러한 역사적 배경은 나라가 곧 중앙이라는 인식을 갖게 했다. 현재까지도 중앙정부가 국가와 동일시되는 용어로 사용되고 있지만 이의를 제기하는 사람은 많지 않다. 그 많은 언어학자들과 민주주의자들은 다 어디로 갔는가. 또 지방자치분권에 대해 많은 말을 하고 있지만 현재 국가라는 용어를 중앙정부로 바꾸어야 한다는 담론조차 형성되지 않는 안타까운 실정이다.

언어는 권력으로 작용하고 현실에 투영되어 상징적 체계로 구조화된다. 오만하게도 국가와 동일시한 중앙권력은 지방정부를 통치의 대상으로 전락시켰다. 1948년 제헌헌법에서 지방자치를 제도적으로 보장한 이래 국가(중앙정부)와 지방자치단체(지방정부)는 단 한 번도 상호협력하고 아래로부터 참여하는 민주적인 관계였던 적이 없었다. 박정희, 전두환 군부정권 시기에 국가는 더욱 더 중앙정부와 동일시되었다. 중앙집권의 우월의식은 관념적으로는 법률에 의해, 현실에서는 중앙정부가 지방정부를 통치하는 주체로 인식하면서 국민을 억압하고 감시하는 대상으로 전락시켰다.

지방정부를 지방자치단체라고 칭한 것과 중앙정부를 국가에 비유한 것은 구조적인 문제로 두 가지 측면에서 비판적으로 봐야 한다. 우선은 헌법에서 지방정부를 지방자치단체라고 규정하고 있기 때문에 모든 하위 법률에서도 지방정부를 지방자치단체라고 규정할 수밖에 없다. 또 「지방자치법」에서 중앙정부를 국가라고 칭한 것은 중앙정부의 절대적인 권위의식과 함께 중앙정치권의 오만이 표출된 것으로 보인다. 이 두 가지 모순을 해결하려면 개헌과 함께 법률 개정이 이루어져야 한다. 1987년 개헌 헌법에서 지방자치단체가 지방정부로 수정되지 않은 이유는 제9차 개헌이 전두환 독재정권에 저항했던 국민이 6월 항쟁으로 일구어낸 성과임에도 불구하고 개헌 과정에서 국민의 의견은 배제된 채, 당시 구체제였던 국회가 입법 권한을 독점한 상태에서 공론화 과정 없이 개헌안을 발의하고 의결했기 때문이다.

「지방자치법」에서 중앙정부를 국가에 비유한 것도 동일선상에서 이해될 수 있는 문제다. 1987년 이후 현재까지 「지방자치법」이 수차례 개정되었지만 여전히 중앙정부를 국가에 비유하고 있다. 그 이유는 국민이 지방자치와 법률에 관심이 없고, 국회가 문제의식을 느끼지 않았기 때문이다. 더 크게는 국회의원들의 시선이 지방보다는 중앙권력에 집중되어 별다른 문제의식을 갖지 않았기 때문이다.

2018년 문재인 정부의 개헌안은 제8장 '지방자치'에서 지방자치단체를 지방정부로 수정했다. 그러나 개헌이 이루어지지 않았기 때문에 여전히 현재도 지방자치단체라는 용어가 유지되고 있다.

문제의 심각성은 국가라고 칭한 중앙정부의 절대 권력이 현재까지도 일반 국민들에게 영향력을 행사한다는 점이다. 지역에서 국책사업이 진행될 때, 이를 반대하는 주민들에게 지방자치단체 공무원들은 "국가에서 하는 일이라 우리가 할 수 있는 것이 아무 것도 없다"는 식으로 책임회피성 발언을 자주 한다. 이렇듯 무책임한 공무원들의 언어 행사가 비민주성을 확대 강화하는 방식으로 재생산되면서 국민들의 삶의 질을 떨어뜨리는 결과를 낳고 있다. 하루 빨리 낡고 모순되는 비민주적인 언어 관행을 혁명해야만 국민의 일상생활 전반에 영향을 미치는 비민주성이 극복될 수 있을 것이다.

김영삼, 김대중 정부부터 중앙정부의 사무가 지방으로 차츰 이양되었고 문재인 정부 역시 중앙정부의 사무를 지방으로 대폭 이양할 계획이다. 그러나 필자기 인식하기에 중앙정부의 사무가 지방정부로 아무리 많이 이양되고, 지방재정이 강화되더라도 언어가 바뀌지 않으면 현실을 바꾸기 쉽지 않다.

따라서 지방자치분권을 강화하기 위한 가장 기초적인 작업은 사무 이양과 지방자치단체의 재정 강화가 아니라 언어를 혁명하는 일이다.

중앙정부를 국가가 아닌 중앙정부로, 지방자치단체가 지방정부로 명확히 인식될 때, 중앙정부와 지방정부의 정체성이 명확해지고 체계적인 범주화가 가능해진다. 언어를 개혁하는 일이 전제될 때, 지방정부의 위상도 높아질 것이다. 지방정부에 대한 명확한 인식은 주민참여를 높이는 가장 효과적인 방법이기도 하다. 언어는 세계를 변화시키는 힘을 가진다.

필자는 앞으로 헌법을 개정한다면 지방자치단체를 지방정부로 바꿔야 한다는 헌법 학자들의 주장에 절대적으로 동의한다. 또한 문재인 정부가 추진했던 개헌안에서 지방자치단체를 지방정부로 수정한 것을 지지한다. 지방자치단체가 지방정부라고 호명될 수 있을 때 국민이 인식하는 지방정부의 정체성과 역할이 더욱 명확해질 수 있기 때문이다.

지방정부를 법적 제도적으로 지방정부라는 용어로 바꾸기 위해서는 개헌이 필요하다. 하지만 개헌이 언제 가능할지는 짐작할 수 없는 상황이다. 대안은 법률개정이다. 문재인 정부가 지방자치분권 강화를 위한 다양한 정책을 실행하기에 앞서 필자는 언어의 비대칭적 권력관계를 해소하기 위해 우선 법률부터 개정할 것을 요구한다. 언어의 민주화가 바로 수직적·종속적이었던 중앙정부와 지방정부 간의 권력관계를 해소하고, 대등하게 협력하는 거버넌스 관계로 진전할 수 있는 토대가 되기 때문이다. 따라서 필자는 우선 「지방자치법」에서 명시하고 있는 '국가'를 '중앙정부'로, '국가사무'를 '중앙정부사무' 등으로 개정할 것을 제안한다.

더불어민주당은 2019년 2월 현재, 국회에서 「지방이양일괄법」과 「재정 분권을 위한 예산부수법」을 상정해 놓고 있다. 하지만 중앙정부가 아무리 많은 권한을 지방으로 이양하고 지방자치단체가 많은 예산을 확보하더라도 언어를 바꾸지 않는다면 국민의 의식 체계를 바꾸기에는 한계가 있다. 언어를 혁명하라, 세상이 바뀔 것이다.

헌법과 지방자치 :
국회에 종속된 지방자치

헌법은 한 국가의 모법으로 모든 하위법을 규정하는 최고 규범이다. 우리나라에서도 헌법이 지방자치를 규정하는 것처럼 독일, 일본, 프랑스 등 대부분의 나라가 헌법에서 지방자치를 보장하고 있다. '유럽지방자치헌장'도 가입국가에 헌법으로 지방자치를 보장할 것을 권고하고 있다. 우리나라는 1987년 제9차 헌법 개정으로 지방자치가 부활했다. 우리나라 현행 헌법은 아래의 인용문과 같이 지방자치를 단 두개의 조항만으로 간단하고 모호하게 규정하고 있다. 우리나라 헌법 제8장에서 규정하고 있는 지방자치는 다음과 같다.

제117조 ① 지방자치단체는 주민의 복리에 관한 사무를 처리하고 재산을 관리하며, 법령의 범위 안에서 자치에 관한 규정을 제정할 수 있다. ② 지방자치단체의 종류는 법률로 정한다.
제118조 ① 지방자치단체에 의회를 둔다. ② 지방의회의 조직·권한·의원선거와 지방자치단체의 장의 선임방법 기타 지방자치단체의 조직과 운영에 관한 사항은 법률로 정한다.

인용문을 통해 알 수 있듯, 대한민국 헌법은 단 두 개의 조항으로 지방자치를 규정하고 있다. 1987년 헌법 개정으로 부칙 제10조를 삭제하면서 지방자치의 규범성을 회복한다. 이는 1948년 제헌헌법이 지방자치를 규정한 것과 그 의미가 다르지 않다. 즉, 헌법이 지방자치를 규정함으로써 지방자치단체의 존재를 절대적으로 보장하는 것이다. 그렇기 때문에 헌법에 보장된 지방자치단체는 그 자체로 헌법기관이자 국가기관의 지위를 갖는다. 어떠한 경우라도 중앙정부나 국회 등의 정치권력이 지방자치단체의 존재를 폐지하지 못하도록 보호하는 의미가 담겨 있다. 즉 국회 다수당이나 중앙권력이 정치적 이해관계로 법률을 통해 지방자치단체를 해체하는 등의 무력화는 가당치 않은 일이다.[24]

그러나 1987년 개헌 헌법이 규정하고 있는 지방자치는 1948년 제헌헌법에서 규정한 지방자치와 내용이 크게 다르지 않다는 점에서 한계를 드러낸다. 1987년 개헌 헌법은 부칙 10조를 삭제했다. 너무나 소극적이고 수동적으로 지방자치를 부활시킨 것이었다. 이 한계는 민주화 열망이 뜨거웠던 1987년 6월 항쟁을 통해 달성한 개헌헌법이 시대를 제대로 반영하지 못한 점과 맞물려 있다.

현행 헌법에서 명시하고 있는 지방자치조항은 지방자치에 대한 개념이 모호하고 추상적이다. 지방자치단체의 역할과 권한도 명확하게 규정하고 있지 않다. 단지 현행 헌법은 지방자치를 실시한다는 대원칙에만 집중하고 있어 지방자치가 "구체적으로 어떻게 그리고 무엇을 위해서라는 내용이 포함되지 않음으로 인하여 지방분권의 보장에 근본적인 한계가 있음을 보여주고 있다."[25] 그럼에도 불구하고 우리는 헌법에서 명시하고 있는 지방자치의 가치를 제대로 알아야할 필요성이 있다.

헌법 제117조는 지방자치단체의 존재 이유를 **"주민의 복리에 관한 사무를 처리하고 재산을 관리하는 것"**으로 정의한다. 이 규정은 지방자치의 목적에 해당된다. 복리福利란 '행복'과 '이익'을 아우르는 말이다. 이 용어에 따라 지방자치단체가 공공사무를 통해 주민의 삶의 질을 보장하고 행복을 증진시키기 위해 일하는 기관임을 알 수 있다. 그러나 이 조항은 매우 추상적이고 포괄적이기 때문에 지방자치단체의 개념은 물론이고 역할과 권한이 불분명하다. 헌법을 어떠한 관점에서 해석하느냐에 따라 지방자치단체의 역할과 권한이 달라질 수도 있다.

"재산을 관리하고"라는 규정은 지방자치단체가 공공재산을 관리하는 것을 말한다. 일부에서는 이 규정에 근거해 지방자치단체가 지역의 세수를 확보할 권리가 있다고 확대 해석한다. 하지만 이 조항은 지방자치단체를 운용, 관리하는 데 있어 자주재원을 확보할 수 있는 방안에 대한 명확한 규정이 아니어서 한계가 있다.

같은 조항의 **"법령의 범위 안에서 자치에 관한 규정을 제정할 수 있다"**는 규정은 지방정부의 입법권에 해당되는 사항으로 자치법규 제정권을 말한다. 자치법규는 조례와 규칙 모두를 포함한다. 자치법규는 '법령의 범위 안'이라는 단서 조항에 따라 중앙정부로부터 일정하게 제한 받을 수 있는 한정적 권한에 해당된다. '법령'이란 모든 법과 중앙정부의 명령을 포괄하는 용어다.

한 국가의 통일성을 유지하기 위해서는 중앙정부가 지방정부의 사무에 관여할 수 있다. 그러나 위의 조항은 중앙정부가 정치적 의도에 따라 지방정부의 자기결정권을 억압·통제하는 수단으로 악용할 소지가 있다. 2016년 서울시와 보건복지부가 청년실업 수당지급을 두고 겪었던 갈등이 대표적인 사례. 청년실업수당 지급은 주민의 복리 증진을 위한 일로 헌법이나 법률에 위배되는 정책은 아니었다. 그러나 서울시에서 시범사업으로 청년실업 수당을 지급하자, 보건복지부가 수당지급을 중지하라는 시정명령과 직권취소 처분을 내렸다. 보건복지부의 명령에 따라 서울시는 청년수당지급을 시행 1일 만에 중단할 수밖에 없었다.[26]

문재인 정권이 들어선 후 보건복지부는 2017년 9월 '서울시 청년수당 예산안 의결 무효 확인 소송'을 취하함으로써 서울시는 청년수당 지급을 재개했다.[27] 이와 같이 서울시 청년수당은 '법령의 범위 안'이라는 단서 조항으로 각 지방자치단체의 정책결정이 정권의 입맛에 따라 전략적으로 억압·통제당할 수 있다는 것을 보여준 대표적인 사례다. 이는 지방자치단체의 정책이 중앙정부와 집권정당의 정치적 지향점에 따라 금지될 수도 있고, 허용될 수도 있다는 점에서 근본적으로 지방자치단체의 권한이 불안정하다는 것을 보여준 사례였다.

헌법 제118조 제1항에서 **"지방자치단체에 의회를 둔다"**는 규정은 지방자치단체가 집행기관과 의사결정기관인 의회로 구성되는 것을 명시한 것이다. 이러한 지방자치단체 구조를 '기관대립형'[28]이라고 한다.

같은 조 제2항에서 **"지방의회의 조직·권한·의원선거와 지방자치단체의 장의 선임방법 기타 지방자치단체의 조직과 운영에 관한 사항은 법률로 정한다"**고 규정하고 있다. 이 규정은 지방자치단체의 존재를 최고 규범인 헌법이 보장하면서도, 실질적으로는 지방자치의 가치와 본질을 부정하고 제약하는 모순된 것이다. 현재 이 조항은 헌법에서 지방자치단체의 존재 그 자체는 보장하되, 조직 운용 등과 관련된 나머지 권한을 입법기관인 국회가 독점한 채 지방자치단체를 관리 감독하겠다는 의도가 내포된 것으로 이해할 수 있다. 한 마디로 현행 헌법에 명시된 이 조항으로 인해 지방자치단체의 권능은 국회의 입법 권력에 철저하게 종속되는 근거가 된다. 따라서 지방의회는 헌법기관이지만 그 지위가 불안정적인 헌법기관이 될 수밖에 없다.

이는 근본적으로 지방자치단체가 발전하지 못하게 만드는 근원으로 보인다. 즉 현재 지방자치단체가 직면한 한계와 모순이 헌법에 있다는 것을 말해 주는 것이다. 지방자치에 대한 헌법의 제약 조건은 미약한 권한과 함께 지방자치단체가 국민에게 전폭적인 지지를 받으며 완전하게 정착할 수 없게 만든 중대한 요인이다.

헌법은 지방자치에 대해 많은 말을 하지 않는다. 그렇기 때문에 역설적으로 더 많은 말을 하고 있다. 헌법은 지방자치에 대해 대부분의 권한과 역할을 국회에 위임했다. 국회가 마음만 먹으면 법률로 지방자치단체를 좌우할 수 있는 권한을 가진 것이다. 그렇다면 헌법은 다른 기관에 대해 어떻게 규정하고 있을까.

헌법은 헌법기관들의 존재 그 자체를 절대적으로 보장하고 인정한다. 헌법기관은 개헌을 통해 그 기관을 폐지하지 않는 한, 권한과 역할의 정당성을 인정받으며 임기도 절대적으로 보장받는다.

예를 들면 현행 헌법은 제3장 「국회」에서 "권한, 구성, 임기, 면책특권, 의무, 운영, 결정방법, 법률안제출권, 예산심의확정권, 국채의결권, 조세권, 감사조사권, 해임건의권, 탄핵소추권, 자율권 등 총 26개조문"[29]을 명시해 그들의 권한과 역할을 보장한다. 제4장 정부 제1 절 '대통령'에서 제66조부터 제85조까지 대통령의 권한과 역할을 규정하고 있다. 또한 제2절 '행정부'에서는 국무총리, 국무위원, 국무회의, 행정각부, 감사원을 규정하고 있다. 제5장은 '법원'을 제6장은 '헌법재판소'를 규정해 조직구성 및 운영방법, 권한, 역할 등을 명시하고 있다.

이에 반해 헌법은 지방자치단체에 대해 **"지방의회의 조직 · 권한 · 의원선거와 지방자치단체의 장의 선임방법 기타 지방자치단체의 조직과 운영에 관한 사항은 법률로 정한다"**고 규정하고 있다. 다른 헌법 기관에 비해 지방자치는 목적과 역할이 모호하고 추상적이다. 그래서 하위법인 「지방자치법」이나 「지방재정법」을 보지 않는 한 지방자치단체가 무엇을 위해 존재하고 어떠한 역할을 하는 기관인지 알 수 없다. 하지만 헌법은 말하지 않음으로써 권력의 속성에 대해 더 많은 말을 하고 있다.

결국 지방자치의 거의 모든 권한을 국회에서 법률로 정하도록 한 현행 헌법은 지방자치의 본질과 자치 정신을 훼손하는 것이라 할 수 있다. 지방자치단체가 헌법 기관임에도 불구하고 그 위상에 걸맞지 않게 운용과 선출 방식 등을 법률로 정하고 있는 것이다. 지방자치에 대해 국회가 갖는 막강한 권한 때문에 헌법 학자들 사이에서 현행 헌법이 지방자치를 제대로 충분히 보장하지 못한다는 평가를 하고 있는데, 이러한 평가는 지극히 당연한 결과다.

사실 이 조항은 국회가 특히, 다수의 지역구 국회의원들이 지역의 정치권력을 장악하겠다는 의도가 반영된 것과 하등 다를 바가 없다. 국회 본연의 임무는 국가를 위한 입법 활동이지 지방통치가 아니다.

여기에 더해 정당이 지방선거 후보의 공천권을 손에 쥐고 있다는 것을 감안하면 지방자치는 국회와 정당정치에 완전히 종속되어 있는 것이다. 특히 개별적으로도 지역구 국회의원과 각 정당의 지역구 원외위원장들이 지방후보에 대한 공천권한을 가졌다는 점에서 지방자치는 자율성을 상실하고 그 가치를 훼손당하고 있다.

개헌과 달리 법률은 국민투표 절차 없이 국회에서 단독 개정이 가능하다. 우리나라 법률 구조와 정당들의 정치문화를 고려했을 때, 법률로 규정하고 있는 지방자치에 관한 조항은 각 정당과 국회의원들의 이해관계와 당리당략에 따라 수시로 개정할 수 있다. 이러한 이유로 지방자치단체의 운용과 권한은 불안정성이 높아질 수밖에 없다. 법률로 정한 지방자치단체에 관한 규정은 시류와 각 정당의 정략적 이해관계에 따라 예측불가능하게 전개될 가능성을 시사하고 때로는 현실이 된다.

2014년 동시지방선거에서 지방자치단체 출마 후보자들에 대해 무공천을 약속했던 정당들이 공약을 파기했다. 이는 각 정당과 국회의원들의 이해관계에 따라 공천제를 고수한 대표적인 사례다. 뿐만 아니라 중앙정부의 정치적 입장에 따라 수시로 기초단체장과 교육감 선출을 임명직으로 전환하려는 시도도 지방자치의 위상이 매우 불안정하다는 것을 보여준다. 필자는 정당의 지방후보에 대한 무공천 실현만이 지방자치를 발전시킬 것이란 환상은 없다. 더 근본적인 문제는 헌법의 모순에 있기 때문이다.

지방자치에 대한 미비한 헌법 규정으로 지방자치는 중앙정부에 종속되어 있고, 법률로 정한 권한 때문에 국회에 이중적으로 종속되어 있다. 그러므로 "지방의회의 조직·권한·의원선거와 지방자치단체의 장의 선임방법 기타 지방자자치단체의 조직과 운영에 관한 사항은 법률로 정한다"는 조항은 폐기되어야 한다. 대신 지방자치단체장· 지방의원의 역할과 권한·조직구성 등이 타 헌법기관과 대등한 수준에서 헌법에 명시되어야 한다. 그렇지 않은 한 진정한 지방자치를 이루기는 힘들어 보인다. 지방자치분권 강화는 바로 헌법에서 출발해야 한다.

4장 지방자치단체의 권한과 역할

　　　　　　　　　우리나라 지방자치단체는 기관
대립형태로 구성되어 있다. 기관대립형이란 권력분립주의에 입각해
지방자치단체의 의사결정 기능과 결정된 의사를 집행하는 기능을 각
각 다른 기관으로 분립시켜 설치하는 것을 말한다. 의회는 의사를 결
정하는 역할을, 자치단체장은 결정된 의사에 따라 사무를 집행하는
역할을 한다. 지방자치단체는 각각 독립적인 기관으로 의회와 집행부
로 구성된다.

　지방의회는 주민이 선거를 통해 선출한 지방의원으로 구성된다. 지
방의회는 주민의 대표기관으로서 지위를 가지며 자치단체의 의사를
심의·의결하는 역할을 한다. 지방의원은 주민전체의 의사를 대표하
는 사람으로 개인의 이익을 위해 일하면 안 된다. 주민전체의 의사란,

시대와 상황에 따라 늘 변화 가능성이 있기 때문에 고정된 전체 의사란 한 마디로 정의할 수 없다.

지방의원은 이를 극복하기 위해 공공영역에서 법령에 정해진 바에 따라 활동하되, 소속 지역구 주민들을 통해 의견을 수렴하며 의정활동을 한다. 주민은 법령에 위배되지 않는다면 어떠한 사항이라도 지방의회에 청원할 권리가 있다. 청원은 문서로 해야 하나 전달방법과 문서형식 등에는 제한이 없다.

다만 지방의회에 청원하려는 자는 「지방자치법」 제73조(청원서의 제출)에 근거해 지방의원의 소개로 청원서를 제출해야 한다. 「지방자치법」이 청원에 대해 이와 같이 규정하고 있지만 실질적인 법적 구속력은 없다. 지방의원 소개로 청원서를 제출해야 한다는 이 규정은 대의민주주의의 형식적 절차적 정당성을 확보하기 위한 논리로 보인다. 주민이면 누구라도 각 지방자치단체의 의회와 집행부에 청원할 권리가 있다.

「지방자치법」 제3절 〈권한〉, 제39조(지방의회의 의결사항)에서 지방의회의 의결사항을 다음과 같이 규정하고 있다.

1. 조례의 제정·개정 및 폐지

2. 예산의 심의·확정

3. 결산의 승인

4. 법령에 규정된 것을 제외한 사용료·수수료·분담금·지방세 또는 가입금의 부과와 징수

5. 기금의 설치·운용

6. 대통령령으로 정하는 중요 재산의 취득·처분

7. 대통령령으로 정하는 공공시설의 설치·처분

8. 법령과 조례에 규정된 것을 제외한 예산 외의 의무부담이나 권리의 포기

9. 청원의 수리와 처리

10. 외국 지방자치단체와의 교류협력에 관한 사항

11. 그 밖에 법령에 따라 그 권한에 속하는 사항

이 외에도 지방의회는 자치단체장에게 서류제출을 요구할 권한과 행정사무 심사권 및 조사권을 갖는다. 일반적으로 지방의원은 주민들에게 청원을 받으면 사태 파악을 위해 자치단체장에게 서류 제출을 요구한다. 또한 지방의회는 감사와 조사를 위해 필요하다고 판단되면 사무가 이루어지는 현장을 확인할 수 있다. 회기 중에는 자치단체장 또는 관계 공무원이나 그 사무에 관계되는 자를 출석시켜 증인으로서 선서한 후 증언하게 하거나 참고인으로서 의견을 진술하도록 요구할 수 있다.

지방의회는 행정사무감사에서 공무원이 거짓증언을 할 경우 고발할 수 있다. 또한 서류제출을 요구받은 자가 정당한 사유 없이 서류를 정해진 기한까지 제출하지 않을 경우와, 출석요구를 받은 증인이 정당한 사유 없이 출석하지 않거나 선서 또는 증언을 거부한 경우에는 500만 원 이하의 과태료를 부과할 수 있다.

자치단체의 장이나 관계 공무원은 지방의회나 해당 상임위원회에 출석해 행정사무의 처리상황을 보고하거나 의견을 진술하고 질문에 응답할 수 있다. 또한 자치단체장이나 관계 공무원은 지방의회나 해당

상임위원회가 요구하면 출석·답변해야만 한다.

지방의회의 권한을 종합하면 다음과 같다. 주민을 대표하는 지방의회는 의결·입법·행정 감시기관의 지위를 갖는다. 지방의회는 자치단체장의 정책과 입법·재정 등 운영 사항에 대해 의사를 판단하고 확정하는 권한을 가진 기관이다. 지방의회는 집행기관이 의회의 결정대로 집행되고 있는지 행정을 감시하는 기관으로서의 지위를 가진다.

지방의원 개인은 주민에 의해 선출된 자로서 임기는 4년이다. 지방의원의 신분은 임기만료 외에 사직, 퇴직, 자격상실결의, 제명, 주민소환 등으로 소멸할 수 있다. 한국의 지방의회 의원은 유급직이다. 유급직일 경우 지방의원이 품위를 유지하며 직무에 전념하고 전문성을 키울 수 있다. 지역의 유능한 인사가 정치에 뜻을 두고 지방의회에 진출할 수 있는 기회를 열어 놓는다는 의도도 포함되어 있다. 「지방자치법」은 지방의회 의원이 겸직과 공공단체에 대해 영리를 목적으로 거래하는 것을 금지한다. 이를 위반했을 경우 징계할 수 있다.

지방의회에는 내부조직이 있다. 의장과 부의장 그리고 상임위 위원장은 의원들이 무기명 투표로 선출한다. 우리나라 「지방자치법」은 조례에 따라 상임위원회와 특별위원회를 구성할 수 있다고 규정하고 있다. 윤리특별위원회는 의원의 윤리심사와 징계에 관한 사항을 심사하는 역할을 한다. 그밖에도 상임위에 지방자치단체 공무원 소속인 전문위원이 있다. 그들은 소속 상임위에서 활동하는 의원의 전문성을 뒷받침하는 역할을 한다. 사무조직은 지방의회의 사무를 정리하는 역할을 한다.

지방의회 위원회 구성은 지방자치단체마다 약간의 차이가 있다. 일반적으로 지방의회는 상임위원회와 특별위원회 그리고 분과별 위원회를 설치할 수 있다. 상임위원회는 통상적으로 안건을 처리하기 위한 상설적인 위원회다. 특별위원회는 지역의 현안이나 쟁점이 되는 문제를 해결하기 위해 비통상적인 안건을 상정하고 기한을 정해 일시적으로 운영되는 위원회를 말한다. 분과별 위원회는 예산결산위원회, 행정조사위원회 등 비통상적인 위원회로서 의원으로 구성되며 일시적인 활동에 그치며 회기가 끝나면 해체되는 위원회다.

각 위원회는 법령에 따라 전문위원회를 둔다. 전문위원의 역할은 의안과 청원 등 심사, 행정사무감사 및 조사, 그밖에 소관사항으로 관련 안건에 대한 검토·보고, 자료의 수집 조사·연구를 하는 것이다.

지방의회 상임위원회란, 행정집행기관의 조직을 의회가 기능과 역할에 따라 범주화 시켜 상임위원회에서 활동대상으로 삼는 것을 말한다. 예를 들면 복지경제위원회는 교육문화국·복지국·경제산업국 등의 하위 부서의 과에서 행하는 모든 행정 처리에 관여하는 것이다. 그렇다고 지방의원이 소속 상임위에 해당되는 일만을 활동대상으로 삼는 것은 아니다. 지방의원은 자치단체장의 기관위임사무와 법령에 의하여 자치단체장의 전속사항으로 된 사무를 제외하고도 원칙적으로 해당 자치단체 사무 전반에 관여할 수 있는 권한이 있다.

흔히 지방자치 제도를 생활정치의 실현과 풀뿌리 민주주의라는 말로 대신한다. 지방의원은 선출직 공무원 중 최하위의 지위에 존재한다. 그러나 기초의원은 지역에서 풀뿌리 민주주의를 실현하는 자로 정치 현장의 최전선에 서 있는 존재이기도 하다. 특히 기초의원이 다루는 의제는 공공영역에서 지역 주민들의 일상세계를 결정짓는 내용과 긴밀하게 연관된다. 의원들이 지역 사회의 시스템을 어떠한 정책과 방향으로 제도화하느냐에 따라 주민들의 일상생활은 커다란 영향을 받는다. 이 때 기초의원은 당리당략에 따라 좌지우지되지 않고 지역주민의 대리인으로서 역할을 해야 한다. 주민이 위임한 권한으로 의원이 주민의 편에서 의정활동을 했을 때 진정한 지방자치를 실현할 수 있다.

지방의원의 역할은 다양하다. 여론을 파악한 후, 이를 시정활동에 반영해야 한다. 의원은 민원인들 사이에서 상담역할도 해야 한다. 집행기관의 집행을 감시·비판하고 대안을 제시할 수 있는 역량도 갖춰야 한다. 또한 지방자치단체의 정책을 입안·심의하고 결정한다. 시정에 관한 정보를 주민에게 적극 홍보해야 할 때도 있다. 이러한 활동을 수행하기 위해 의원은 지역 사회 활동가들과 소통해야 한다. 지역에 시민단체가 있다면 시민단체를 통해 여론을 파악하고 의견을 수렴할수도 있다. 의원이 시민단체와 긴밀하게 상호작용한다는 점에서 해당 지역 사회의 질은 시민사회단체의 역량과 긴밀하게 연관된다.

지방의원의 가치관과 정체성에 따라 의정활동의 양상이 달라질 수 있다. 의원 자신이 환경을 중시한다면, 아무래도 환경과 관련된 일에 집중하게 된다. 교육을 중시한다면, 교육에 관한 일에 집중하게 될 것이다. 지방의원 자신이 관심이 없었던 분야라도 주민들이 기대하는 역할이 있다면 학습과 연구를 해서라도 문제를 개선하기 위해 노력해야 한다. 그러나 법과 제도·예산 편성 유무에 따라 주민들이 기대하는 바와 달리 지방의원들이 현실적으로 실행하고 있는 역할 사이에는 괴리가 발생할 수도 있다.

지방의원은 반드시 준법성을 새겨야 한다. 대한민국은 법치국가로 지방의원의 의정활동은 법령과 조례에 따라야 한다. 법령과 조례의 범주 안에서 집행기관을 감시 견제하고 참여하는 주민들의 여론을 반영해야 한다. 지방의원은 공인으로서 소속 지역구의 이익만을 대변하거나 개인적인 이권·특혜를 추구해서는 안 된다. 의원 자신의 주체성을 바로 세워 주민에 의해 선출된 자답게 정당의 공천에 연연하며 정파성을 앞세워 지방자치단체의 궁극적인 목표를 왜곡시켜서도 안 된다. 지방의원은 지역의 발전과 주민의 삶의 질을 높이기 위해 봉사 정신을 가지고 이를 실천해야 한다.

지방의원의 존재에 대해 지역 주민들이 인식하는 경우는 많지 않다. 대부분 주민들은 지역구 의원의 이름조차 모르는 것이 현실이다. 사실 현안이 없다면 지역 주민들은 지방자치단체가 무엇을 하는지 관심을 갖지 않는다. 또 지방의원이 무슨 역할을 하는지 잘 알지도 못한다.

이러한 현상은 지역 언론과 밀접하게 연결된다. 일반 국민은 지역 정치보다는 중앙정치에 더 관심이 많다. 언론도 마찬가지다. 중앙 언론에 집중하며 지역 여론에는 관심이 많지 않다. 지역 언론은 지역의 현안보다는 중앙 언론이 보도한 뉴스를 재구성하고 있는 실정이다. 지역의 현안과 이슈는 전면에 배치되기 보다는 구석으로 밀려나기 일쑤다. 이러한 지역 언론의 모순적 상황으로 악순환이 반복된다. 지방자치가 관심대상에서 멀어지면서 지방의원의 의정활동 내용도 잘 알려지지 않는다. 다행스러운 것은 주민들이 관심만 갖는다면 의회 속기록을 통해 의원들이 어떠한 활동을 하고 있는지 알 수 있다는 점이다.

지방의원이 할 일은 「지방자치법」에 정해진 역할과 지역구 주민들이 제기하는 현안을 해결하는 것으로 구분된다. 물론 자치단체장에게 정책을 건의하고 예산을 확보할 것을 요구할 수도 있다. 이 때 해당 지방의원의 가치관과 소신에 따라 발휘할 수 있는 역량에는 큰 차이가 난다. 지방의원 개인의 역량이 곧바로 의정활동의 역량으로 나타나기 때문이다.

지방의회의 자치입법권

헌법 제117조 제1항은 "**법령의 범위 안에서 자치에 관한 규정을 제정할 수 있다**"고 규정하고 있다. 헌법이 보장하고 있는 '자치에 관한 규정'이란 자치법규로 조례·규칙 등을 총칭하는 말이다.

「지방자치법」은 지방자치단체의 조례제정 권한을 더 구체적으로 규정하고 있다. 같은 법 제22조에서 법령의 범위 안에서 그 사무에 관하여 지방자치단체가 조례를 제정할 수 있다고 규정한 것이다. 그 사무에 관한 것이란 지방자치단체가 수행하는 고유한 자치 행정을 말한다.

조례란 지방자치단체가 법령이 위임한 사무와 자치 사무를 수행하기 위해 지방의회의 심의 의결을 통해 제정한 자치법규를 말한다. 지방의회는 입법기관으로 조례제정 권한을 가진다. 조례제정권은 지방의회의 전속적 권한에 속한다. 조례제정권은 지방자치단체의 자율성을 상대적으로 보장하는 개념이다. 조례는 지방자치단체 운영의 척도로 지방자치단체의 모든 활동은 법령과 조례에 근거해야 한다.

「지방자치법」은 제24조에서 시·군 및 자치구의 조례나 규칙은 시·도의 조례나 규칙을 위반하여서는 안 된다고 규정하고 있다. 지방자치단체는 행정의 일관성과 통일성을 유지하기 위해 조례를 제정하는 데 즉 기초지방자치단체가 광역지방자치단체의 조례와 규칙을 위반할 수 없도록 규정하고 있는 것이다.

조례가 제정되는 과정에는 세 가지 방법이 있다. 첫째, 지방의원이 조례안을 발의하고 심의 의결 후 조례를 확정하는 것이다. 둘째, 자치단체장이 지방자치단체 운영에 필요한 조례안을 의회에 제출하면 의회는 심의 의결 과정을 거쳐 조례를 확정한다. 셋째, 「지방자치법」 제15조는 19세 이상의 주민들이 대표를 선정해 청구인 명부를 작성하고 연서로 지방자치단체에 조례안을 청구할 수 있는 권리를 보장하고 있다. 이를 주민청구조례안이라고 한다. 지방자치단체장이 의회에 제출하는 조례안이든 주민청구조례안이든 심의·의결권은 지방의회에 있다.

헌법과 「지방자치법」이 자치법규 제정의 범위를 '법령의 범위 안'으로 한정한 것은 다양한 의미가 내포되어 있다. 첫째, 국가 차원에서 행정 사무의 통일성을 유지하기 위한 것이다. 둘째, 중앙정부와 상위 지방자치단체가 하위 지방자치단체의 사무를 관리 감독하는 것이다.

중앙정부는 지방자치단체에 권한을 배분한다. 지방자치단체는 위임된 권한을 행사하는 과정에서 일정하게 중앙정부로부터 감독과 통제를 받는다.[1]

주민의 삶은 각 지역의 편차에 따라 보편화하거나 일반화할 수 없는 영역이 있다. '법령의 범위 안'에서 자치법규를 제정할 수 있는 제한적 권한은 특정지역에서 지방자치단체가 해결할 현안이 발생했을 경우 신속하게 정책을 반영할 기회를 놓치게 만드는 요인이 되기도 한다. 국회에서 입법하지 않거나 중앙정부의 명령이 없다면 지방자치단체는 조례를 제정할 권한을 원천적으로 봉쇄당하는 것이기 때문이다. '법령의 범위 안'으로 조례제정권의 한계를 둔 것은 지방자치단체가 정치적 시류에 따라 영향 받을 수 있다는 의미이기도 하다. 이와 같은 제약 규정은 지방자치단체의 자율성을 침해하는 조항이 되기도 하다.

조례의 의미에 대한
심층분석

지금부터 지방의회의 전속적 권한에 해당하는 조례가 갖는 의미를 심층적으로 분석해 보려고 한다. 그런데 우리는 지방자치단체가 조례에 근거해 지역의 공공영역을 대상으로 사무를 수행하기 때문에 행정이란 무엇인지 질문해 볼 필요가 있다. 아래의 인용문은 지방자치단체의 사무를 수행하는 척도인 조례가 갖는 의미를 간접적이나마 파악할 수 있는 근거를 제시해 준다.

행정은 본질적으로 공공성을 추구하는 활동이다. 공공성은 정치적 차원에서는 민주주의를 실현하는 것이며, 윤리적 차원에서는 정의를 실현하는 것이다(임의영, 2003). 공공성은 민주주의와 정의의 합집합이 아니라 교집합에 해당된다. 결정이 민주적 절차를 통한 것이라 하더라도 정의의 관념에 위배되어서는 안 되며, 결정내용이 정의의 관념을 실현하는 것이라 하더라도 민주적 절차가 생략되어서는 안 된다.[2]

지방자치단체는 자치 사무를 수행하기 위해 법령의 범위 안에서 조례를 제정할 수 있다. 지역을 제한하는 특별법이 아니라면 법령은 전 국민을 대상으로 보편적이며 일반적인 범주의 내용으로 법을 제정한다.

반면 지방자치단체는 법령을 근거로 해당 지방자치단체라는 개별성(해당 지역)을 근거로 특수한(특정한) 사무를 대상으로 조례를 제정한다. 조례는 지방자치단체의 행정에서 민주주의를 수행하는 제도적 도구적 장치의 역할을 한다. 그렇기 때문에 지방자치단체의 조례는 행정의 형식과 절차적 정당성을 확보하는 도구의 역할도 하게 된다. 지방의회가 조례에 대한 제정권한을 갖는 것은 대의민주주의를 실현하는 것으로 주민이 간접적으로 주권을 행사하는 의미를 갖는다. 또한 조례를 통해 특정한 사무에 대한 목표와 목적 등을 규정하게 되고, 지방행정의 권한과 역할을 규정함으로써 주민에 대한 공무원의 권한 남용을 방지하는 역할을 한다.

「지방재정법」 제36조 제1항은 지방자치단체가 법령 및 조례로 정하는 범위에서 합리적인 기준에 따라 그 경비를 산정하여 예산에 계상하여야 한다고 규정하고 있다. 지방자치단체는 「지방재정법」에 따라 법령 및 조례에 근거해 예산을 편성해야 한다. 결국 지방자치단체의 예산은 예산 규모가 얼마가 되었든 법령과 조례에 따라 합리적으로 편성되어야 한다.

의원 역할의
한계

의원 개인이 적극적으로 의정활동을 하려고 해도 현실의 벽은 높고 제도적 한계는 극명하다. 또 어떠한 의원이라도 의원이 되기 전의 직업과 관심분야에 따라 의정활동에 영향을 받을 수밖에 없다. 의원 역할의 한계는 의원 자신과 지역상황 및 구조적인 문제로 총합되어 다층적으로 나타난다.

첫째, 의원이 되기 전 어떠한 분야에서 일을 했든, 어떠한 직업을 가졌든 의원은 직업 공무원에 비해 행정에 대한 전문성이 떨어진다. 의원은 「지방자치법」과 「지방재정법」을 다 알지 못하고 예산운영과 행정조직에 대한 이해도가 떨어져 의정활동 내내 학습과 연구는 필수적이다. 그러나 의지만 있다고 해서 해결될 문제는 아니다. 의원 한 명이 수십 년 동안 법과 행정운영 일반을 직업으로 삼아 온 일반 공무원들을 상대하기에는 벅차다. 이는 지방자치단체장이라고 해서 예외가 될 수 없다.

둘째, 지방자치단체는 의회기관과 집행기관으로 분리되어 있다. 의회조직을 구성하는 사람들 중 의원은 소수일 수밖에 없다. 의회의 사무 집행은 다수의 일반 직업 공무원들이 담당한다. 그들의 인사권은 자치단체장에게 있다. 진급은 그들의 최대 관심사로 몸은 의회에 있지만 마음은 자치단체장에게 가 있다. 이는 구조적 모순으로 의회 사무직 공무원들이 의원을 적극적으로 보좌하지 않는 한계로 작용한다. 그들은 의회를 운영하기 위해 필요한 형식적 절차만을 위해 일하는 경향이 매우 강하다. 그 결과 의원의 역량 강화를 위해 필요한 전문지식

습득은 임기 내에 해결하지 못하는 문제가 되어 버린다.

셋째, 의회는 입법기관으로 조례를 제정해야 한다. 조례제정은 의정 활동을 평가하는 중요한 근거가 된다. 그러나 의원 개인은 법령에 대해 지식이 미비하며 조례를 제정하는 절차와 방법 그리고 지역에 어떠한 조례가 필요한지 쉽게 파악하기 어렵다. 학습하고 연구하지 않으면 할 수 없는 일이다.

넷째, 지방자치단체장의 가치관과 정체성에 따라 집행기관이 주력하는 사업은 지역마다 다르다. 그래서 지역마다 쟁점이 되는 사안도 달라진다. 정책을 결정하는 과정에서 합리적인 정책보다 따라 자당 소속 의원들이 일사분란하게 찬성하는 거수기로 움직여줄 것을 암묵적으로 요구한다. 대부분 지방자치단체장들은 토론을 하거나 의원들의 의견을 수렴하지도 않는다. 그들에게는 숙의민주주의를 실현하려는 의지가 약하고, 형식적 대의민주주의의 절차에 따라 정책을 수행하다 임기를 끝낼 가능성이 매우 높다.

다섯째, 정당과 지방자치단체 간의 관계다. 지역 차원에서 정당은 곧 해당 지역구 국회의원과 원외 지역구 위원장을 뜻한다. 지역에서 그들은 살아 움직이는 법이며 때때로 법을 초월하면서 권력을 행사하는 존재다. 지역마다 차이가 있겠지만 지방자치단체장들은 보통 지역에서 자당의 지역구 위원장이 정책적으로 추진하는 사업을 실행한다. 자치단체장이 추진하는 정책이 주민들의 반대에 부딪치거나 법령과 조례에서 해석의 여지가 있을 때 문제가 될 수도 있다. 주민들이 반대하더라도 정당의 지역구 위원장과 자치단체장이 결탁된 사업을 추진할 수도 있다. 이 경우 결정 과정에서 지방의원은 자신의 양심과 자기결정권을 존중받지 못하고 거수기로 전락하기 쉽다. 소신껏 의정활동을 하다가는 배제되고 지역구 위원장에게 낙인찍힐 수 있다.

　실질적으로 정당공천권은 각 정당의 지역구 국회의원과 원외 지역구 위원장이 행사한다. 결국 지방자치단체장과 지방의원들은 정당공천권을 가진 국회의원의 눈치를 볼 수밖에 없는 구조다. 구조적으로 지방자치단체는 정당의 지역구 위원장이나 국회의원에게 종속되어 있는 것이다. 이는 지방자치가 추구하는 자기결정권의 가치를 심하게 훼손하는 근거가 되고 지방의원의 역할을 강제하는 수단이 된다.

　위에서 나열한 모든 한계를 극복할 방안은 지역 정치에 대한 주민의 관심과 참여다. 주민의 관심과 참여는 지역의 현안을 해결하는 힘이다. 또한 지역의 정치적 모순과 한계를 혁신할 수 있는 강력한 에너지가 된다.

집행기관과
지방자치단체장

　　　　　　지방자치단체의 집행기관은 심의 의결기관인 지방의회가 결정한 사안에 따라 헌법에서 명시한 대로 "주민의 복리에 관한 사무를 처리하고 재산을 관리"하기 위해 구체적으로 공무(사무·행정)를 실현하는 기관이다. 지방의회가 심의 의결하지 않은 사안에 대해서는 어떠한 일도 해서는 안 되기 때문에 "지방의회의 결정을 따라 일을 한다"는 의미에서 통상 지방자치단체장을 비롯해 공무원 사회를 집행기관이라 칭한다. 지방자치단체의 집행기관은 지방자치단체 기관으로서의 지위와 국가 또는 상급 자치단체의 기관으로서의 지위를 동시에 가진다.

　지방자치단체장은 주민이 직접선거를 통해 선출하며 임기는 4년이다. 지방자치단체장은 관할 지역에서 자치단체의 수장이며, 행정 수반으로서의 지위를 가진다. 수반이란 행정 관할 지역 외부에 대하여 해당 지방자치단체를 대표하는 지위를 말한다. 지방자치단체장은 행정 수반으로서 행정사무를 실제적으로 집행하는 최고책임자의 지위를 가진다. 그리고 국가 또는 상급 지방자치단체에 대응하는 하급 행정기관의 지위를 가지며 국가가 위임하는 행정을 처리한다. 이때 지방자치단체장은 하급행정기관장이 된다.

　지방자치단체장의 권한은 광범위하다. 지방자치단체장은 지방자치단체를 대표하며 사무를 총괄한다. 지방자치단체장은 지방자치단체의 사무와 법령에 의하여 그에게 위임된 사무를 처리한다. 지방자치단체장은 소속행정청·관할자치단체에 대한 지도·감독권을 가지며 소속직원에 대한 임면 및 지휘·감독권을 가진다. 「지방자치법」 제9조(지방자치단체의 사무범위)는 다음과 같이 사무범위를 규정하고 있다.

1. **지방자치단체의 구역, 조직, 행정관리 등에 관한 사무**
   가. 관할 구역 안 행정구역의 명칭·위치 및 구역의 조정
   나. 조례·규칙의 제정·개정·폐지 및 그 운영·관리
   다. 산하傘下 행정기관의 조직관리
   라. 산하 행정기관 및 단체의 지도·감독
   마. 소속 공무원의 인사·후생복지 및 교육

바. 지방세 및 지방세 외 수입의 부과 및 징수

사. 예산의 편성·집행 및 회계감사와 재산관리

아. 행정장비관리, 행정전산화 및 행정관리개선

자. 공유재산관리公有財産管理

차. 가족관계등록 및 주민등록 관리

카. 지방자치단체에 필요한 각종 조사 및 통계의 작성

2. 주민의 복지증진에 관한 사무

가. 주민복지에 관한 사업

나. 사회복지시설의 설치·운영 및 관리

다. 생활이 곤궁困窮한 자의 보호 및 지원

라. 노인·아동·심신장애인·청소년 및 여성의 보호와 복지증진

마. 보건진료기관의 설치·운영

바. 감염병과 그 밖의 질병의 예방과 방역

사. 묘지·화장장火葬場 및 봉안당의 운영·관리

아. 공중접객업소의 위생을 개선하기 위한 지도

자. 청소, 오물의 수거 및 처리

차. 지방공기업의 설치 및 운영

3. 농림·상공업 등 산업 진흥에 관한 사무

가. 소류지小溜池·보洑 등 농업용수시설의 설치 및 관리

나. 농산물·임산물·축산물·수산물의 생산 및 유통지원

다. 농업자재의 관리

라. 복합영농의 운영·지도

마. 농업 외 소득사업의 육성·지도

바. 농가 부업의 장려

사. 공유림 관리

아. 소규모 축산 개발사업 및 낙농 진흥사업

자. 가축전염병 예방

차. 지역산업의 육성·지원

카. 소비자 보호 및 저축 장려

타. 중소기업의 육성

파. 지역특화산업의 개발과 육성·지원

하. 우수토산품 개발과 관광민예품 개발

4. 지역개발과 주민의 생활환경시설의 설치·관리에 관한 사무

가. 지역개발사업

나. 지방 토목·건설사업의 시행

다. 도시계획사업의 시행

라. 지방도地方道, 시군도의 신설·개수改修 및 유지

마. 주거생활환경 개선의 장려 및 지원

바. 농촌주택 개량 및 취락구조 개선

사. 자연보호활동

아. 지방하천 및 소하천의 관리

자. 상수도·하수도의 설치 및 관리

차. 간이급수시설의 설치 및 관리

카. 도립공원·군립공원 및 도시공원, 녹지 등 관광·휴양시설의 설치 및 관리

타. 지방 궤도사업의 경영

파. 주차장·교통표지 등 교통편의시설의 설치 및 관리

하. 재해대책의 수립 및 집행

거. 지역경제의 육성 및 지원

5. **교육·체육·문화·예술의 진흥에 관한 사무**

가. 유아원·유치원·초등학교·중학교·고등학교 및 이에 준하는 각종 학교의 설치·운영·지도

나. 도서관·운동장·광장·체육관·박물관·공연장·미술관·음악당 등 공공교육·체육·문화시설의 설치 및 관리

다. 지방문화재의 지정·보존 및 관리

라. 지방문화·예술의 진흥

마. 지방문화·예술단체의 육성

6. **지역민방위 및 지방소방에 관한 사무**

가. 지역 및 직장 민방위조직(의용소방대를 포함한다)의 편성과 운영 및 지도·감독

나. 지역의 화재예방·경계·진압·조사 및 구조·구급

지방자치단체장은 지방의회에서 발언권을 가진다. 조례안·예산안을 지방의회에 제출할 수 있으며 의결사항에 관하여 의안을 제안하는

권한도 가진다. 지방자치단체장은 법령 또는 조례가 위임한 범위 안에서 그 권한에 속하는 사무에 관하여 규칙을 제정할 수 있다. 지방자치단체장은 지방의회와의 관계에서 의회에 임시회의 소집을 요구하고 의회 부의안건을 공고하며 의안 및 예산안을 발의한다. 지방자치단체장은 조례를 공포하며 재의요구 및 제소하고 선결처분을 하는 등의 권한을 가진다.

5장 장소와 지역의 재발견

최근 들어 지방자치분권시대라는 말이 자주 들린다. 불발되기는 했지만 문재인 정부가 지방자치분권 강화 방향으로 개헌을 계획했고, 더불어민주당이 2018년부터 「지방이양일괄법」을 제정하겠다고 밝혔다. 지방자치 부활 후 김대중·노무현 정부 시절부터 지방자치분권에 대한 담론이 꾸준하게 형성되어 온 것이 사실이다. 하지만 국민의 무관심 속에서 크게 주목받지는 못했다. 우리나라에서 지방자치분권 확대 문제는 집권당의 정체성과 의지에 따라 굴곡을 겪어왔다.

문재인 정부는 노무현 정부에 이어 지방자치분권 강화에 대한 의지가 매우 확고하다. 이는 자치분권을 강화해 지역의 시민들에 의한 생활정치가 이루어 질 수 있는 제도적·정치적 환경을 만들겠다는 강한 확신이다. 자치분권 강화는 그 자체로 민주주의가 확대되는 것을 의미하는 것으로 정부의 법 개정 시도는 풀뿌리 민주주의가 발전하는 계기가 될 것으로 전망된다.

이에 발맞추어 각 지방자치단체도 본격적으로 지방자치분권 시대를 맞이하기 위해 조직을 재편하고 예산을 배정하는 등 다양한 시도를 하고 있다. 하지만 이들 움직임이 근본적으로 지방자치분권에 이르는 데 도움이 될 것인가라는 점에서는 의구심이 들기도 한다. 왜냐하면 주민들이 지방자치분권에 대한 근본적인 이해와 관심이 없다면 지방자치 발전에 한계가 있기 때문이다. 즉 하양식으로 개혁한 제도에 대해 지방자치단체가 순응한다고 해서 온전하게 지방자치가 추구하는 가치를 실현하는 데에는 한계가 있다.

오히려 더 중요한 것은 지방자치에 대한 주민들의 관심과 참여 의식이다. 성찰적인 시민들 스스로가 내가 살고 있는 지역의 공공영역에 어떠한 의미를 부여할 것인지 의식하면서 대안을 찾는 과정이 더 중요한 시점이다.[1] 이에 대해 문제의식을 느끼면서 지방자치의 본질적인 요소가 되는 장소와 지역이 갖는 의미를 이야기 하려고 한다.

현재는 신자유주의의 글로벌화 정책이 한계 상황에 봉착하면서 국제적으로 세계화와 지역주의가 혼재된 양상을 보이고 있다. 이러한 상황에서 우리는 글로벌 시대에 지역성이 갖는 의미가 무엇인지 더 깊이 숙고할 필요가 있다.

글로벌 시대와
지역성

몇 해 전까지만 해도 글로벌화, 전지구화라는 말이 강박적으로 끊임없이 언론을 장식하며 우리를 세뇌시키다시피 했다. 마치 글로벌 의식을 갖지 못한 개인은 시대에 뒤떨어지고, 지역은 경쟁력을 잃은 낙후된 곳으로 취급할 정도였다. 글로벌화는 사람들이 인식을 하든 못하든 전 지구적으로 자신의 삶의 양태를 바꾸어 놓았다.

글로벌화로 우리는 세계 어디에서든 스타벅스에서 커피를 마실 수 있게 되었다. 동일한 상표의 햄버거와 동일한 상표의 음료수를 세계 어느 지역에서든 먹고 마실 수 있는 시대가 되었다. 우리는 전 세계 대도시마다 대형 매장을 둔 패스트 패션fast fashion 매장에서 옷을 사 입을 수 있다. 그 결과 지역의 경제기반이 약화되면서 공동화 현상이 나타났다. 반대로 초국적 기업은 하루가 다르게 성장하며 부를 축적해 갔다. 우리는 이제 어떤 지역에서든 초국적 기업 마케팅 전략에서 벗어나기 어려운 일상생활을 영위하게 되었다.

정보통신의 발달은 세계화의 기반이 되었다. 핸드폰만 있다면 언제 어디에서든 정보 검색이 가능해졌다. 세계에서 무슨 일이 일어나고 있는지 뉴스 검색을 통해 즉각적으로 알 수 있는 시대가 된 것이다. 또한 제품이 생산되는 나라가 어디든 관계없이 클릭 몇 번으로 해외에서 생산되는 각종 공산품들을 온라인으로 직접 구매할 수 있게 되었다. 정보통신의 발달은 인간의 개별화를 가속화시켰지만, 온라인의 다양한 플랫폼에서 서로가 연결될 수 있는 장들을 만들었다. 역설적으로 인간의 개별화를 가속화한 정보통신 발달은 글로벌화의 토대가 되었다.

원래 글로벌화는 '시민권의 전 지구적 확산'으로 정치적·학술적 용어였다. 오늘날에는 국적 없는 자본의 자유로운 이동, 기술 매체의 발달, 다문화 사회의 일반화 등 다양한 의미로 변용되어 사용된다.[2] 글로벌화의 목표는 단일한 세계사회 구축으로 경제공동체를 형성하는 것으로 경제공동체 구축을 위한 전제조건은 국제적 표준기준을 세우는 것이었다. 이 역할은 ISO(국제표준화기구)에서 행하고 있다.

이 국제 표준기준은 상품으로 구현되어 전 세계 구석구석을 관통한다. 이렇게 글로벌화를 추진하면서 전 세계가 빠른 속도로 동질화되고 보편화되어 갔다. 한편 글로벌화는 파편적으로 대도시를 중심으로 지역화를 동시에 진행했다. 글로벌화와 특정 지역의 부상은 국가의 경계를 약화시켰고 일부 지역을 세계정치의 장으로 변화시켰다. 일부 지역을 더 큰 단일 시장으로 통합하려는 전략이 국가의 경계를 약화시키는 결과를 가져온 것은 당연했다.

글로벌화가 추진하는 단일한 경제체계를 일방적으로 수용할 경우 삶의 근거지인 지역의 경제체계가 세계 단일 시장에 종속될 수밖에 없다. 글로벌화가 가속화하면서 이를 극복하기 위해 글로컬glocal하게 살자는 사람들이 나타났다. 글로컬이란 글로벌global과 지방을 뜻하는 로컬local이 결합된 단어로 흔히 "생각은 지구적으로 행동은 지방적으로 think globally and act locally" 하자는 것이다.

글로컬이 지향하는 가치는 세계화를 인정하면서도 자신이 존재하는 지역의 특징과 상황을 고려해 지역의 독특한 문화를 폐기하지 않으려는 것이다. 즉, 글로컬하게 사는 삶이란 글로벌화에 따라 보편적으로 사고하면서 지역의 특수성을 고려해 행동하는 것을 일컫는다.[3] 이는 세계화에 포섭된 삶을 거부하고 지역성을 기반으로 대안적인 삶을 살아가려는 자들이 추구하는 새로운 문화현상이다.

글로벌화의 이념이었던 신자유주의 경제체계가 한계에 봉착하면서 최근 들어 글로벌화, 전지구화라는 말이 뜸해졌다. 대신 자국중심주의라는 말이 새롭게 대두되었다. 2016년 6월 영국이 국민 투표 결과 브렉시트Brexit를 선택했다. 같은 해 11월 미국에서는 전지구화 반대, 보호무역, 이민자 입국규제를 공약으로 내건 재벌출신 트럼프가 대통령으로 당선되면서 전 세계가 경악했다. 영국의 브렉시트와 국가주의 이념을 내세운 미국의 트럼프 대통령 당선은 자국중심주의를 상징하게 되었다. 최근 헝가리, 이탈리아 등 일부 EU국가들조차도 자국중심으로 회귀하고 있는 실정이다.

이와 같이 급격한 변화로 각 나라와 지역에 살고 있는 주체들은 지역에 대한 가치관을 새롭게 정립할 것을 요구 받고 있다. 글로벌화의 선봉에 섰던 영국과 미국이 자국중심주의로 회귀하는 것을 목도하면서 사람들은 로컬의 공간성에 더욱 주목하기 시작했다. '장소에 기반한 정치place-based politics'는 지역에서 일상적으로 변화를 위한 실천적 노력이 가능하기 때문이다. 사실 장소에 기반 한 생활정치를 구현하기 위한 노력은 신자유주의가 한계 상황에 도달한 초기부터 시작되었다. 그리고 여기서 말하는 '장소'의 회복은 삶의 양식을 과거로 회귀시키자는 것이 아니다. '장소'가 상징하는 것은 생존을 위한 이기적인 공동체도 아니고, 협소한 지역주의를 우선하자는 것도 아니다. '장소'는

사람들의 상호 협동이 실현되는 대안적이며 열린 공간이다.[4]

중앙과 지방 관계에
관한 담론

사람들은 국가 단위로 살아가며 개인의 정체성은 국가의식과 함께 형성된다. 국가에 대한 개인의 정체성이 드러나는 현상은 축구경기가 극명하게 보여준다. 국가 간 대항전이 열리면 평소 축구에 관심이 없던 사람들도 국기를 흔들며 자국 팀이 승리하기를 열망하며 응원한다. 평소 잠재해 있던 국가의식이 축구경기를 통해 외부로 드러나 행동하는 사람으로 만드는 것이다. 이 때 선수들은 개인이 아니라 한 사람 한 사람 모두가 국가를 대표하게 된다. 결국 축구팀은 국가로 치환되면서 하나의 국가를 상징하게 된다.

사람들은 자신이 살고 있는 지역의 다양하고 독특한 문화에 영향을 받으며 정체성을 형성해 간다. 그래서 '너는 누구인가'라는 질문에 대답하는 '나는' 내가 살고 있는 지역의 정체성을 드러낼 수밖에 없다. 개인이 갖는 지역의 정체성은 다양한 기호로 발화에 실려 청자에게 전달된다. 그러나 어느 지역 출신이라는 답변만으로도 청자는 화자의 정체성을 어느 정도 규정하게 된다. 이렇게 지역성은 사람의 정체성과 필연적으로 통합될 수밖에 없다.

한 나라는 중앙(수도)과 지방으로 구성된다. 우리나라는 지금까지 중앙과 지방의 관계가 평등하지 않았다. 전통적으로 중앙집권에 의한 통치가 오랫동안 지속되었기 때문에 지역에 대한 불평등이 내재화 되어왔다. 특히 조선시대부터 모든 것이 서울로 집중되었다. 일제강점기와 근대화 과정을 거치며 중앙 집중화가 더욱 심화되면서 지방은 중앙에 종속된 관계로 현재와 같이 고착화된다.

중앙에 의한 지방의 종속 관계는 지방에 살고 있는 사람들의 정체성에도 부정적인 영향을 미쳤다. '너는 누구인가'라는 질문에 답해야 하는 지방에 살고 있는 혹은 지방 출신인 '나'는 무의식적으로 위축되는 경험을 하게 되는 식이다.

현대사에서 지방이 중앙에 종속되어 급격하게 공동화되어버린 것은 지방자치가 중단된 시기와 맞물린다. 그 누구에게도 견제 받지 않았던 박정희 정부 시기 중앙집권적이었던 정치권력은 근대국민국가 건설을 목표로 정치·경제·문화 등 대부분의 인프라를 수도권으로 집중시키면서 서울공화국을 만들었다.

그 기간 동안 지방과 중앙의 균등한 발전을 위한 노력과 정책은 거의 부재했다. 중앙정부는 권력 유지를 위해 필요할 때만 지방을 포섭했다. 포섭하는 방법은 특정 지방에 예산을 더 많이 분배하는 식이었다. 그러나 이도 중앙정부가 정치권력을 유지하기 위해 던져주는 당근에 불과했다. 지방에 대규모 공장과 도로를 건설하는 식의 전시행정으로 지방·지역의 열등감과 패배감을 달래주는 정도가 대부분이었다. 사람들 역시 그 방법이 경제 발전이고 지역 발전이라고 믿었다.

지방자치가 중단된 30년 동안 지역 사회는 자기결정권을 박탈당했다. 주민들이 지역의 생활정치에 참여할 수 있는 주권자로서의 권리를 상실하면서 지역의 일상세계는 식민화 되어 갔다. 그 지역만이 갖는 개별적이고 특수한 유무형의 가치들이 배제되면서 지역의 문화가 피폐화되는 결과를 초래했다. 지방은 경제적 낙후성뿐만이 아니라 문화적으로도 상대적인 박탈감과 열등감에서 자유로울 수 없었던 것이다.[5] 개인이 이를 극복하는 방법은 공부가 목적이든 경제적 자립이 목적이든 이유를 불문하고 한 살이라도 어릴 때 지방을 탈피해 수도권으로 이주하는 것이었다. 인구가 수도권으로 집중화되면서 구조적 모순은 심화되었다. 수도권은 비대해졌고 지방은 영양실조 상태로 피폐해져 갔다.

1991년부터 본격적으로 지방자치가 실시되면서 우리나라 국가 형태는 중층적(중앙·광역·기초 정부)으로 작동하기 시작한다. 김대중·노무현 정부가 사활을 걸고 지방자치를 도구 삼아 국가균형발전을 위해 노력했던 것은 지방자치 중단 시기에 고착화된 중앙에 의한 지방의 차별과 배제를 끝내고 지역성을 회복하기 위한 시도였다.

그동안 우리나라의 중앙과 지방의 관계에 대한 논의는 다층적이고 중층적으로 전개되었다. 대부분 논의의 요점은 중앙이 지방을 지배하고 통제하면서 착취하는 구조로, 지방은 주변부로서 중앙의 하위 단위의 성격을 지닌다는 것이었다. 지금까지 우리나라의 중앙과 지방의 관계에 대한 이러한 연구 결과는 사실이고 충분히 실증적으로 검증되었다. 필자는 이러한 논의와 연구 결과에 크게 공감하며 타당하다고 판단한다.

그러나 중앙과 지방의 관계에 대해 근대적인 프레임으로 고착화된 논의를 단순 반복하는 것은 당면한 과제를 해결하지 못한다. 뿐만 아니라 필연적으로 지역에서 비전을 찾지 못하는 결과로 봉착하기 쉽다.

그렇기 때문에 지금까지 중앙이 지방을 착취하고 지방이 중앙의 하위 구조라는 기존의 관점을 극복해야 하는 과제가 우리에게 주어진 것이 아닐까. 비전을 갖기 위해서는 중앙과 지방에 대한 인식의 패러다임 전환이 절실하다. 또한 중앙과 지방의 관계를 논하는 데 있어 지방자치단체가 논의의 중심점에 있어야 한다. 지역성과 장소에 기반을 둔 생활정치가 출발할 수 있는 곳이 바로 우리의 생명이 살고 있는 지금·여기에서의 장소이고 지역이기 때문이다.

적어도 우리나라 상황에서 중앙과 지방에 대한 패러다임 전환은 문명 전환을 의미한다. 이는 우리가 "더 나은 온전성"으로 나가는 길이 될 수 있다. 아래의 인용문은 지방자치분권 시대라는 슬로건을 내세우기 이전에 중앙과 지방 관계의 구조적 모순을 극복하고 지방이 갖는 열패감을 해소하기 위해 우리가 어떠한 관점을 가져야 하는지에 대해 도움을 줄 수 있다.

문명의 전환은 '주요 모순'과 '핵심 원인'에서 출발하지 않는다. 혁명은 삶의 전 방위에서 이루어지며, 각각의 방위는 모두 깊이 연결되어 있다. 제3의 눈(마음의 눈)이 갖는 비전을 각자 삶의 영역에서 재창조할 때, 어떤 분야도 문명 전환의 선봉이 될 수 있고, 다른 모든 분야와 연결될 수 있다.

문명의 전환은 그 의미체계의 변화로부터 비롯된다. 따라서 우리가 공통적으로 제시할 수 있는 것은 비전뿐이다. 새 문명의 비전은 제3의 눈이 발견한 의미들로부터 나왔고, 그 의미들의 구체적 실현을 지향한다. 개별 실천들이 서로 다른 의미를 구현해가더라도 새 문명의 비전을 공유하고 확장해나가는 한 결국 '더 나은 온전성'으로 나아가는 길의 동반자가 된다.

비전이란 가야 할 곳을 바라보는 시선이다. 어떤 시선을 갖느냐는 어떤 의미를 발견하느냐와 연결된다. 어떤 의미를 발견하느냐는 어떤 사물을 창조하느냐와 연결된다. 그 비전의 시선에 공명하는 것만으로도 우리는 거대한 혁명 대열에 참여한 셈이다.[6]

인용문이 밝히고 있듯이 우리가 사는 세계의 모순은 "주요 모순"과 "핵심 원인"을 인식한다고 해결되는 것이 아니다. 현대사회에서 혁명은 각자의 일상생활 영역에서 이루어지며 혁명의 토대는 장소에 근거한 지역에서부터 출발한다. 일상생활에서 이루어지는 이 혁명성은 전방위적으로 깊이 연결되어 있다. 우리가 관점을 바꾼다면 지금까지 주로 중앙과 지방의 관계를 사회과학적인 분석 틀로 바라봤던 익숙한 관점에서 벗어날 수 있다. 즉 지방을 마음의 눈으로 사람이 살아 숨 쉬고 활동하는 역동적인 공간이라고 본다면 우리는 비전을 가지고 삶의 희망을 품을 수 있다. 이 비전은 각자 삶의 모든 영역이 재창조될 수 있는 힘을 제공한다. 이 비전을 품은 마음은 또 다른 모든 분야와도 연결되어 문명 전환을 촉진하는 매개체 역할도 가능하다.

"비전이란 가야 할 곳을 바라보는 시선이다"라는 말은 우리가 시선의 초점을 어디에 맞추어야 하는가와 연결된다. 지금까지 지방이 식민지화 되고 중앙이 비대해진 이유는 우리들 시선의 초점이 중앙에 맞춰져 있었기 때문이다. 이제 우리의 시선을 나 자신이 살고 있는 장소와 지역으로 이동시키고 초점을 맞춘다면 지역의 의미를 재발견할 수 있게 될 것이다. 의미의 재발견은 새로운 어떤 것을 창조하는 것과 연결된다. 이 창조물은 사물이 될 수도 있고 정신적 구조물로 삶의 양식을 변화시킬 수도 있다. 한 사람이 품는 비전은 개인적인 차원에서 끝날 수 있겠지만 여러 사람이 공명하며 함께 공유할 때 일상생활 속에서 거대한 혁명의 물결이 될 수 있다.

김대중·노무현 정부는 지방자치분권 강화를 위해 적극적으로 다각적인 정책을 실현하고 성과를 냈다. 하지만 성과가 미비하다는 평가를 받는 이유는 다수의 시민들이 두 정권의 정책적 비전에 공명할 기회를 갖지 못했기 때문이 아닐까. 두 정권은 지방자치 정책에 대해 제도를 개혁하면서 하향식으로 접근하는 데는 집중했다. 그러나 각 지역에서 온전하게 지방자치가 실현 가능하도록 자기 조직화하고 공명할 수 있는 과정이 생략되면서 한계를 드러냈다. 즉 중앙집권에 익숙해 있는 국민들의 의식을 전환시키고, 아래로부터의 혁명이 가능하도록 만드는 것에는 실패한 것이다.

문명 전환은 우리의 관점을 전환할 때 가능하다. 새로운 관점은 인식 대상에 대한 의미체계를 변화시킬 힘을 제공한다. 의미체계란 인간의 의식 내에만 존재하는 것도, 어떠한 사물의 속성으로만 존재하는 것도 아니다. 관점의 변화에 따라 의미체계를 재구성하는 것은 인간이 세계와 상호작용하면서 질서를 부여하는 것을 포함한다. 그렇기 때문에 인간과 세계가 서로를 온전하게 품어 안을 때만이 새로운 의미체계의 재구성이 가능해진다.

중앙과 지방의 관계에서 우리가 첫 번째로 가질 수 있고, 가져야 하는 것은 지역에 대한 비전이다. 그런데 비전은 마음의 눈으로 세상을 봤을 때 새롭게 생성되고 의미를 획득할 수 있다. 이 의미들은 추상적인 그 무엇이 아니라 일상성 안에서 구체적인 실천을 지향한다. 각자 지역에서의 의미 있는 개별적인 실천들은 서로 다른 곳에서 다른 의미로 구현되더라도 종국에는 서로 연결되면서 비전을 공유할 수 있게 된다. 이 비전이 공유되고 공명의 울림이 커질수록 우리의 삶은 "더 나은 온전성"으로 나가게 될 가능성이 생긴다.

지방자치에서 관점의 전환과 함께 비전을 품고 대상에 대한 의미체계의 재구성을 위해서는 선행되어야할 것이 있다. 고개를 숙여 두 눈의 시선을 내가 발 딛고 사는 장소와 지역에 고정시키는 것이다. 이러한 행위들이 선행되어야만 내가 살고 있는 장소와 지역이 하나의 새로운 세계로 인식될 수 있다. 그래야만 이전에 포착하지 못했던 많은 의미를 새롭게 발견할 수 있고 그 안에서 실천적인 영역을 확보할 수 있다.

지역에 대한 새로운 의미부여는 그 지역 사람들의 정체성과 자존감과도 연결되는 중요한 문제다. 그것은 필연적으로 지역에 대한 자기 성찰로부터 출발할 수밖에 없다. 좋든 싫든 부정할 수 없이 지역은 내가 살고 있는 생활터전으로 내 자신의 삶이 이루어지는 근원이기 때문이다.

그러므로 지역성의 복원은 나로부터 출발해 지역 사람들과 함께 공명할 때 가능하다. 그 시작은 지역에 대한 확신을 바탕으로 관심을 가지면서 비전을 공유하는 것이다. 먼저 지역성에 대한 논의를 본격화하기 전에 그 지역을 구성하는 핵심요소로서 장소성에 대한 이야기부터 해보려고 한다.

장소와
인간의 삶

인간은 언제나 장소를 기반으로 살아왔다. 따라서 장소는 인간과 분리될 수 없는 하나의 통일체로서의 의미를 갖는다. 인간은 장소와 상호작용하며 정체성을 형성할 뿐만이 아니라 삶의 의미체계를 부여한다.

그동안 지방자치에 관한 체계적인 이론들이 존재해 왔다. 최근 우리나라도 지방자치분권 시대를 맞이하면서 학계를 중심으로 지방자치에 대한 발전 방향이 다각도로 제시되고 있다. 하지만 지방자치의 핵심요소를 구성하는 장소성에 대한 논의는 미비했다. 에드워드 렐프 Edward Relph, 2005가 구축한 장소의 이론서인 『장소와 장소상실』은 우리에게 지방자치단체와 장소성의 관계에 대해 의미 있는 시사점을 제공한다.

1) 장소의 본질

장소에 근거하지 않는 인간의 삶은 상상할 수도 없다. 인간은 모두가 특정한 장소에서 태어나 성장하며 지금도 장소에서 살아간다. 우리는 미래의 어느 시간에 특정한 장소에서 죽어갈 것이다. 그러므로 사람·장소·행위·시간은 분리할 수 없는 하나의 통일체를 구성한다. 하나의 통일체로 구성된 장소와 인간의 관계는 다른 그 무엇으로 환원되지 않는다. 또한 생활세계 속에 존재하는 장소는 인간의 의도·태도·목적과 경험이 모두 집중되어 인간과 자신을 통합하는 본질을 갖는다.[7]

장소는 인간 존재와 삶의 중심축이다. 장소와 인간이 맺는 관계는 복합적이며 다양한 층위로 구성된다. 장소는 장소를 경험하는 개별적인 사람에 의해 주관적으로 작용한다. 따라서 이 관계를 명확히 정의하기란 쉽지 않지만 인간과 장소의 관계는 인간의 의식적·무의식적 상태 모두를 포괄한다. 사람들은 특별한 경험을 했던 장소를 기억하고 의식한다. 하지만 일상생활이 이루어지는 익숙한 장소에 대해서는 거의 무의식적으로 인식하는 경우가 대부분이다. 그렇기 때문에 인간이 장소를 정의할 때 대체로 무의식적 의도성이 깔려 있다.

인간의 의식적 의도성과 무의식적 의도성 모두는 장소와 인간이 맺는 관계에서 개인의 자아와 문화적 정체성을 형성한다. 장소와 깊은 동질감을 느낄 경우 인간은 그 장소에 대해 안정감을 느끼는 근원으로 자신과 장소의 정체성을 통합하게 된다. 반대로 장소가 부조리해서 폭력적으로 느껴질 때 인간은 안정감보다는 불안감과 불쾌감을 느끼고 스트레스를 받으면서 심리적으로 장소에 저항하게 된다.[8]

장소는 자연 상태 그 자체로 존재하는 땅덩어리나 흙더미가 아니다. 장소는 인간이 자연과 인공물을 융합한 것으로 인간의 의미 있는 행위가 일어나는 곳이다. 또한 인간의 의도성이 중심이 되어 다양한 사건들을 경험하는 초점이 되는 곳이다. 그러므로 장소는 문화적 맥락에서 이해되어야 한다. 인간은 의도에 따라 사물에 의미를 부여하고 그 사물들을 다양한 장소에 배치한다. 장소에 대한 인간의 의도성과 사물에 의미를 부여하는 인간 의식의 통합성에 대해 에드워드 렐프는 다음과 같이 정의한다.

장소는 인간의 모든 의식과 경험으로 구성된 의도의 구조와 통합된다. 의도성이란 모든 의식이 무언가에 대한 의식이라는 것을 인식하는 것이다…의미 있는 인간과 의미를 부여하는 세계 사이에 존재하는 관계로 이해해야 한다. 따라서 세계 속에 있는 사물과 특징은 그 의미 속에서 경험되는 것이지 의미와 분리될 수 없다. 사물의 의미는 바로 우리가 그 사물에 대해 가지고 있는 의식에 의해서 부여되기 때문이다.[9]

인간은 의식적이든 무의식적이든 의도를 가지고 행위한다. 그 행위는 항상 어떤 장소에서 일어난다. 장소에서 경험하는 다양한 인간의 행위는 구조화 되고 행위와 의식은 하나로 통합된다. 의도의 초점은 그 장소에 대해 누가 어떠한 지향으로 초점을 맞출 것인지와 방식에 따라 달라진다.[10] 예를 들면 학교에서 일하는 교직원에게 그 장소는 돈을 버는 직장이며, 학생 입장에서는 학교가 공부를 하고 친구들을 만나는 장소다. 부모 입장에서 학교는 자식이 공부하는 곳으로 교직원과 학생보다는 초점을 간접적으로 맞추면서 관찰자 입장이 된다.

2) 장소의 의미와 정체성

그렇다면 장소와 관련된 인간의 '의도성'과 인간이 장소에 부여하는 '의미'를 어떠한 개념으로 이해해야 하는 걸까.

장소에 대한 인간의 "의도성이란 모든 의식이 무언가에 대한 의식이라는 것을 인식하는 것이다"라고 인용문에서 밝히고 있는 것처럼 사실상 명확하게 정의하는 것이 쉽지는 않다. 하지만 오늘날 우리 사회에서 벌어지고 있는 거주지의 상업화 사례를 보면 쉽게 이해가 가능하다.

서울 북촌은 한옥 밀집지역으로 주거단지였다. 2010년 이후 외국인 관광객이 급증하자 상업화 목적으로 한옥 일부가 카페와 식당 등으로 변모했다.[11] 즉 '의도성'에 따라 한옥이라는 장소가 인간이 주거하는 집에서 카페와 식당, 숙박업으로 바뀐 것이다. 이러한 현상은 중국에 도시의 젠트리피케이션gentrification과 맞물린다.

장소에 대한 '의미'도 인간의 '의도성'과 연관해 이해할 수 있다. 사실 '의미'를 포착하기 위해서는 복잡한 층위를 벗겨내야만 가능하다. '의미'는 복합성·모호성·명확성 등의 성질을 가지고 있기 때문이다.[12]

다시 북촌 마을의 한옥이 카페와 식당 등의 상업시설로 바뀐 사례를 보자. 외국인 관광객이 늘어나는 상황에서 마을의 구조상 상업시설이 부족했다. 하지만 관광객들은 그곳에서 카페와 식당 등 편의시설을 이용하기 원했다. 건물주들은 이를 기회로 한옥의 경제적 가치를 높이고자 한옥을 상업시설로 개조해 임대했다. 즉, 한옥이 건물주의 의도에 따라 사용가치에서 교환가치로 '의미'가 바뀐 것이다. 이 때 장소를 경험하는 사람은 한옥의 변화된 '의미'에 따라 상업시설로 한옥을 이용한다. 이를 통해 우리가 알 수 있는 것은 '의미'란 인간이 의도성을 가지고 세계의 질서와 사물에 부여하는 인간의 정신적 작용이라는 점이다.

장소의 특징은 의도의 초점으로, 실재하고 고정된 위치에 있으며 동일한 형태로 지속된다. 특히 인간은 감동적이고 행복한 감정을 느꼈던 장소와 일체감을 느낄 때 그 장소에 대해 깊은 정서적 유대관계와 애착을 갖는다. 그러한 장소를 떠올리며 그때 그 장소에서 느꼈던 감정을 되살리며 다시 행복해질 수 있다. 그래서 사람들이 감동적이고 행복한 감정을 느꼈던 장소를 다시 찾을 가능성이 매우 높다.

이와 반대로 깊은 슬픔을 느끼고 좌절과 고통을 경험한 장소에 대한 기억이 있는 사람은 그 장소를 떠올리는 것만으로도 끔찍한 고통에 빠질 수 있다. 그래서 사람들은 슬픔과 고통을 느꼈던 그 장소에 대한 기억을 회피하려 들고 다시는 그 장소에 가고 싶어 하지 않는 고통스런 심리에 휩싸이게 된다. 만약 그곳이 집이라면 집은 거기 살고 있는 사람에게 하루 빨리 벗어나고 싶은 작은 지옥으로 변한다. 이와 같이 장소는 인간의 감정과 분리될 수 없는, 존재의 중심으로 정의할 수 있다. 장소에 대한 인간의 관계는 정체성을 결정짓는 중요한 요소로도 작용한다.[13]

장소는 장소의 정신이라 할 수 있는 고유한 정체성을 갖는다. 인간의 정체성이 상황과 맥락에 따라 달라지듯이 장소의 정체성도 단수로만 정의할 수는 없다. 그렇기 때문에 장소의 정체성도 장소의 숫자만큼이나 많다고 할 수밖에 없다. 또한 장소의 정체성은 그 장소에 개별성을 부여한다. 장소의 개별성은 다른 장소와의 차별성을 통해 독립된 실체로 인식하게 만드는 토대 역할을 한다.[14]

장소의 정체성은 두 가지 측면에서 바라볼 수 있다. 첫째, 장소가 갖는 고유한 물리적인 정체성이다. 이 장소의 정체성은 장소를 구성하는 사람들의 의도와 의미부여의 지향점에 따라 달라질 수 있다. 장소성은 지도상에 위치한 하나의 점이나 행정적 차원에서 부여된 주소에 의해 결정되지 않는다. 그보다는 장소를 형성한 사람들과 함께, 한 시대의 양식이 결집되어 있고 공시적인 역사성이 존재하는 것으로 장소의 정체성은 더 큰 의미를 갖는다.

둘째, 주관적 감정에 의해 형성되는 장소에 대한 인간의 정체성이다. 그 장소의 물리적 환경을 경험하는 사람들에 의해 상호작용하며 장소와 인간의 의식이 결합되어 공통의 주관적인 정체성이 형성되는 것이다. 사람들이 물리적인 장소를 경험한다는 것은 인간의 감각과 의식이 총합되어 총체적으로 장소와 상호작용하는 것이다.

사람들이 물리적인 장소를 경험할 때 우선은 공감각에 의존한다. 사람들은 그 장소에서만 느낄 수 있는 고유한 향기를 맡을 수 있다. 계절에 따라 달라지는 햇빛의 변화와 기온을 온몸으로 느낄 수 있다. 그 장소에서만 나는 소리를 들을 수도 있고 그 장소에서 음식을 먹으며 미각적으로 장소를 체험할 수 있다. 또 그 장소에서 만나는 사람과 대화를 하면서 생소하고 낯선 언어의 기호체계를 알아차릴 수 있다. 사람들의 장소에 대한 경험은 강렬하거나 때로는 순수하게 그 장소를 마음으로 받아들이면서 장소라는 대상이 주는 성격을 인지하게 되는 것이다.

대중 매체를 통해 어떠한 장소에 대해 아무리 오랫동안 간접 경험을 한다고 해도 장소를 생생하게 경험하는 방법은 그 장소를 직접 찾아가는 것이다. 그래야만 모든 감각을 열어 놓고 그 장소의 고유성을 경험할 수 있다. 이렇듯 장소를 경험한다는 것은 총체적으로 그 장소를 공감각에 의해 생생하게 체득하는 것이다. 장소를 목적 지향적이며 문화인류학적인 차원에서 이해와 성찰의 대상으로 삼는 것은 교양의 습득 과정에서 이루어진다. 이는 장소를 경험하기 전후 모두 가능하다.

장소의 정체성을 구성하는 기본적인 요소는 '물리적 환경·인간의 활동·의미' 등 세 가지다. 장소의 정체성을 구성하는 요소 중 물리적 환경과 인간의 활동은 쉽게 인지될 수 있다. 그러나 장소가 갖는 의미는 쉽게 포착되지 않는다. 장소의 의미는 인간의 의도성을 내포하며 경험을 속성으로 갖기 때문이다. 장소의 의미는 고정된 그 무엇이 아니라 항상 사람에 의해 수정될 수 있다. 어떠한 대상에서 다른 대상으로 이동도 가능하다. 장소에 대한 의미는 장소를 경험하는 개인마다 달라서 주관적이고 개별적이며 문화적인 속성을 갖는다. 장소에 대한 의미는 어떠한 장소나 건물에 대해 개인이 느끼는 감정과 밀접한 관계를 갖는다.[15] 이 모든 것들이 장소를 명확하게 규정하기 힘든 이유이기도 하다.

장소에 대한 정체성의 속성은 '장소의 정신 또는 혼', '장소감', '장소의 분위기' 등으로도 규정될 수 있다. 이러한 장소의 정체성을 구성하는 요소들은 역동적이며 서로 연결되고 포용하는 역할을 한다. 장소의 정체성은 다양한 형태로 변화하더라도 지속될 수 있다. 장소의 정신은 그 장소의 개별성과 고유성으로 구성되는 것이기 때문이다. 장소의 정신은 장소가 위치한 지형과 외관, 경제적 기능과 인간의 사회적이며 문화적인 활동, 특정한 과거의 사건이나 현재 상황에서 유래한 특별한 의미들을 모두 포함한다.[16]

3) 진정성이 있는 장소와 진정성이 없는 장소(무장소성)

장소는 진정성을 가진 장소와 진정성이 없는 장소로 구분할 수 있고, 전자의 장소는 무의식적으로 만들어진 장소와 의식적으로 만들어진 장소로 나눌 수 있다.

진정하면서도 무의식적으로 만들어진 장소는 "한 문화의 물리적ㆍ

사회적·미학적·정신적 필요를 전체적으로 반영하는 장소를 만들어내는 경향이 있고, 그 장소 안에서 그러한 모든 요소들은 서로 잘 적응하고 있다."[17] 즉 한 문화권에 속한 사람들이 추구하는 가치관이 총체적으로 반영되어 만들어진 개별적인 장소들이 서로 조화롭게 구성되어 그 시대와 환경에 잘 적응하고 있는 것이다.

진정한 무의식적인 장소는 다음과 같은 특징을 갖는다. 즉 미학적인 가식이 없으며 해당 지역의 위치와 환경을 배려하고 그 지역의 기후와 조화를 이룬다. 또한 외부 사람들이 한 문화권이 형성한 내부로 들어가 건축물을 경험할 때, 인공과 자연으로 구성된 전체 환경에 대해 존중하는 태도를 보인다.[18] 이와 같이 진정한 무의식적인 장소의 특징을 지닌 사례는 우리나라의 전통적인 건축물에서 흔히 발견할 수 있다. 이는 자연환경을 능가하는, 가식적이고 인공적인 건축물이 아니라 자연환경 그 자체가 건축물의 부분으로 존재해 자연이 그 장소와 하나로 통합되는 방식이다.

무의식적으로 만들어진 진정하고 참된 장소는 자연환경과 사회적 맥락 안에서 조화롭게 구성된다. 그 장소를 창조한 사람들의 의도에 진정성이 내포되어 있기 때문에 장소가 사람들의 의도와 일치한다. 그렇기 때문에 그 장소는 "특정한 장소의 상황에 독특한 장소 형성자 집단이 전면적으로 몰두함으로써 생기는 뚜렷하고 심오한 정체성이 형성된다."[19]

진정하면서도 의식적으로 만들어진 장소는 "일상생활 속에서 장소의 의미에 대한 감수성으로 표출될 뿐 아니라 인간에 대한 명료하고 완전한 개념을 반영하는 장소 창출의 시도에서 드러난다."[20] 이와 같이 만들어진 장소의 대표적인 경우는 고대 그리스 건축물이다. 고대 그리스 건축에서 "인간과 자연, 그 뒤에 있는 신에 대한 개념, 그리고 많은 건물들의 위치 설정과 설계는 매우 의식적이었다."[21] 고대 그리스 건축은 그 시대의 모든 가치관을 반영한다. 파르테논 신전은 신에 대한 개념을, 아고라 광장의 아크로폴리스는 사회정치적 신념을 표출한 대표적인 공공 건축물이다.

인간 정신의 총체적 산물로서 진정한 의도에 따라 만들어진 장소는 진정성을 지닌 참된 장소다. 떼오도르 폴 김Theodore paul Kim이 지은 『사고와 진리에서 태어나는 도시』는 독일 미술사학자 하인리히 뵐플린Heinrich Wölfflin이 말한 '건축의 예술성에 대한 미학적 가치 기준'을 아래의 인용문처럼 밝히고 있다. 건축에 대한 이 가치 기준은 진정한 장소성과 연결된다.

첫째, 공간을 구성할 때 그곳에 인간의 삶과 감정을 있게 하는 힘이 표현되어야 한다. 기념이나 장식과 같은 상징성이 아닌 순수한 삶의 활동으로 이루어지는 장소가 되어야 한다. 둘째, 아름다운 장소란 그 장소에 사람들의 육체적 활동이 함축되어야 한다. 특히 인간의 모든 감각은 물론 육감까지 느껴지는 삶의 움직임을 체험해야 한다. 셋째, 사람들의 활동이 서로 동일한 목적으로 움직이며 행복하고 만족스러운 여러 감정들이 교차되어야 한다. 넷째, 예술 작품에는 인간의 존엄성과 인도주의 정신이 내재되어야 한다…행복한 삶을 만드는 건강한 육체의 움직임이 있는 공간에서 인간은 지성과 인격을 가지게 되며 이런 공간이 슈팀뭉Stimmung(마음상태, 기분, 분위기)이 표현되는 공간이다.[22]

위의 인용문은 장소가 인간의 활동무대로 인간의 '살아 있음' 그 자체가 갖는 다양한 의미를 포용할 수 있어야 한다는 점을 강조한다. 하인리히 뵐플린이 제시한 '건축의 예술성에 대한 미학적 가치 기준'은 현대사회에서 미학이 추구하는 아름다움에 대한 기준과 다소 차이가 나더라도 포스트 모더니즘적 건축물과 무장소가 난무하는 오늘 날에도 여전히 유효하다.

진정한 참된 장소가 되기 위해서는 첫째, 장소는 인간이 의도성을 가지고 창조하는 것으로 기교와 상징이 아닌 인간의 활동 그 자체가 중심이 될 수 있도록 인간의 감정이 건축물의 힘으로 표현되어야 한다. 둘째, 장소는 아름다워야 한다. 이 아름다움은 장소를 체험하는 사람의 시각적인 차원에만 머무는 것이 아니다. 장소는 사람의 모든 감각이 생생하게 체험될 수 있도록 그 장소를 경험하는 사람의 육체적 활동이 함축될 수 있어야 한다. 셋째, 장소를 공동으로 경험하는 사람들의 의도가 반영되어 서로의 감정이 상호작용할 수 있어야 한다. 사람들이 정서적으로 만족스럽고 행복해질 수 있어야 진정으로 참된 장소이다. 넷째, 건축물에는 사람들 모두의 존엄성과 인도주의적 정신이 내재되어야 한다. 그래야만 그 장소를 경험하는 사람들의 생생한 육체적 활동뿐만이 아니라 인간의 지성과 인격을 함의할 수 있고 감정이입이 가능하기 때문이다.

그러나 오늘 날 대부분의 장소는 자연환경을 무시할 뿐만이 아니라 그 장소를 경험하게 될 사람들의 감정과 정서를 배제한다. 건축공학이 발달한 현대사회에서 기술력에 의한 조작적 계획을 최우선해 장소의 효율성을 극대화한다. 장소는 교환가치를 목표로 상업적이거나 이윤 창출을 위해 만들어지고 있다. 이러한 현상은 우리나라뿐만이 아니라 후기 산업 시대를 반영하는 것으로 어느 나라에서든 흔히 볼 수 있는 풍경이다.

진정성 없이 만들어진 장소는 무장소성의 특징을 갖는다. 무장소성이란 의미가 부재하거나 결핍된 장소의 환경을 말하며, 장소를 경험하게 될 사람들이 장소가 가진 의미를 인정하지 못하는 잠재적인 태도 등 양자 모두를 포괄하는 말이다.[23] 특히 무장소는 광범위한 스케일과 획일화된 형태로 고정되어 있다. 이 획일성은 각 지역적 상황에 적응하지 못하고 그 지역에 토착화되는 과정이 부재해 이질적이며 부조리한 장소로 존재하게 될 가능성이 높다.[24]

우리나라는 이미 돌아올 수 없는 강처럼 무장소성이 전국적으로 범람하고 있다. 집은 군사 캠프와 비슷하게 대규모의 획일화된 아파트 단지로 숲을 이루며, 난개발로 말미암아 원주민들과 지역의 자연환경을 고려하지 않고 맥락 없이 지어진 공장들이 전국적으로 확산되고 있다.

무장소를 양산하는 데에는 권력이 긴밀하게 연결되어 있다. 즉 권력 그 자체가 무장소성을 생산한다. 잠실의 롯데월드타워Lotte World Tower와 용인시의 경전철은 무장소성과 권력과의 관계를 명확하게 보여준다.

이명박 정권은 잠실에 롯데월드타워의 설립을 허가해 자본주의의 상징인 마천루를 세우게 했다. 롯데월드타워는 지상 123층, 높이 555m로 2010년 착공, 2016년 12월 완공했다.[25] 그러나 주변의 자연·인공적 환경과 장소를 경험하게 될 사람들에 대한 배려가 없었을 뿐만 아니라 롯데월드타워가 건설되는 과정에서 많은 논란을 빚었다.

정경유착 관계로 정부가 군사 안보를 무시하고 허가[26]했으며 건축과
정에서 안전사고가 끊이지 않았다. 또한 롯데월드타워를 중심으로 주
변에 씽크홀Sinkhole 현상이 나타나기도 했다.[27] 여기에는 환경문제와
안전문제 등이 관련되어 있었다.

용인시는 시민들의 반대에도 불구하고 경전철을 건립한다고 대규
모의 토목공사를 벌여 도심 대부분을 자발적으로 무장소로 바꿔버렸
다. 이 사업은 용인시와 ㈜용인경량전철이 공동으로 추진했다. 용인
경전철은 1995년에 착공해 2013년 4월 개통했다. 총 15개 역사로 기
흥역에서 에버랜드역까지 약 18km 구간을 운행한다.[28]

용인시는 경전철 건립을 위해 1조32억 원이라는 천문학적인 비용
을 감수했으나 여전히 적자상태를 면하지 못하고 있으며 이 적자 규
모는 용인시민이 떠안는 구조다. 경전철 설계 당시 용인시민들의 적극
적인 참여가 보장되었는지에 대한 근거는 어디에서도 찾을 수가 없다.
그 결과 용인시민들은 막대한 세금이 낭비된 용인경전철 사업에 책임
을 묻기 위해 용인시장 등을 상대로 손해배상을 청구하기도 했다.[29]

용인시는 경전철 운행을 위해 도심 대부분의 구간에 흉물스런 교
각을 세웠다. 용인시의 경전철은 하인리히 뵐플린의 '건축의 예술성
과 미학적 가치 기준'에 입각해 봤을 때 진정한 장소성이 갖춰야 할
조건에 해당되는 것이 거의 없다. 용인시의 경전철은 철저하게 무장
소성을 입증한다. 막대한 적자로 시민들에게 경제적으로 부담을 주고
있을 뿐만이 아니라 다른 고통까지 안겨 주고 있다. 높은 콘크리트 교
각은 시각적으로 불안감을 조성해 불쾌감을 유발한다. 경전철이 운행
될 때 나오는 소음은 청각적인 공해를 유발한다. 이러한 장소가 갖는

부정적인 환경에 대해 인간은 자신의 감정을 긍정적으로 이입할 수 없게 만든다.

　사람들은 위와 같은 무장소성의 특징을 지닌 장소로부터 소외된다. 사람들이 장소를 경험하기는 하되 그 장소에 의미를 부여하지 못하게 되면서 장소는 의미의 결핍을 겪는다. 이 의미의 결핍은 물리적으로 존재하는 장소에 대해 심리적으로 불안정한 상태를 불러온다. 그렇기 때문에 장소를 경험하는 사람들 입장에서는 장소에 감정이입이 되지 않을 뿐더러 일체감을 형성할 수도 없다. 광범위한 무장소성은 장소와 관계를 맺는 사람들에게 고통과 치욕감을 안겨준다는 표현이 더 적절한 듯하다. 장소가 부조리하기 때문이다. 즉 사람과 장소가 상호작용하기에는 장소에 진정성이 결여되어 있는 것이다.

　장소에 대해 인간이 인식하거나 느끼는 감정을 장소감이라고 한다. 인간이 갖는 장소감은 진정성 있는 태도와 비진정적인 태도로 구분이 가능하다. 진정성 있는 태도란 "세계에 대한 개방성 그리고 인간 조건에 대한 자각"[30]이 확장되어 장소에 대해 긍정적으로 감정이 이입되는 것을 말한다. 그렇기 때문에 진정성 있는 참된 태도는 도덕적 단호함으로 타인과 자기 자신에게도 정직한 사람이라는 이미지를 심어준다. 인간의 진정성이 장소감과 연결될 때 진정성 있는 인간의 태도란 장소를 열린 눈으로 바라보며 포용하려는 태도다. 그래서 참된 사람은 참된 마음과 태도로 장소를 경험하며 아래와 같은 장소의 특징을 잘 이해하고 있다.

　장소가 인간 의도의 산물이고, 인간 활동을 위한 의미로 가득한 환경이

라는 것을 충분히 인식하며 장소에 대한 심오하고 무의식적인 정체성을
지니는 데서 나오는 것[31]

한편 인간의 비진정성이란 "세계와 인간의 가능성에 대한 폐쇄적인
태도"로 "틀에 박혀 있고 작위적이며 부정직"[32]한 것을 말한다. 그러나
장소를 경험하는 인간의 비진정한 태도를 거짓된 태도로만 단정할 수
는 없다. 후기 산업사회 시대에 장소는 이미 소비의 대상이 되었고, 삶
의 한 양태가 되었기 때문이다.

우리가 일상생활을 하면서 모든 것을 다 진지하거나 성찰하는 자세
로 인지할 수 없는 것처럼 장소 역시 마찬가지다. 그래서 장소가 소비
의 대상이 되고 물건 취급을 하는 현대인들의 장소에 대한 인식은 의
식적이라기보다는 무의식적이라고 표현하는 것이 더 적절해 보인다.
이와 같은 이유로 대체로 장소에 대한 인간의 태도는 현상학적인 개
념으로 접근하게 된다. 장소에 대한 인간의 태도는 고정되어 있는 것
이 아니라 주관적으로 이루어지기 때문이다. 또한 동일한 장소에 대
한 인간의 태도는 상황과 맥락에 따라 다르게 경험될 수 있다.

장소에 대한 비진정한 태도는 외부자로서 낯선 나라를 찾는 대규모
관광객들에게서 흔히 발견된다. 관광객들은 장소를 경험한다기보다
는 순간적인 강력한 응시를 통해 장소를 시선으로 포획하려는 특징이
있다.

장소성에 대한 인간의 태도는 규정할 수 없을 정도로 다양한 층위
를 갖는다. 그러나 대체로 몇 가지 형태로 구분은 가능하다. 진정성을
가진 사람이 참된 마음으로 그 장소의 정체성에 대해 감정을 이입하

면서 일체감을 느끼며 동화되는 경우와 진정성을 가진 사람이 진정한 장소를 경험하더라도 당사자의 감정 상태와 상황에 따라 진정한 장소에 자신의 감정을 이입시키지 못하는 것이다. 비진정적인 사람은 참된 장소를 경험하더라도 폐쇄적이고 작위적인 태도 때문에 장소가 갖는 진정성을 바로 보지 못한다. 이럴 경우 장소를 경험하는 사람이 감정이입을 통해 장소와 자신의 자아가 일치되는 경험보다는 장소를 소비의 대상으로 전락시킨다.

진정성을 가진 참된 사람이라도 무장소에서는 자신의 마음을 열어 능동적으로 장소와 동화될 가능성은 낮다. 아무리 진정성이 있는 사람이라도 콘크리트 덩어리로 세워진 흉물스러운 교각을 보며 아름답다고 느낄 수는 없기 때문이다. 세계를 열린 눈으로 보려고 하는 진정성을 가진 사람이라도 난개발로 마을 여기저기에 우후죽순처럼 자리를 차지하고 있는 공장들을 보며 그 장소에 마음을 열 수는 없는 일이다. 부정직한 사람 또한 무장소에서 자신의 감정을 이입할 가능성은 매우 낮다. 결국 진정한 사람이든 부정직한 사람이든 무장소에서 능동적인 감정이입을 통해 그 장소와 일치될 수는 없다.

4) 집, 인간 실존의 근거

집은 인간 실존의 근원이 되는 장소다. 따라서 집은 그 어떤 것과도 교환 불가능하며, 그 무엇으로도 환원될 수 없는 인간 실존의 중심이다. 인간이 "뿌리를 내리고 산다"는 말에서 핵심은 집이라는 장소에서 출발한다. 일상생활 속에서 이루어지는 집안에서의 모든 인간 행위는 일상적이기 때문에 무의식적인 의도성에 따라 작용한다. 그러므로 집안에서의 인간의 행위는 무의식적인 의도성을 갖는다. 집이 갖는 본질적 성격은 장소가 바뀐다고 해서 달라지지 않는다. 장소의 이동에 따라 집의 본질적 성격도 함께 이동할 뿐이다.

집은 부모와 자식 세대가 공동체를 구성하며 삶을 영위하는 장소다. 집은 대부분의 부모가 헌신과 책임을 다해 자식세대를 양육하는 장소다. 집안에 배치되는 다양한 사물은 의미 없는 단순한 상품이 아니다. 가족구성원들이 개별적이거나 공동으로 의미를 부여한 다양한 사물들이 의도적으로 구성되고 배치되는 곳이 집이다. 그래서 집은 인간의 친밀한 감정이 이입된 애착의 대상이 된다. 집에 대한 친밀한 감정이입은 인간과 사물관계에서 아낌과 보살핌으로 표현된다. 이러한 인간의 관계와 감정으로 인해 배려와 관용이 일어나는 곳이 집이다. 지금까지 말한 것이 바로 집이 갖는 본질이다.[33] 결국 집이 없는 사람은 뿌리 뽑힌 존재로 자신의 존재 자체가 무화된 것과 같다.

우리나라는 1960년대부터 재개발이 본격화되면서 현재는 아파트 공화국이 되었다. 통계청이 실시한 '2015년 인구주택총조사 전수집계 결과'에 따르면 전체 주택 중 아파트가 차지하는 비중이 59.9%, 아파트를 포함한 공동주택 비중은 74.5%다. 이러한 통계는 국민 대다수가 아파트에 거주하고 있다는 사실을 실증적으로 보여준다.[34]

프랑스 지리학자 발레리 줄레조Valérie Gelézeau는 『아파트 공화국』을 통해 우리나라 아파트의 역사와 함께 대한민국에서 아파트가 함의하는 경제적, 계급적 측면 등 다양한 의미체계들을 분석했다. 특히 그녀는 우리나라의 대규모 아파트 단지가 군사캠프를 연상시킨다고 말한다.[35] 소설가 이외수는 아파트를 인간 보관용 콘크리트 캐비닛이라고 비평[36]하는가 하면 강홍구는 아파트에 대해 "사막 혹은 모래폭풍으로 삶의 아우라가 없으며, 공간에 대한 애착이 없다"[37]고 말한다. 같은 책에서 강홍구는 아파트 가격 하락의 공포심에 대해 "모든 아파트에는 분노와 공포가 창문처럼 매달려 있다"[38]며 우리나라 사람들이 아파트에 대해 갖는 욕망의 층위들을 비판적으로 분석하고 있다.

아파트의 상업적 상징성에 대한 위와 같은 분석은 냉철하면서도 은유적이다. "인간 보관용 콘크리트 캐비닛"이나 "분노와 공포가 창문처럼 매달린"은 아파트에 대한 절망적 은유다. 우리가 참되고 진정한 장소에 거주할 권리를 박탈당한 시대에 살고 있다는 것을 인정하지 않을 수 없게 만드는 것으로 마음 시린 문학적 수사이기도 하다. 집을 의미하는 아파트는 상품으로 교환 가능한 물건이 되었다. 시대상황에 따라 유행이 바뀌고 획일적으로 대량생산된 아파트는 중산층 이미지로 포장되어 소비된다.

아파트 신축은 건설사에 거대한 돈다발을 안긴다. 대규모의 신도시 개발은 정치권력에게 집값을 잡는 손쉬운 수단이며 국민의 정치적 불만을 잠재울 전략중 하나다. 투기꾼들에게 아파트는 앉아서 수십억 원을 벌 수도 있는 물건이다. 누군가에게 더 넓은 아파트는 자신의 신분을 상승시켜줄 욕망의 사다리이며, 서울에서 아파트 분양에 당첨되는 것은 인생의 로또이기도 하다. 그러나 평생 자신의 집을 가져보지 못한 그 누군가에게 아파트는 인생의 첫 집이 될 것이며 "그 어떤 것과도 교환 불가능하며 그 무엇으로도 환원될 수 없는 실존의 중심"이기도 하다. 즉, **자신이 살아야 하는 집**인 것이다.

부정적 은유와 절망적인 수사에도 불구하고 아파트는 **사람이 사는**

집으로서 의미를 갖는다. 이는 그 은유적 수사가 주는 메시지에 동의할 수 있을지언정 굴복할 수 만은 없는 이유다. 장소에 대한 인간의 의도성과 초점은 장소에 의미를 부여하면서 정체성을 획득한다. 그렇기 때문에 적어도 아파트에 살고 있는 당사자들이 이사를 자주하든, 장기간 거주하든 그 장소에 살고 있는 동안 자신의 생활세계에 진정성을 투영시키면서 살아가고 있는 것조차 부정할 수는 없다.

대다수의 사람들이 아파트에 사는 시대를 인정하면서 아파트의 장소성에 새로운 관점으로 의미체계를 재구성할 때가 되었다. 아파트라는 장소성에 대한 사람들의 새로운 관점은 서로 공명하며 지역 활동에 관심을 갖고 참여할 수 있는 가능성을 연다. 우리들 시선이 자기 조직화하는 실천적 삶으로 내가 살고 있는 아파트에서 출발해 마을의 공공영역으로 확장될 때 사회적인 삶의 질을 담보할 수 있을 것이다. 이제 우리나라에서 아파트라는 장소성은 참여 및 생활세계의 민주화와 불가분의 관계에 놓여 있는 듯하다.

5) 진정한 장소 만들기의 가능성

현대사회에서 대부분의 장소는 인간의 의도성에 따라 건축물로 구성된다. 건축물은 사유재산일지라도 밖으로 드러나 물리적 환경으로 조성되기 때문에 공공의 성격을 갖는다. 우리가 장소를 경험한다는 것은 장소의 물리적 환경을 직접 체험하는 것이며, 여기에는 장소를 구성하고 있는 건축물을 바라보는 시선도 포함된다. 그러므로 무장소성을 극복하고 진정성 있는 장소를 회복하는 것은 모두의 문제가 된다.

에드워드 렐프는 우리가 사는 세상이 장소에 대한 애착을 상실했으며 장소를 진정하게 만들 수 있는 능력이 쇠퇴했다고 진단한다. 따라서 그는 데이비드 브로워David Brower의 말을 빌려 "장소 박탈에 대항할 가장 좋은 무기는 사람들의 장소에 대한 감성을 재생시키는 것"[39]이라고 주장한다. 장소를 경험하는 사람들이 주의 깊은 노력을 기울이고 장소에 대해 의식적으로 진정성을 가지면 장소의 진정성 회복이 가능하다는 것이다.[40] 그러나 오늘 날 무장소가 광범위하게 지배하는 현실에서 개인이 장소에 대한 감성을 재생시킨다고 해서 진정한 장소를 회복하기란 어려워 보인다.

무장소를 진정한 장소로 회복시킬 방안은 우리가 지방자치단체의 역할로 시선의 초점을 모으는 것이다. 지방자치단체는 장소가 건축되는 과정과 만들어진 장소의 관리 운영에 강력한 권한을 행사한다. 지방자치단체는 건축 설계도를 심의하고 종합적으로 건축의 적정성을 판단해 신축의 허용 여부를 결정하는 주체다. 롯데월드타워는 서울시가 건축을 승인한 경우이고, 용인시의 경전철은 스스로 대규모 토목공사를 극대화하면서 무장소를 만든 사례다. 그렇기 때문에 역설적이지만 무장소를 초월하는 방법은 권한을 가진 지방자치단체로부터 출발할 수밖에 없다.

그렇다고 지방자치단체가 자발적으로 무장소성에 저항해 지역을 진정한 장소로 바꿀 수는 없을 것이다. 현재까지의 상황을 봤을 때, 막강한 권한을 가진 지방자치단체에 진정한 장소를 만들기 위한 사려 깊은 성찰과 철학이 부재해 보이기 때문이다. 지역의 생활세계를 책임져야 할 지방자치단체들은 문제의식 없이 무수히 많은 무장소를 양산해 왔다. 이에 대해 대부분의 지방자치단체가 책임지는 자세를 보인적도 없었다.

지방자치단체를 움직일 수 있는 힘을 가진 주체는 참여하는 시민이다. 그렇기 때문에 장소에 대해 무감각하고 "장소를 진정하게 만들 수 있는 능력이 쇠퇴해 있는" 지방자치단체에 대해서 장소에 대한 감성을 회복한 사람들이 공명하고 자기 조직화한다면 지방자치단체를 변화시킬 가능성이 열릴 것이다. 지역을 진정한 장소로 바꾸는 일은 우리의 인간성을 회복하는 일로 그 대상이 주체와 객체로 분리되어서는 안 된다. 장소 회복을 위해 실천하는 주민이 증가할수록 희망은 커질 것이다. 작은 실천이 모여 문명 전환의 힘으로 응집될 수 있을 때 우리는 진정한 장소를 갖게 될 수 있다.

『장소와 장소상실』에서 에드워드 렐프는 진정한 장소를 갈망하는 우리에게 아래의 인용문에서처럼 실천의 근거에 대해 실마리를 제공한다.

거주와 아낌의 존재론적 원리에 따라 사물과 활동으로 이루어진 환경 집합을…설계라는 방법으로 재구성하는 방법이다…생활세계의 일상적인 경험과 예외적인 경험 양자를 모두 설계하려는 접근이 필요하다. 즉, 사람에게 꼭 맞게 환경을 완벽하게 창조하려는 전체적으로 의식적인 접근이다…장소의 의미와 특별한 활동, 지역적 상황에 대한 평가를 진행하면서 주요 방향과 가능성을 개관하는 방법을 제공할 수 있을 것이다. 그러면서 개인이나 집단이 자신의 장소를 만들 수 있는 여지를 갖게 되고, 그런 장소들을 개조하고 그 안에 거주함으로써 장소에 진정성과 의미를 부여할 수도 있다.[41]

사람들은 누구나 자신이 거주하는 장소에 대해 무의식적으로 아낌의 존재론적 원리에 따라 행위 하려는 속성이 있다. 사람에게 꼭 맞는 환경을 만들기 위해서는 전체적으로 의식적인 접근이 필요하다. 이를 위해서는 지역 전체에 대한 평가를 하고 주요 방향과 가능성을 개관하는 방법을 연구하는 일이 필요하다. 하지만 이 일은 개인이 진행하기에는 벅차다. 대안적이고 실천적인 노력을 해야 할 기관은 지역사회의 공공영역을 책임지고 있는 지방자치단체다. 진정한 장소성을 자각한 시민은 지방자치단체에 능동적으로 무장소성을 극복할 것을 요구하는 것이 필요하다.

로컬의 어원과 지금·여기

다양한 정체성을 지닌 장소들이 모여 하나의 지역을 구성한다. 지역은 내가 살고 있는 지금·여기에서 공공영역으로 사회체계를 이룬다. 현대사회에서 '지역'은 다의적인 개념으로 한마디로 정의하기란 쉽지 않지만 '지역'에 대한 개념을 단순화 시키면 크게 두 가지로 구분된다.

첫째, '지역'은 인간 활동의 무대로 장소성을 강조하는 개념이다. 이 개념에 의하면 인간은 '지역'에 적응하며 활동한다. 지리학이나 대부분의 학문이 이 입장에서 '지역'을 인지하고 인간 활동을 설명한다. 즉, '지역'을 하나의 그릇으로 보는 것이다. 무엇을 어떻게 담느냐에 따라 그릇의 용도를 다르게 설정할 수 있다.

둘째, '지역'을 인간 활동의 그물망으로 보는 입장이다. 이 입장에 의하면 인간이 지역에 적용하는 것을 부정하지 않으면서도 '지역'은 그 자체가 인간의 활동이 된다. '지역'이 인간 활동의 그물망이 되면 '지역'은 고정된 어떤 상태가 아니다. 인간 활동의 그물망에 의해 '지역'에 의미를 부여할 수 있게 되고 정체성이 형성되면서 지역은 변화 가능성을 갖는다.[42]

그렇다고 지방자치의 발전 방향을 논의하는 과정에서 지역에 대한 위의 두 가지 개념에 얽매일 필요는 없어 보인다. 장소성을 강조하든 사람의 활동을 강조하든 장소와 인간의 활동은 분리될 수 없는 의미 체계를 갖기 때문이다. 그러나 지역을 강조하기 위해 지리학이 추구하는 실증주의적인 입장은 지양해야 한다. 지역은 인간의 활동과 불가분의 관계에 있으며 상호작용하기 때문이다.

'로컬Local'이라는 어원이 갖는 풍부한 의미망은 지역의 중요성이 대두되는 시점에 맞닥뜨린 우리에게 새로운 관점을 제시한다. 우리가 '로컬'의 어원을 이해한다면 이 단어를 지역성에 한정해 생각해 왔던 한계를 극복할 수 있다. 뿐만 아니라 자신이 살고 있는 지역에서 전망을 찾는 데 도움이 될 것이다. 아래의 인용문에서처럼 애초에 '로컬'은 물질적 정신적 가치 모두를 포괄하는 개념으로 사용되었다.

로컬의 어원을 살펴보자면 동사형인 라틴어 로코loco는 1) 세우다, 놓다, 설정하다, 2) 병사들을 배치하다, 3) 이자를 취하다 등의 의미군을 거느리고 있다. 로코loco의 명사형인 로쿠스locus는 장소, 지점, 입장, 집 토지, 풍경, 계급, 출신, 가능성, 상황 등을 의미한다. 이처럼 로컬은 실물적 장소의 의미(장소, 토지), 정신적 의미(입장), 사회적 의미(계급)를 동시에 담고 있다…로코loco는 1인칭 동사형으로 주어인 "나"를 포함하는 말이다. 말 그대로 번역하자면 "나는…세운다(놓는다, 설정한다)"가 된다.[43]

현대사회는 대체로 '로컬'의 의미를 지방·지역 등 장소성에 국한해 쓰고 있다. 그러나 인용문에서 밝힌 바와 같이 '로컬'은 인간의 정신영역까지도 포괄하는 뜻을 함축하며 훨씬 다양하고 풍부한 기의를 함의한 단어로 사용되었다. '로컬'은 장소·토지 등 장소성과 관련된 실물적인 것을 가리킬 뿐만 아니라 입장·계급·출신 등과 같이 인간 정신이 추구하는 가치 지향점과 사회·정치적 의미를 모두 함의한다.

이와 같은 맥락에서 봤을 때 '로컬'은 그 지역의 개별적이며 독특한 문화사회적인 측면에서 이해되어야 한다. 물질성과 정신성 양자 모두를 포괄하는 문화사회에서 '로컬'에 대한 의미는 바로 그 장소·지역에 살고 있는 주체의 행동양식까지 포괄하는 문화 개념이기 때문이다.

'로컬'의 동사형인 '로코loco'는 "나는…세운다"이다. 누가 무엇을 세울 것인가는 '로컬' 사회의 공동체가 지향하는 의도성과 문화에 따라 시대마다 다른 양상으로 나타난다. 언어, 관습, 종교, 제도 등 지역을 구성하는 모든 유무형의 문화가 무엇을 세우는 것에 포함된다. 현재의 '로컬리티Locality'는 그 '지역'에 살았던 사람들이 지향하는 가치에 의해 세워지고 융합되면서 새롭게 구성된 결과물이다.

그런데 로컬은 늘 무엇과 대비되는 의미에서 어떤 것과 관련하여 상대적으로 규정해야 한다.

어떤 것과 관련하여 규정해야 하는 이유는 로컬과 글로벌의 변증법적 관계 속에서도 나타난다…로컬과 로컬리티에 대한 규정은 형식논리적인 실체 규정처럼 "무언가 있는 것"에 대한 규정이라기보다는 "역동적인 과정 자체"에 대한 규정이 될 필요가 있다. 역사적으로 로컬은 글로벌화 되었고, 글로벌은 로컬화 되었다. 마치 유럽의 고대를 지배했던 그리스와 로마가 로컬로 되돌아 간 것처럼 역사적으로 로컬과 글로벌은 끊임없이 역사적 흐름 속에서 생성되는 힘의 역학과 더불어 자리바꿈 한다.[44]

글로벌과 로컬은 상대적인 관계로 상보적이다. 글로벌은 로컬을, 로컬은 글로벌을 품어 안으며 상대가 없으면 존재할 수 없는 관계에 있다. 또한 이 둘은 고정되어 있는 무언가가 아니다. 인용문에서 강조하는 것처럼 로컬은 끊임없이 생성하고 변화하는 과정을 거치며 변증법적으로 움직이는 "역동적인 과정 자체"가 된다. 이러한 상호 관계성에 따라 글로벌과 로컬은 역사의 흐름 속에서 자리바꿈을 하게 된다.

이에 대해서는 과거 로마가 세계의 중심으로 글로벌의 표준점으로 작용했다가 현재는 로컬이 된 사례를 생각해 보면 이해가 쉽다. 한 국가 내에서도 이러한 사례가 적용된다. 1990년 서독과 동독이 통일을 이루면서 서독의 수도 역할을 했던 본Bonn의 시대가 막을 내리고 통일 독일 수도는 베를린Berlin이 되었다. 한 국가 내에서 지역의 중심축이 본에서 베를린으로 이동한 것이다.[45]

따라서 로컬리티는 고착화된 의미체계가 아니다. 로컬에 살고 있는 사람들이 지향하는 가치와 의지에 따라 변화하면서 로컬은 "역동적인 과정 자체"가 될 수 있다. 이러한 로컬에 대한 인식은 로컬에서 새롭고 다양한 문화를 생성할 수 있는 가능성을 내재한다. 로컬 문화는 그 지역의 주체들이 만들어가는 것으로 사람들에 의해 글로벌과 로컬의 문화를 절합해 새로운 문화를 창출할 수 있는 근거가 된다.

그렇다고 글로벌화 된 단일한 경제체계가 하루아침에 해체될 것으로 전망하는 이는 아무도 없다. 글로벌 세력과 지역중심주의 세력이 혼재된 채 서로 갈등하면서 타협을 거쳐 대안을 모색하는 방향으로 국제 정치가 전개될 것으로 전망된다.

글로벌화로 양극화가 심화되고 지역성은 약화되었다. 이를 극복하기 위해 대안이 무엇인지에 대해 깊은 고민을 하며 이미 실천하는 사람들이 있었다. 그들은 지역에서 비전을 찾기 위해 질문하며 답을 찾으려고 노력했다. 그들은 '시간-공간이 통일된 실재'로 내가 존재하고 있는 '지금·여기'를 주목하기 시작했다. 이러한 실천은 '장소에 기반한 삶이자 정치'로 이해될 수 있다. "지금·여기는 각 개인의 모든 과거와 미래, 그리고 그것들과 연관된 모든 장소가 응축되는 하나의 점"[46]으로 작용하기 때문이다.

앞서 글로벌화와 영미의 자국중심주의에 대한 대안으로 장소에 기반을 둔 정치의 중요성이 대두되고 있다고 했다. 이처럼 장소성에 기초한 일상적인 생활정치가 가능한 곳도 바로 '지금·여기'뿐이다. 지역이 잠시 머물다 언제라도 떠날 수 있는 주변적인 곳으로 인식된다면 '지금·여기'에서 개인의 삶과 지역 모두가 희망을 품지 못하고 황폐해 질 수밖에 없다.

대안적 공간으로서 로컬이 가진 의미는 구체적인 삶의 터로서의 장소와 인간 사이의 상호관계에 대한 성찰에서 비롯한다. 인간은 국가와 같은 추상적인 공간이 아니라 구체적인 삶의 터인 장소를 중심으로 다양한 관계를 맺고 살아간다. 여기서 로컬의 가치는 단순히 국가의 하부단위로서의 지역 또는 지방이나 정치·경제적 시스템의 단위가 아니라 살아 있는 시간과 살아 있는 몸이 거주하는 자리라는 인식을 통해 드러난다.[47]

인용문이 밝히고 있듯이 지역은 구체적인 삶의 터로 내가 살아 숨쉬는 공간이자 사람들과 다양한 관계를 맺으며 일상생활을 영위하는 장소다. 그래서 "장소의 정치는 일상적 경험과 구체적 실천에 주목해, 생활세계를 둘러싸고 전개되는 삶의 정치를 통해 정체성을 되찾고자 하는 실천이자 운동이다."[48]

'지금·여기'는 살아 있는 현재의 시간이자 살아 있는 내 몸이 거주하는 자리다. 그러므로 '지금·여기'가 내 삶의 중심점이라는 인식을 통해 지역에 새로운 의미체계를 부여할 수 있다. '지금·여기'는 "역동적인 과정 자체"로 그 의미를 가질 수 있기 때문이다. 이러한 인식 변화야 말로 자신과 지역을 변화시킬 에너지를 내재하고 지역에 대한 비전을 품을 수 있게 한다.

지역에 대해 어떠한 입장을 취하든 지역사회가 건강하게 유지되려면 사람들이 자신이 살고 있는 지역에 애정과 자긍심을 가져야 한다. 이는 앞서 장소에서 말했던 아낌과 보살핌의 영역이 집이라는 장소에 국한되는 것이 아니라 지역사회로 확대되는 것을 말하는 것이다. 사람들의 지역에 대한 깊은 애정과 자긍심은 그 지역의 소중한 무형의 문화 자산에 속한다. 자긍심이 높은 사람은 그 지역 사회의 공공영역에 대해 주인의식을 가진 사람들이다. 그들은 지역의 단점을 비판의 대상으로만 삼지 않는다. 그들은 지역 공동체의 단점을 수용하면서 문제를 개선하고 해결하려는 대안적인 자세로 지역을 위해 봉사하며 책임자 역할도 자처한다.

아래의 인용문에서 확인할 수 있듯이 『지역공동체신문』에서 저자 조크 로타리Jock. Lauterer는 지역의 무형적 자산으로 지역에 대한 자긍심이 가지는 의미와 중요성을 강조하고 있다. 지역에 대한 자긍심은 참여로 연결되고 생활정치 세계에서 참여민주주의 형태로 나타난다.

> 지역 사회에 대한 자긍심 없이는 긍정적인 지역 정체성이 있을 수 없다. 이러한 지역 정체성은 지역에 대한 지역 주민들의 의식을 결정하는 요인이다…지역적 자긍심과 정체성이 없다면 지역사회 생활이라는 것 자체가 심각한 위기에 봉착할 것이다. 우리가 살고 있는 지역사회는 참여 사회로, 이른바 일반 주민들이 시민참여자로서의 역할을 수용한다는 전제하에 유지되는 것이다. 조지 버나드 쇼George Bernard Shaw는 이러한 개인과 지역사회의 약속을 다음과 같이 표현했다. "나의 삶은 지역사회 속에 있다. 내가 살아 있는 한, 나의 모든 능력을 바쳐 지역사회를 위해 일하는 것은 나의 특권이다"…. 스타인은 삶의 의미와 중요성을 부각시키는 것이 주민참여를 유도한다고 주장한다. "우리가 하는 일이 진정한 민주주의를 유지하는 데 아주 중요하다고 나는 확신 한다."[49]

인용문이 강조하듯 지역사회를 운용하는 원리는 참여민주주의다. 지역에 대한 열정과 자긍심이 확대되어 참여하는 실천적 행위로 나타나는 것이다. 민주주의에 대한 의식을 바탕으로 지역 사회에 참여하는 것은 자신이 살고 있는 지역 사회에서의 삶의 의미와 중요성을 각성한 자의 성찰적인 태도다. 조지 버나드 쇼는 지역 사회의 일들에 대해 "나의 모든 능력을 바쳐 지역 사회를 위해 일하는 것은 나의 특권이다"라고 말한다. 그에게 자신이 살고 있는 지역은 스스로 돌보고 가꾸어야 할 하나의 우주이자 세계다. 이러한 태도는 그의 마음속에서 자신의 삶에 대한 애정은 물론이고, 지역에 대한 뜨거운 열정과 자긍심이 없다면 불가능했을 것이다.

우리나라는 집이 교환가치의 대상으로 전락해 버린 지 오래다. 상황이 이렇다 보니 사람들은 이사를 자주하고 한 지역에 머무는 기간이 길지 않다. 장시간 노동으로 지역에 정서적으로 교감하고 애정을 가질 만한 여유도 없다. 이러한 요인들 모두가 지역 사회에 대해 자긍심과 정주의식을 갖지 못하게 만드는 원인이다. 어쩌면 대한민국에 살고 있는 대부분의 사람들은 도시에서 섬처럼 각자가 고립되어 살면서 자신이 살고 있는 지역에서 언제라도 떠날 수 있는 마음의 준비가 되어 있는지도 모른다.

무엇보다 인용문에서 깊이 공감할 수 있는 말은 "지역적 자긍심과 정체성이 없다면 지역사회 생활이라는 것 자체가 심각한 위기에 봉착할 것이다. 우리가 살고 있는 지역사회는 참여 사회로, 이른바 일반 주민들이 시민참여자로서의 역할을 수용한다는 전제하에 유지되는 것"이라는 점이다. 이렇게 지역사회란 지역 사람들이 함께 만들어가는 삶의 공간이자 지역 자체가 하나의 세계이자 우주가 되는 것이다.

어느 지역이나 분명 장점도 있고 단점도 있다. 단점에 대한 비판은 있으되 대안이 없는 비판은 공허하다. 단점만 부각시키면 대안은 물론 비전도 만들어내지 못한다. 지역은 그 지역 사람들이 장단점 모두를 만들어낸 세계이자 결과물이다. 지역을 바꾸기 위해 할 수 있는 실천적인 행위는 일상성에서 찾을 수 있다. 그 과정에서 단점을 포용하고 수용하면서 지역이 생활정치영역으로 기능할 수 있도록 실천하며 대안적인 삶을 살아갈 때 변화가 가능하다.

지역에 대한 아낌과 보살핌의 실천적 행위는 다양하게 전개될 수 있다. 자신이 살고 있는 지역의 현안에 대해 의견을 표출하는 것도 하나의 대응 방식이 될 수 있다. 최근 미국기업 구글Google은 독일 베를린 크로이츠베르크Kreuzberg 지역에 사무실과 카페 및 공동 작업실 등을 갖춘 창업지원센터를 설치하려던 계획을 포기했다.

베를린 시민들이 구글 기업의 도덕성에 문제를 제기한 것이다. 그동안 구글이 세금을 회피하고, 개인 정보를 비윤리적으로 사용하는 등의 경영행태를 보여 왔기 때문이다. 또한 삶의 질이 저하될 것을 우려해 주민들이 구글 기업의 창업지원센터 설립을 반대했다. 창업지원센터가 설립되면 주변 지역의 집값 상승이 예상되고 세입자와 임차인의 월세 부담이 커져서 주민들이 다른 지역으로 밀려날 수 있는 상황이었기 때문이다.[50]

구글의 창업지원센터 설립을 반대한 베를린 시민들의 반대 의견 표출은 지역을 지키기 위한 실천적 행위다. 지역의 주체로 삶의 질이 저하되는 것을 방지하면서도 기업의 도덕성 문제를 이유로 다국적 기업의 계획을 철회시켰다는 점에서 우리들에게 신선한 충격을 안겨준다.

6장 주권자로서의 시민과 주민

오늘날 시민에 대한 정의는 각 나라의 역사·문화적 배경이 상이함에도 불구하고 국가 구성원 전체를 포괄적으로 일컫는 말로 국민과 동의어로 쓰이기도 한다. 우리나라 법체계에서 시민이 지닌 정체성 및 권리와 의무는 헌법에서 국민으로, 「지방자치법」에서는 주민으로 정의하고 있다. 개인은 법체계의 호명 방식에 따라 국민이며 시민이고 주민이 된다.

'시민市民'은 단어 그 자체에 정치성과 혁명성 등 진보적인 개념을 내포하고 있다. 현재 시점에서 '시민'의 사전적 정의는 "도시 지역 및 국가 구성원으로서 정치적 권리를 가진 주체를 말하며 자유민주주의 사회에 살고 있는 개인"을 뜻하는 용어다. 이 시민의 개념은 2,500년 전 그리스 아테네에서 시작되어 현재까지도 진화하며 의미가 변화되어 왔다.

1) 그리스 아테네에서의 시민

역사적으로 '시민'은 폴리스 아테네의 민주주의 정치체계에서 처음 등장했다. '시민'의 개념적 정의는 "도시국가에 거주하는 자, 경제적으로 사유재산을 소유한 자, 정치적 주체로서 참여의 권리를 가진 자" 등의 세 가지 조건에 근거한다. 이 세 가지 근거를 종합하면 "아테네 시민은 도시국가라는 공동체 내에서 거주하는 재산과 교양을 갖춘 자산계급"이다.[1]

첫째, 동서양을 막론하고 '시민'에 대한 가장 단순한 정의는 '도시에 사는 주민'이다. 서구에서도 시민은 "도시를 뜻하는 고대어인 burg, civitas 등에서 유래했다."[2] 그러므로 시민이 되기 위한 일차적인 필요조건은 도시라는 공간에서 거주하는 것이다. 도시는 국가를 운영하기 위한 인프라가 최적화된 곳이며 성벽은 외침으로부터 시민을 지켜주는 상징이었다. 그러나 아래의 인용문에서 말하고 있는 것처럼 도시라는 공간은 단순히 물리적 행정적 차원에서의 공간만을 뜻하는 것이 아니다. 도시공간은 사회문화적 맥락에서의 공간을 의미한다.

> 도시와 시민의 연관성을 말할 때 주의해야 할 점은 그것의 강조점은 행정 단위로서의 공간적 측면이 아니라 도시가 부여하는 일련의 가치와 내재적인 속성, 즉 봉건적·신분적 질서와 대립되는 공동체 성원들의 동질성, 동질적 성원들이 행사하는 자치와 자율, 교육과 교양의 대중적 획득 등 사회문화적 차원에서 주목하는 것이다.[3]

과거나 현재나 도시는 내재적인 속성을 지닌다. 당시의 아테네는 봉건적·신분적 위계질서와 대립되는 시민 각자가 평등한 자유의 영역이었다. 그들은 평등성에 바탕을 둔 민주주의의 가치를 공유하고 있었다. 공동체 성원들은 이 동질성을 기반으로 자치를 수행했으며 교육을 통해 교양을 갖추고 있었다.

공동체가 추구하는 가치에 부합하지 않거나 범죄자로 판정받은 자는 도시에서 추방당했다. 우리는 많은 그리스 비극 작품에서 등장인물들이 도시에서 추방당하는 것을 확인할 수 있다. 추방령을 받은 사람은 시민 자격을 박탈당하고 동시에 죽음에 처하는 상황과 맞닿게 된다.

폴리스 단위로 구성된 국가는 도시의 평화를 지키는 역할을 역할을 한다. (즉 국가는 시민의 안전과 안녕을 지키는 일을 수행하는 것이 주요한 임무였다.) 추방령을 받은 사람은 도시를 떠나 국가 경계 밖으로 내던져진다. 결국 그는 국가의 보호를 받지 못하므로 '평화를 상실'하게 된다. '평화를 상실'했다는 것은 언제든 죽음의 위기에 처해질 수도 있다는 말이다.

추방령을 받은 사람은 '평화를 상실한 자'로 '벌거벗은 생명'이 되어 호모 사케르Homoe Sacer'가 될 수밖에 없었다.[4] '벌거벗은 생명'이란 '호모 사케르'를 뜻하는 것으로 "살해 가능하되 희생물로는 바칠 수는 없는 생명"을 뜻하며, 살인자는 면책특권을 받아 살인죄로 처벌받지 않는다.[5] 즉 강제와 폭력은 도시국가를 운용하는 정부의 독점권이었다.[6] 그러므로 도시는 단순한 물리적 공간만을 의미하는 것이 아니다. 시민 자격은 도시 공동체가 지향하는 사회 문화적 가치를 공유하는 동질적 집단 안에서의 일원으로 배제되거나 차별받지 않을 때 유지되는 것이었다.

둘째, 경제적으로 사유재산이 있는 자산계급만이 시민이 될 수 있었다. 오늘날 민주주의 국가와 달리 그리스 시대의 시민은 차별과 배제를 전제했다. 대규모의 이주민과 노예는 시민이 될 자격이 없었다. 당시의 노예는 가정 내에서의 노동뿐만이 아니라 농업, 상업, 광업 등 거의 모든 분야에서 육체노동을 통해 생산을 담당하고 있었다. 아테네에서 자산계급인 시민이 육체노동과 생산 활동으로부터 분리되어 자유롭게 정치활동을 할 수 있었던 배경은 대규모의 노예노동 덕분이었다. 토지와 노예를 소유하고 있었던 자산계급인 시민의 주도 하에 이루어진 아테네에서의 민주주의는 결국 시민 전제정치였다.[7]

셋째, 정치적 주체로서 참여의 권리를 가진 시민 자격은 20세 이상의 남성에게만 주어졌다. 아테네는 직접 민주정치체계로 작동되는 국가였고 백인 성인남성에게만 참여의 권리가 주어졌던 것이다. 이러한 전통은 서구의 역사가 백인 부르주아 남성을 중심축으로 권력이 이어져 온 근거가 되어 현재까지도 비판의 대상이 된다. 아테네 출신의 자유 신분이었던 백인 여성들은 공론의 장에 참여할 수 없었다. 여성은 시민으로 인정은 되었으나 그 목적은 시민 아들들을 생산하여 혈통을 이어가기 위한 수단일 뿐이었다. 한나 아렌트Hannah Arendt는 『인간의 조건』에서 그리스 아테네에서 남성의 임무는 개체를 보존하는 것이었고, 여자는 단지 종족을 보존하는 임무를 담당했을 뿐이었다고 지적하고 있다.[8]

그리스인들은 '삶·생명'을 하나의 용어로만 개념화 하지 않았다. 그들은 두 가지 용어로 '삶·생명'을 구분하여 사용했다. 첫째, 조에zoe는 단순히 모든 생명체의 살아있음을 뜻하는 '생명' 그 자체를 가리키는 말로 사용했다. 둘째, 비오스bios란 단어로 개인이나 집단의 고유한 삶의 형태나 방식을 가리키는 의미로 사용했다.[9] 즉 비오스란 개인이나 어떤 집단의 삶의 양식을 가리키는 말로, 오늘날 방식으로 표현하면 문화적 인간에 가깝게 해석될 수 있다. 그래서 '정치적 조에'라는 말은 성립되지 않으며 아리스토텔레스Aristoteles가 말하는 정치적 동물로서 인간의 삶은 '바로 삶(비오스)'에 해당된다.

아테네에서 삶의 양식을 가리키는 비오스라는 용어는 교양을 갖춘 시민계급과 밀접한 관계를 갖는다. 그리스인들은 직접 민주주의 정치 체계 방식으로 가치 있는 삶을 살기 위해 국가를 운용했다. 그들은 자신의 문화적인 삶(비오스)·정치적 동물로서의 인간의 삶을 살기 위해 무엇보다 교육을 중요시했으며 교육 과정을 통해 교양을 갖춘 시민계급이 양성될 수 있었던 것이다. 그리스 시대의 교육을 상세하게 소개한 위키백과사전은 당시의 그리스인들의 삶(비오스)을 이해하는 데 많은 도움을 준다.

호메로스와 아리스토텔레스로부터 시작된 교육은, 기원전 5세기경에 등장한 고대 아테네의 민주주의와 결부되어 이후 플라톤 및 이소크라테스와 같은 소피스트들에게 영향을 미쳤다. 헬레니즘 시대에 체육학교(귐나시온)의 교육은 시민이 되기 위해서 반드시 필요한 것으로 여겨졌다.

고대 그리스의 교육은 정규교육과 비정규교육의 형태로 이루어졌다. 정규교육은 고용된 교사tutor나 파이다고고스paidagogos라는 교육을 전담하는 노예에 의해 개인적인 교습의 형태로 이루어지거나 공공 학교에서 이루어지는 교육이었다. 비정규교육은 스스로 교육자teacher임을 자처하는 지식인들이 제공하는 교육이었는데, 이것은 대중을 대상으로 행해지는 연설과 같은 성격이 아니라 특정 개인을 대상으로 하는 교육이었다. 고대 그리스 사회에서 교육은 개인의 정체성을 결정하는 기본적인 요소 중 하나였다. 한 개인의 사회적 지위에 따라 받는 교육의 내용이나 교육의 수준이 천차만별이었으며, 교육이 이루어지는 지역마다 교육자의 가치관에 따라 교육방식과 내용에 차이가 있었다.

대부분의 경우에, 고대 그리스 사회에서 정규 교육의 대상은 남성에게만 한정되었고, 여성, 노예, 외국인 등은 교육을 받을 수 없었다. 어린 소녀는 가정에서 자신의 어머니로부터 비정규적인 형태의 교육을 받았는데, 그 내용은 가정주부로서 어떻게 집안일을 하고 자신의 남편에게 어떻게 봉사하는지에 대한 것이었다. 당시 여성의 역할은 가정을 돌보는 것, 자녀의 양육, 음식의 제공, 의류의 제작 등에 국한되었다. 그러나 스파르타에서는 다른 그리스의 폴리스와는 다르게, 여성에게 여러 역할을 요구하였고 이에 따라 여성에 대한 정규교육이 제공되었다.[10]

당시 그리스 시대의 교육체계는 시민계급이 추구하는 가치와 일치한다. 인용문에서 말하는 것처럼 우선 올림픽의 기원지이기도 한 그리스에서 체육과목이 필수 과정이었다는 것은 당연한 것으로 이해된다. 교육의 방식에서 차이가 날 수는 있겠지만 교육은 개인의 자아와 정체성에 커다란 영향을 미친다. 시민계급은 이 교육과정을 통해 형성되었다. 시민이라는 정체성이 교육을 통해 확립되면서 교양을 갖추게 되는 것이다. 또한 자산계급이 아니면 교육과정에 참여하거나 교육비용을 충당할 수도 없었다. 시민이 되는 조건에서 재산을 소유하는 것은 필수적이었다.

정규교육의 대상이 자산계급의 남성에 한정된 것은 당시의 사회를 반영한 것이다. 여성, 외국인, 노예는 교육대상에서 제외되었다. 그리스 시대 시민계급의 정치적 삶(비오스)이 추구했던 평등과 민주주의는 백인 성인남성에 한정된 것으로 제한적이었다. 가정은 여성과 노예가 책임지고 운영했다. 남성만이 아리스토텔레스가 정의한 정치적 동물로서의 인간이며, 그 중에서도 문화적 인간으로서 교양을 갖출 때 시민 자격을 획득하게 되는 것이다.

또 한 가지 우리가 기억해야 할 점은 그리스 시대에 시민은 반드시 공적영역에 능동적으로 참여하는 것이다. 아테네인들은 국가 공동체를 직접 민주주의 체계로 운영하기 위해 실질적인 능력을 가진 자가 지도자가 되어야 한다고 생각했다. 그들은 자유로운 시민들이 공적영역에서 자유롭게 토론하고 자발적으로 참여하는 적극적인 시민상을 가지고 있었다. 공적영역에서 헌신적으로 참여하고 국가를 위해 봉사하는 일은 무엇보다 중요했다. 아테네 사람들은 다음과 같이 말하고 있다.

정치에 관심이 없는 사람을 자기 일에만 신경 쓰는 사람이라고 하지 않고, 아테네에서 전혀 하는 일이 없는 사람이라고 말합니다.[11]

위의 인용문은 페리클레스Pericles의 장례식 연설문의 일부분이다. "전혀 하는 일이 없는 사람"이란 정치에 관심이 없어서 공적영역에서 무가치한, 완전히 사적 영역에만 관심을 가지고 일하고 사람을 가리킨다. 사적 영역에만 매몰되어 있는 사람을 그리스어로 "어리석은 말과 행동을 하는 사람idiotes"라고 불렀다. 이 말은 바보·멍청이idiot의 어원이 된다.[12]

결국 아테네 사람들은 사적 영역에서 개인적인 생활에만 만족하면서 정치에 참여하지 않는 사람을 어리석은 바보나 멍청이로 생각했던 것이다. 이는 현대의 시민사회 영역에도 많은 시사점을 제공한다.

중세가 해체되고 산업혁명이 일어나면서 역사의 주도권을 잡은 세력은 시민계급이다. 대표적인 예로 프랑스의 앙시앵 레짐Ancient Regime을 앞장서서 무너뜨린 것도 시민계급이었다. 각 나라마다 양상은 다르지만 수차례의 혁명을 통해 시민계급은 정치권력을 장악하면서 그리스 시대에 시민이 가졌던 공간·경제·정치 등 세 가지가 뜻하는 개념과 권력을 모두 획득하게 된다.

2) 우리나라에서 시민의 탄생과 진화

우리나라에서 '시민' 개념은 현대사와 맥을 함께하며 진화해 왔다. '시민' 개념이 일반화된 시기는 해방 후 미군정에 의한 미국식 교육체계를 도입하면서부터다. 미군은 미국식 민주주의 제도를 효율적으로 이식하기 위해 우리나라의 교육체계를 대폭 개편하면서 사회과 교육을 강화했다. 그 결과 제도교육을 통해 민주주의와 시민권 등의 평등성과 근대사상이 초중등 학생들에게까지 광범위하게 확산되었다. 점차 대중교육이 확대되면서 민주주의와 '시민' 개념은 소수 엘리트가 아닌 일반인들 사이에서 차츰 시민의식으로 확산된다.

4·19 혁명의 촉발요인도 "자유민주주의를 향한 이상과 현실 사이

에 화해하기 어려울 정도의 모순과 괴리에 대한 집단적 자각"[13]이 있었기 때문에 가능했다. 집단적 자각이란 국민의 민주주의에 대한 자각과 시민의식이 강화된 것을 가리키는 것이다. 1980년 5월 광주 항쟁과 1987년 6월 항쟁 및 2016년 광화문 촛불집회를 겪으면서 우리나라 국민은 "자율적 존재로서 저항하고 참여하는 실천적 시민"으로 거듭나며 진화해 왔다.

가장 최근에 진화하는 시민의식을 보여준 것은 2016년 겨울, 박근혜 대통령 퇴진을 위한 광화문 촛불집회였다. 박근혜 전 대통령 탄핵은 권력의 주변부가 국가정책을 좌우하는 비상사태 앞에서 저항하고 참여하는 시민 정신이 없었다면 불가능했을 것이다. 이렇듯 '시민'은 자신의 권리를 스스로 지키는 자, 저항하고 참여하는 자 등 불의한 권력에 저항하는 자율적 주체라는 역사적 진보성을 갖는다.

'시민'이라는 단어에서 기표는 고정되어 형태의 변화가 없었지만 기의는 시대와 역사에 따라 진화하며 다르게 정의되어 왔다는 사실을 알 수 있다. 그런데 지방자치분권시대에 참여하는 민주주의 시민으로서의 시민상은 그 의미가 더욱 진화해, "생활정치를 주도할 능력을 갖춘 성찰적 시민"이다. 성찰적 시민을 이해하기 위해서는 무엇보다 심의 민주주의가 무엇인지에 대한 개념부터 알아볼 필요가 있다.

심의 민주주의란 자유롭고 평등한 시민들의 공적 숙의가 정당한 정치적 의사결정이나 자치의 핵심 요소라고 생각하는 일군의 견해로 정의된다…심의 민주주의의 독창성은 단지 정치 참여 자체나 그 양을 증대시키는 것이 아니라 참여의 본질과 방식을 제고하는 것에 관심을 둔다는 데 있다.

심의 민주주의가 무엇보다 중시하고 있는 것은 시민들의 정제되고 사려 깊은 선호 즉 성찰에 있다.[14]

심의 민주주의는 다수가 참여하는 직접 민주주의의 한계를 극복하는 대안이 된다. 인용문에서 밝힌 것처럼 심의 민주주의는 정치 참여 그 자체와 양보다는 "참여의 본질과 방식을 제고하는 것에 관심을 둔다"는 데 더 큰 의미를 두기 때문이다. 심의 민주주의가 가능하기 위해서는 무엇보다 "시민들의 정제되고 사려 깊은 성찰"이 필요하다.

성찰적 시민은 탈근대의 주체로 정치의 권리자로서 주체성을 가지며 가치를 공유하는 사람들과 연대하고 소통하면서 협동한다. 그들에게는 생활정치의 무대가 되는 지역에서 사회성을 획득하면서 역사의식을 갖춘 새로운 시민이자 "공공성을 확장하는 생활정치의 주체"로 설정된다.[15] 성찰적 시민은 근대화 시대의 가치를 탈피해 지구의 평화를 위해 핵에 반대하고, 생태학적인 접근을 통해 생활정치영역에서 실천하는 방식의 새로운 가치를 추구한다. 즉 계몽주의 시대의 인간중심주의의 가치였고 21세기 인간의 나르시시즘적인 휴머니즘의 가치를 성찰하면서 지속가능한 대안적인 삶을 실천하려는 것이다.

성찰적 시민은 전 지구적 차원에서 대응이 필요한 일에 관심을 가지고 실천적인 행동을 한다. 이들은 지구의 생태계를 보존하기 위해 생태학적으로 접근하며 소비한다. 지구와 인간을 병들게 하는 유전자 조작 식품과 비닐봉투 및 플라스틱을 소비하지 않는 등의 방식으로 가치 지향적인 삶을 추구한다. 성찰적 시민들은 평화와 생태적 삶이라는 철학을 실현하기 위해 지역에서 가치를 공유하는 사람들과 연대하고 협동하면서 네트워크를 형성하고 소통하면서 삶의 주체로 활동하기 위해 노력한다.

성찰적 시민이 추구하는 가치는 현재 대의민주주의의 한계가 명확해진 정치적 상황과 소비중심주의적인 현대 자본주의 사회의 한계를 극복하기 위한 대안이기도 하다. 그리고 미래 사회에 도래할 시민의 성격을 내포하고 있다고 볼 수 있다. 자치분권 시대를 살게 될 우리나라 상황에서 이미 성찰적 시민이 된 사람들은 '지금·여기'라는 생활정치영역에서 우리가 어떠한 가치를 추구하며 살아야하는지 그 길을 암시해 주고 있다.

지방자치분권시대의 시민과
주민 개념의 중첩성

「지방자치법」은 '시민'을 '주민'으로 정의한다. 법률상 용어로 '시민'은 한정적으로 사용되고 있는 것이다. 하지만 많은 지방자치단체들이 '주민'과 '시민'을 혼용해서 사용하고 있다. 대표적으로 각 지방자치단체에서 '시민의 날'을 기념하고 해당 지방자치단체의 주민을 '시민'이라 부르는 식이다.

시민은 주민보다도 넓은 의미로 쓰이고 있다. 시민은 해당 지방자치단체에 주소지가 없더라도 그 지방자치단체에서 활동하는 사람도 포함하는 열려 있는 개념이다. 주민의 요건을 갖추지 않았는데도 해당 지방자치단체에서 타 지역의 주민을 시민으로 참여시키는 이유는 다음과 같다.

오늘날 '주민'만으로는 자치가 불가능하기 때문이다. 예를 들면 서울시나 부산시처럼 대도시에 직장이나 학교가 있어 인근 중소 시군(또는 도)으로부터 유입인구가 많은 도시는 대도시에 주소를 둔 주민에만 한정하여 정책을 결정하는 것만으로는 충분하지 못한 경우가 많다. 인구가 감소하거나 정주 인구가 점점 감소하는 자치단체로서는 주소를 갖지 않더라도 그 도시를 위해 활동하는 '시민'을 포함시키는 것이 바람직한 경우가 있을 것이다.[16]

지방자치단체를 운용하는 데 있어 다양한 분야에서 일하는 주민들의 참여는 필수적이다. 그러나 지방자치단체 구성원인 주민들 중에 적임자가 없다면 타 지역의 주민들도 시민 자격으로 참여할 수 있는 가능성을 배제하지 않는 것이다.

'주민住民'의 사전적 정의는 단순하게 '일정한 지역에 사는 사람'으로 '시민'이 가진 '저항하는 자율적 주체'라는 정치성을 획득하지 못한, 객체로 존재하는 거주자일 뿐인 존재처럼 보인다. 「지방자치법」에서의 '주민'이란 해당 지방자치단체에 주소를 가진 사람으로 한국인, 외국인, 법인도 포함된다.[17] 또한 「지방자치법」에 의하면 해당 지방자치단체에 주소를 가지고 주민등록을 한 자로 '주민'은 세금을 내고 대표자를 선출할 의무와 권리를 지닌 해당 지방자치단체의 주권자로서의 자격을 획득한다.

필자는 '주민'의 개념이 '시민'의 개념과 상충되지 않는 것으로 판단한다. 지방자치단체가 '주민'과 '시민'을 혼용해 사용하는 것처럼 말이다. 그러므로 이 책에서 '주민'은 '시민'이 갖는 역사성과 정체성을 내포한 개념으로 언급해 왔다. 이 책에서 언급하는 '주민'은 단순히 정치성이 거세된 '일정한 지역에 주민으로 등록된 자'만을 뜻하는 것이 아니다. 앞으로도 '주민'을 지역 공동체 일에 적극적으로 참여해 자신의 삶의 문제를 스스로 결정하고 책임지는 능동적인 존재로 규정하고 이야기를 풀어 나갈 것이다. '시민' 개념이 내포하고 있는 '저항하는 자율적 주체'와 '성찰적 시민' 곧 주민이기 때문이다.

주민은
주권자다

「대한민국헌법」 제1장 제1조 제1항은 "대한민국은 민주공화국이다"로 국가의 정체성을 규정한다. 제2항은 "대한민국의 주권은 국민에게 있고, 모든 권력은 국민으로부터 나온다"고 공화주의에 입각해 국민의 권한을 규정한다. 헌법에서 말하는 국민의 정체성이란 국가 단위에서 규정한 것이다.

헌법 제1조 제1항에서 규정한 국가의 정체성을 지방자치단체에 비유하면 '지방자치단체(지방정부)는 민주공화정'이 된다. 지방자치단체는 주민이 자율적으로 구성하는 것으로 국가 공동체내의 부분으로서 작은 공화정부의 정체성을 가진다.

헌법 제2항은 "지방자치단체의 주권은 주민에게 있고, 모든 권력은 주민으로부터 나온다"고 규정할 수 있다. 주민은 일정한 지역 단위로 운영되고 있는 각 지방자치단체의 권리 주체로서의 정체성을 가지기 때문이다. 그러므로 지방자치단체의 운용 원리는 주권자인 주민으로부터 나오는 것이다. 법률학자들은 아래의 인용문과 같이 주민의 권한과 역할을 더욱 구체적이며 적극적으로 해석하고 있다.

> 지방의 주민은 구역, 자치권과 함께 지방자치단체의 3대 구성요소의 하나이다. 그 지방의 공공사무를 그 지방 주민이 자율적으로 (주민 스스로 또는 그 대표자를 통하여) 처리하는, 이른바 주민자치에 있어서는 정부와 주민의 밀접성 특히, 자치운용에 대한 주민의 참여와 통제는 지방자치의 본질적인 요소가 된다…따라서 지방자치에 있어서는 주민의 지위와 권리·의무, 주민의 지방자치에 대한 참여와 통제 등은 지방자치의 핵심적인 문제이다.[18]

위의 인용문은 지방자치단체를 운용하는 데 있어 주민의 역할과 능동적인 참여의 중요성을 강조하고 있다. 주민은 지방자치단체를 구성하는 핵심 요소 중 하나다. 실제적으로 지방자치단체장은 대의민주주의에 의해 주민을 대리하는 자일 뿐 지역 주민을 통치하는 권력자의 태도로 일해서는 안 된다. 또한 지방자치단체장은 법령과 조례의 범위 내에서 지방자치단체를 운용해야 한다. 법적으로 하자가 없더라도 주민의 집단적 의사를 무시하고 일방적으로 행정을 수행해서도 안 된다. 인용문에서 적시한 주민에 대한 통제란, 주민이 법률과 조례를 위반할 경우 통제의 대상이 된다는 것을 의미한다.

주민은 지방자치단체의 구성원이며 지방자치단체의 주체다. 주민은 지방자치단체의 핵심이며 지방자치단체의 모든 권한의 원천이 된다. 주민이 지방자치단체의 주체란 말은 주민은 지방자치단체의 통치

권의 주체로 선거권·피선권권, 참정권을 행사하는 것을 의미한다.[19]

주민은 세 가지의 구성적 지위를 갖는다. 지방자치단체의 활동으로 부터 혜택을 받는다는 측면에서 수익자로서의 지위를 갖는다. 주민은 자치업무의 수행에 소요되는 비용을 분담하고, 법규준수와 선거·투표 의무부담자로서의 지위를 갖는다. 마지막으로 주민은 지방자치단 체의 구성원으로서 참여의 주체이기도 하지만 대의민주주의의 정치 체계에 의해 통치권의 대상이 된다.[20]

지방자치법과
주민의 권한

「지방자치법」 제2장은 주민에 대 해 다음과 같이 규정하고 있다.

제12조(주민의 자격) 지방자치단체의 구역 안에 주소를 가진 자는 그 지 방자치단체의 주민이 된다.

제13조(주민의 권리) ① 주민은 법령으로 정하는 바에 따라 소속 지방자 치단체의 재산과 공공시설을 이용할 권리와 그 지방자치단체로부터 균등 하게 행정의 혜택을 받을 권리를 가진다. ② 국민인 주민은 법령으로 정하 는 바에 따라 그 지방자치단체에서 실시하는 지방의회의원과 지방자치단 체의 장의 선거(이하 "지방선거"라 한다)에 참여할 권리를 가진다.

제14조(주민투표) ① 지방자치단체의 장은 주민에게 과도한 부담을 주 거나 중대한 영향을 미치는 지방자치단체의 주요 결정사항 등에 대하여

주민투표에 부칠 수 있다. ② 주민투표의 대상·발의자·발의요건, 그 밖에 투표절차 등에 관한 사항은 따로 법률로 정한다.

「지방자치법」 제2장은 주민의 의무와 권한을 명시하고 있다. 주민은 자신이 살고 있는 지방자치단체의 구역 안에 주소를 가진 자로 해당 지방자치단체의 주민이 된다.

주민의 의무는 세가지다. 비용분담과 법규준수 및 선거·투표 등이다. 첫째, 주민은 법률이 정하는 바에 따라 소속 지방자치단체의 비용을 분담해야 한다. 비용의 형태는 지방세·사용료·수수료·분담금 등이 있다. 둘째, 법규준수 의무로 법령이나 조례·규칙이 정하는 바를 따라야 한다. 준수해야 할 범위는 사회 안전의 유지부터 주민복지의 향상에 이르기까지 공공생활의 거의 모든 분야에 해당된다. 법규준수 의무를 이행하지 않을 경우 행정상의 벌칙이 적용되는 것이 일반적이다. 셋째, 우리나라의 경우 선거·투표를 의무화하지는 않았기 때문에 선거·투표를 행하지 않더라도 행정기관으로부터 불이익을 당하지는 않는다. 그러나 선거·투표는 주민의 의무이자 권리다.

「지방자치법」에 따르면 지방자치의 목적은 지방자치행정을 민주적이고 능률적으로 수행하고, 지방을 균형 있게 발전시키며, 대한민국을 민주적으로 발전시키는 것이다. 「지방자치법」에서 규정하고 있는 지방자치단체의 목적에 부합하기 위해서는 주민의 참여가 전제되어야 한다.

주민은 참정권·수익권·쟁송권 등 세 가지 권리를 가진다. 이 세 가지 권리는 지방자치단체에 주민이 스스로 참여할 수 있는 핵심적 권리에 해당된다. 이외에도 주민은 공무담임권, 주민투표권, 주민청구권,

청원권 등을 가진다.

참정권이란 19세 이상의 국민이 거주 지역의 주민의 자격으로 지방자치단체장과 지방의회 의원의 선거에서 선거권과 피선거권을 가지는 것을 말한다.

수익권은 공공시설이용권과 행성서비스 향수권를 의미한다. 공공시설 이용이란, 주민이 지방자치단체의 재산과 공공시설을 이용하는 권리다. 재산이란 공원, 도서관, 주민자체센터와 같은 공공용 재산을 뜻하며, 이용이란 누구나 필요에 따라 균등하게 공공시설을 사용하는 것을 말한다. 행정서비스 향수권은 주민이면 누구나 지방자치단체로부터 균등하게 행정의 혜택을 받을 권리를 뜻한다. 행정서비스의 범위는 전염병에 대해 예방접종, 오물수거, 생활보호, 방범, 교육 등 다양하다. 주민은 행정서비스 향수권을 통해 직접적으로 지방자치단체로부터 자신의 삶의 질을 보장 받을 수 있다.

주민투표권은 거주 지역 지방자치단체의 현안에 대해 주민이 직접 투표로 결정할 수 있는 자기결정 권한을 가리킨다. 지방자치단체장은 주민에게 과도한 부담을 주거나 중대한 영향을 미치는 지방자치단체의 주요 결정사항 등에 대해 주민투표에 부칠 수 있다.

대표적인 사례로 2011년 오세훈 전 서울시장이 무상급식 전면 시행 여부에 관해 주민투표를 실시한 것이다. 그는 "무상급식에 발목이 잡혀 교착상태에 빠진 서울시정을 이대로 방치할 수 없다"며 주민투표를 제안했다. 무상급식 주민투표 결과 2011년 8월 24일 최종투표율이 25.7%였다. 투표함을 개봉할 수 있는 투표율 33.3%를 달성하지 못했기 때문은 투표함이 폐기되었다. 오세훈 전 서울시장은 주민투표에서

패배할 경우 시장직에서 사퇴하겠다고 밝혔기 때문에 2011년 8월 사퇴했다.[21]

주민청구는 두 가지로 주민쟁송적 청구와 주민참정적 청구로 나눌 수 있다. 주민쟁송적 청구에는 주민청원·소청과 주민감사청구가 있다. 주민청원은 흔히 민원이라 칭하는 행위를 말한다. 주민은 법령 위배나 재판에 간섭하지 않는 내용이라면 어떠한 사항에 대하여도 지방의회에 청원할 수 있다.

주민소청이란, 주민이 지방자치단체의 자치입법, 행정행위에 이의가 있을 경우 주민 일정 수 이상의 연서로 지방자치단체의 감독기관에게 시정에 필요한 조치를 요청하는 것을 말한다. 주민감사청구란 지방자치단체장이 법령에 위반되는 사무처리를 했을 경우와 공익을 현저히 해쳤다고 인정될 때, 그 감사기관에 감사를 요청해 시정조치를 요청하는 것이다. 감사를 요청할 경우 조례에 정하는 바에 따라 일정한 수의 주민 연서가 필요하다. 그밖에도 주민소송의 권한이 있다.

주민참정적 청구에는 주민발안과 주민소환 두 가지가 있다. 주민발안은 주민 중 유권자의 자격이 있는 자가 일정 수 이상의 연서를 통해 지방자치단체의 자치헌장이나 조례의 제정과 개·폐 등에 관하여 주민이 직접 의안을 발의하는 제도이다. 「지방자치법」 제15조는 이를 '주민청구 조례안'이라고 규정하고 있다. 이는 주민들이 집단적으로 자신의 의견을 제시함으로써 대의민주주의의 한계를 극복하기 위해 직접 민주주의를 실현하는 방안이다.

무상급식이 전면 실시되기 이전 2000년대 초부터 각 지방자치단체의 주민들은 친환경학교급식을 실현하기 위해 대대적으로 주민발의 친환경학교급식 조례제정 운동을 펼친 바가 있다. 이후 2012년, 시민 85,000명이 서명에 참가해 "체벌 금지, 야간자율학습·보충수업 강제 금지, 두발·복장 자유, 양심·종교의 자유 학교 안팎 집회 개최와 참여 허용" 등의 내용을 담은 「서울특별시 학생인권 조례」를 주민발의로 제정했다. "친환경학교급식 조례제정운동"과 "서울특별시 학생인권 조례 제정"은 주민발안의 대표적인 사례다.[22][23]

주민소환제는 주민 자신이 뽑은 대표를 스스로 파면할 권리를 말한다. 지방자치제도의 의의를 살려 주민의 권리를 보호하는 것이 이 법의 취지다. 주민들은 주민소환제에 따라 법을 위반하거나 심각하게 도덕적으로 문제가 있다고 판단되는 지방자치단체장, 지방의회 의원 등 선출직 지방공직자를 파면하고 의회를 해산시킬 수 있는 것이다. 임기만료 전에 소환청구인대표자 등이 지역의 유권자 일정 수 이상의 연서를 받아 관할선거관리위원(이하 관할선관위라고 한다)에 청구하여 주민투표로써 파면 여부를 결정하게 된다.

주민소환제의 절차는 다음과 같다. 주민소환을 추진하는 소환청구인대표자 등이 법에 정해진 절차에 따라 다수(지역의 인구수에 비례)의 주민들에게 서명을 받아야 한다. 법이 정한 바대로 서명인수의 조건이 충족되면 소환청구인명부를 관할선관위에 제출해야 한다. 관할선관위가 심의를 하고 주민소환투표청구가 적법하다고 인정하는 경우, 주민이 직접 투표하는 방식으로 주민소환 대상자의 파면 여부를 결정한다.

주민소환제는 2006년 제주지역에 한해 먼저 도입되었다. 2007년 「주민소환에 관한 법률」이 개정 시행되면서 전국적으로 주민소환제가 확대되었다. 현재 주민소환제가 도입된 지 10년이 지났다. 이 제도에 의해 광역화장장을 유치하겠다고 밝힌 전 김황식 하남시장의 정책에 동조해 시장과 함께 주민소환 대상이 되었다가 시 의원 2명이 파면 확정되었다. 유일한 사례다.

2016년 기준, 해당 지방자치단체 주민에 의해 80여 건의 주민소환이 시도되었다. 그러나 파면이 확정된 사례는 단 두 건 뿐이다. 주민소환이 80회 이상 시도된 사례에서 보여지듯, 지역 주민들이 선출직 지방공직자를 대상으로 꾸준하게 자신의 권리를 행사하려는 경향이 커지는 것을 알 수 있다.

주민소환 대상이 되었던 광역단체장은 오세훈 서울시장, 김태환 제주도지사, 김신호 대전교육감, 박원순 서울시장, 홍준표 경남도지사, 박종훈 경남교육감 등이다. 2011년 '무상급식 주민투표 강행'으로 주민소환 추진 단계에서 오세훈 전 서울시장은 자진 사퇴했다. 전 포천시장 서장원은 '성추문과 금품 무마 사건'으로 2016년 주민소환 대상이 되었다. 그러나 「주민소환에 관한 법률」에 따른 포천시 유권자 131,694명 중, 15%인 19,755명에 미달되어 주민소환이 무산되었다. 유효 서명인수에 약 300여 명이 모자랐다는 것이 이유였다.[24][25] 2016년 홍준표 경남도지사의 경우 '무상급식 중단과 진주의료원 폐업' 등으로 도민들과 갈등을 겪다가 주민소환대상이 되었으나 '유효서명 8,395명 부족'으로 각하되었다.[26]

현행 「주민소환에 관한 법률」은 절차가 까다로워서 대상자를 파면하기까지는 쉽지 않다. 이처럼 법이 까다로운 것은, 주민소환제가 남발될 경우 정치적 압력 수단이 될 수도 있기 때문이다. 한편 일부에서는 이대로 가면 주민소환제가 사문화될 우려가 있기 때문에 법을 개정해야 한다는 주장도 있다.

「주민소환에 관한 법률」 제10조 등은 주민소환운동을 엄격하게 제한하고 있다. 구체적으로 살펴보면 주민들이 지방자치단체장을 소환해 파면하는 것은 거의 불가능에 가깝다.

첫째, 소환청구인대표자 등을 제외하고는 그 누구도 서명을 요청할 수 없다. 즉, 관할선관위에 등록되지 않은 자는 주민들에게 서명을 받을 수 없다.

둘째, 소환청구인서명부를 제시하거나 구두로만 주민소환투표의 취지나 이유를 설명할 수 있다. 이 경우를 제외하고는 누구든지 인쇄물·시설물 및 그 밖의 방법을 이용하여 서명요청 활동을 할 수 없다. 즉 현행법은 주민소환 청구를 위한 서명운동을 구전으로만 하라는 것이다. 주민들에게 그 흔한 전자메일이나 SNS 등은 물론이고 유인물 하나 전달할 수 없게 만든 구조다. 생계에 바쁜 주민들이 일일이 설명을 듣고 서명을 하기는 한계가 있다.

셋째, 서명인 명부를 받을 수 있는 기간은 60일이다. 이 기간 동안 서명운동에 참여하는 사람들이 법에서 정한 인원에게 서명을 충분히 받기에는 한계가 있다.

넷째, 관할선관위의 해석이 까다롭다는 점이다. 서명부에 이름, 주민번호, 주소 등을 기재해야 하는데, 주민등록상 주소와 서명부의 주소가 일치하지 않을 경우 무효로 처리된다. 이밖에도 이름, 주소 등이 미비할 경우 명확한 법 규정이 없어 혼란을 야기한다.

다섯째, 서명부 심사에 대한 별도의 기간이 정해져 있지 않아 선관위가 임의로 서명부 심사 날짜를 판단하는 경우다. 마지막으로 서명인원이 법적으로 요건을 갖추었다 해도 투표율이 저조하면 개표조차 하지 못하고 투표함은 폐기된다.

「주민소환에 관한 법률」은 일반 공직자 선거운동과 비교했을 때, 지나치게 불공평하다. 차라리 주민소환을 하지 말라는 것과 맥을 같이 한다. 주민소환을 추진하는 시민단체들은 전자 메일을 발송할 수도 없다. 유인물 하나 돌리지 못하는 현실의 벽을 넘기가 쉽지 않다. 설사 주민소환투표인명부의 유효건수가 요건을 충족시켰다 하더라도 관할 선관위의 까다로운 법 해석 때문에 대부분 좌절하게 된다.

주민소환 추진 중, 철회나 요건 미충족 등으로 투표도 하지 못하고 중단된 사례가 전체의 약78%에 이른다. '포천시장 주민소환운동본부' 연제창 상황실장은 주민소환을 추진하며 "절차를 진행하다 보니 너무 법이 까다로운 것을 알게 되었다. 주민소환을 하라는 것인지 말라는 것인지 모르겠다. 길거리에서 유인물 하나 돌리지 못하게 되어 있는 법에 한계가 너무 많다"며 까다로운 주민소환제의 문제점을 지적하기도 했다.

1991년 주민직선제로 지방의회의원과 1995년 시·도지사와 시·군·구청장 등을 선출하며 본격적으로 시작된 지방자치단체의 나이가 성년을 넘어섰다. 2010년 교육감을 직선제로 선출하며 교육자치 역시 획기적으로 변화를 맞이하게 되었다. 그 과정에서 「지방자치법」은 제도적으로 주민의 권리를 확대하는 방향으로 개정되며 오늘에 이르게 되었다.

7장 주민참여
왜 중요한가

참여의

개념

　　　　　　　　　　　지방자치의 핵심은 지방분권과 주민참여에 있다. 지방분권은 보충성의 원리에 따라 중앙권력(중앙정부)의 권한을 지방자치단체(지방정부)에 이양해 지역 주민이 근거리에서 행정에 접근할 수 있도록 형식적으로 보장하는 것이다.[1] 주민참여는 수민 자신이 살고 있는 그 지역의 행정에 참여해 자기결정권을 실현하는 것으로 자치를 위한 실질적인 내용에 해당된다. 주민참여가 활성화되면 지방자치단체는 행정의 민주화를 통해 책임성을 확보할 수 있다.[2] 또한 주민참여는 직접 민주주의로 주민에 의한 실제적인 자치 실현에 해당된다.

역사적으로 주민참여가 없었던 것은 아니지만 현대사적 의미에서 주민 '참여'의 개념이 성립된 시기는 오래되지 않았다. 주민 '참여'가 시작된 나라는 미국이다. 미국 정부가 1950년대부터 지역개발사업에 주민을 '참여'시키면서 '참여'라는 용어가 등장한다. 1950년대 미국 정부가 주도한 뉴딜New Deal사업은 '공중참여Public Participation'와 '민중참여 Popular Participation'라는 이름으로 주민을 행정집행 과정에 '참여'시키면서 분기점을 맞게 되었다.[3] 1960년 이후 도시개발 사업이 활성화되고 주민 '참여'는 더욱 확산되었다.[4]

미국에서 주민참여가 시작된 배경은 주민들이 관료조직이 장악한 행정을 불신한 것에서 비롯된다. 선출직 공무원들이 임기를 마치면 행정과정에서 물러나는 것과 달리, 일반 공무원들은 행정 권력을 장악하고 주민을 통치의 대상으로 소외시켰기 때문에 주민들은 행정을 불신하게 되었다. 그 결과 당시 주민들은 자신이 선출하지도 않은 관료조직이 행정을 지배하는 것에 회의를 느끼고 있었다. 행정에 대한 주민의 불신감이 커지자 정부는 이를 해소하기 위해 주민 대표를 자의적으로 행정에 참여시키기 시작했다. 결국 미국에서 시작된 주민참여는 주민이 자발적으로 시작한 실천적인 행동에서 촉발된 것이 아니다. 정부가 중심이 되어 관료제의 정통성을 확보하기 위한 하나의 수단으로 주민참여를 이용한 것이다.[5]

1960년대부터 학계에서 주민참여에 대한 논의가 시작되고 본격적으로 1990년대 전후 다른 나라까지 주민참여가 확산된다. 이후 미국과 유럽을 중심으로 행정기관이 의사결정 과정에 주민을 참여시키도록 법제화한다. 주민참여가 법제화되면서 현재는 행정에 대한 주민참여가 일상화되었다. 이를 반영해 영국에서는 "주민참여 없는 민주주의란 공허하고, 의미 없는 개념에 불과하다"는 말이 설득력을 얻게 되었다.[6]

우리나라에서는 지방자치가 부활한 후 김대중 정부에서부터 주민참여가 본격화되었다. 이후 주민참여에 관해 법제화가 증가하면서 주민참여는 행정에 대한 적법절차의 하나로 자리를 잡았다. 「지방자치법」과 「지방재정법」에 따라 각 지방자치단체가 주민자치위원회와 주민참여예산제 등을 조례로 제정해 운영하는 것이 제도적 참여의 대표적인 예라고 할 수 있다.

사회과학 용어 대부분은 단일한 개념으로 정의 내리기가 쉽지 않다. 참여도 인간 행동의 한 양식으로 다의적인 의미를 갖기 때문에 한마디로 개념화할 수는 없다. 미국에서 시작된 주민참여는 점차 다른 나라로 확산되면서 그 나라의 제도와 지역의 문화적 특성에 따라 다양한 형태로 변화 발전해 왔다. 나라마다 조금씩 차이가 나더라도 참여의 정의에 대해 합의할 수 있는 지점은 '주민이 행정과정에 개입하여 활동하는 것'으로 일반화하면 다음과 같다.

> 주민참여란, '지방자치단체 또는 그 기관의 정책형성과 결정 및 집행과정에 공식적인 권한을 가지지 않은 주민이 그 결정 및 집행에 직접 또는 간접적으로 영향력을 행사하기 위하여 행하는 일련의 행동'이라고 할 수 있다.[7]

위의 인용문에서 말하는 바와 같이 참여하는 주민은 선출된 대표자의 자격을 가진 것이 아니다. 주민참여는 지방자치단체 및 그 기관의 정책형성과 결정 및 집행과정에 참여하여 영향력을 행사하는 직접 민주주의의 성격을 띤 일련의 행동이다. 그러나 위의 인용문이 주민참여의 모든 것을 다 설명해 주지는 못한다. 주민이 행정에 참여하는 것은 다의적이며 포괄적인 성격을 갖기 때문이다. 따라서 주민참여를 좀 더 구체화 하면 다음과 같다.

주민참여는 행정기관의 의사결정에 관계되는 것이며, 주민과 행정관청과의 상호작용을 전제로 하며, 주민을 관의 의사결정에 포함시키기 위한 조직화된 과정이 있어야 한다는 것이다.[8]

위의 두 인용문을 종합하면 주민참여가 갖는 의미는 첫째, 주민이 행정기관에 관여하는 것으로 공공영역에서 자치를 실행하기 위한 하나의 행동 방식에 해당된다. 둘째, 주민과 행정관청이 상호작용을 전제하는 것은 정부가 주민을 일방적으로 통치하던 지배의 대상에서 인식의 전환을 통해 주민을 거버넌스 파트너Governance Partner로 인식하는 것이다. 이는 주민참여의 핵심 가치로 가장 민주주의적인 성격을 갖는다. 셋째, 행정관청이 주민을 참여시키기 위해서는 개인이나 주민조직이 좀 더 효율적으로 참여할 수 있도록 정보를 제공하는 등의 조직화 과정과 민주주의적으로 행정을 수행하겠다는 자세가 필요하다는 것을 말하는 것이다.

참여의 주체를 무엇이라 호명할 것인지에 대한 논쟁도 있었다. 미국에서 주민참여가 시작되던 초기 '공중참여Public Participation'와 '민중참여Popular Participation'라는 용어가 혼재되어 사용되었다.[9] 우리나라에서는 지방자치가 부활한 후 대체로 '시민참여'와 '주민참여'라는 용어가 혼용되어 쓰이고 있다.

'시민참여'는 시민이 주권자로서 정치와 행정 전반에 참여하는 것으로 본질적으로 주민참여의 성격과 크게 다르지 않다. 다만 일정한 지역의 개별적인 사안보다는 사회 전체 또는 국가 차원의 의제를 대상으로 참여하는 것을 말한다. 또한 '시민참여'는 일정한 이념을 근거로 행동하는 경향성이 강하다. 2016년 겨울 박근혜 전 대통령 퇴진을 위해 광화문 촛불집회에 참여했던 사람들을 '촛불시민'이라 칭하는 것이 대표적인 예다.

그에 반해 '주민참여'는 일정한 지역의 주민들이 해당 지방자치단체와 지방자치단체에서 운영하는 기관의 일에 개별적이거나 혹은 조직적으로 참여하여 그 지역의 문제 해결을 위해 행정에 관여하는 것을 말한다.[10] 그래서 '주민참여'는 지역에 근거해 그 지역 주민들이 현안을 해결하기 위해 지방자치단체에 참여하는 것으로 지역성이 강조된다. 필자는 이 책의 주제가 지방자치인 만큼 꼭 필요한 경우를 제외하고 주로 용어를 '주민참여'로 쓰고자 한다. 하지만 '시민참여'가 함의하는 진보성과 민주주의에 대한 포괄적인 성격을 적극적으로 수용하는 것을 전제한다.

오늘날 우리나라에서 널리 쓰이고 있는 '참여'라는 용어에 대해 대체로 이견이 없어 보인다. 이는 중앙정부는 물론 지방자치단체가 「지방재정법」에 근거해 '주민참여예산제'를 조례로 제정해 일반적으로 '참여'라는 용어를 사용하는 것에서 확인할 수 있다.

이 용어가 일반화되기 전 '참가'와 '참여'라는 용어가 함께 쓰이기도 했다. 용어의 뜻을 구체적으로 살펴보면 '참가'는 이미 기획되고 결정되어 있는 어떠한 일에 주민이 형식적으로 참여한다는 의미를 가진다. 반면 '참여'는 계획과 기획 과정 단계부터 일반 주민이 능동적으로 참여하여 어떠한 일에 대해 결정한다는 의미가 내포되어 있다. 그러므로 용어 사용에 있어 '참가'보다는 '참여'가 자치에 대한 민주시민으로서 주민의 자발성과 능동성을 훨씬 적극적으로 표현하는 것이다.[1]

주민참여는 참여의 방식과 형식에 따라 다양하게 분류가 가능하다. 첫째, 직접참여와 간접참여로 구분된다. 직접참여는 그 지역의 중대한 사안에 대해 주민이 직접 결정할 수 있는 주민청구와 주민투표제도 등이 있다. 간접참여는 이를 제외한 참여를 말하는데, 지방자치단체에서 실시하는 공청회와 설명회, 심의위원회 등에 주민이 참여하는 것이다. 이 경우 사안에 따라 주민이 참여는 하되 결정권은 지방자치단체가 행사하기도 한다.

둘째, 국가와 각 지방자치단체가 법률과 조례를 제정해 주민참여를 제도적으로 보장하는 경우다. 반상회, 주민자치위원회와 주민참여예산제 등이 대표적인 경우다. 직접 참여로 분류되는 주민청구와 주민투표제도 제도적 참여에 포함된다. 제도적 참여의 특징은 지방자치단체가 주민참여를 이끌어 내기 위해 예산을 편성하고 집행과정에 적극적으로 개입하면서 주민참여를 제도적으로 책임지는 것이다.

비제도적 참여는 국가와 지방자치단체가 공식적으로 인정하지 않는 참여를 말한다. 비제도적 참여는 일시적이며 의제를 중심으로 진행되는 경우가 대부분이다. 이 때 비제도적 참여는 정부의 정책에 반대하며 저항하는 성격을 띤다. 지역의 행정이 비합리적이거나 주민이 반대하는 방향으로 지방자치단체가 정책을 실행할 경우가 있다. 주민들은 이에 반대하며 집회를 개최하는 등의 저항적인 참여를 하게 되는데 이를 비제도적 참여라 할 수 있다.

누가 주도권을 행사하느냐에 따라 행정주도적 참여와 공동협력적 참여, 자생적 주민참여로 나눌 수 있다. 행정주도적 참여는 주민참여를 행정기관이 주도하는 것을 말한다. 반상회, 주민자치위원회 등이 대표적인 경우다. 행정주도적 참여는 진정한 의미에서 주민 자치가 아니다. 이 경우 주민참여는 행정의 알리바이용이거나 주민포섭을 위한 행정적 절차에 주민이 동원되는 것으로 민주주의 정신에도 부합되지 않는다.[12] 지방자치 중단 시기 반상회가 주민을 포섭하고 중앙권력의 정책 홍보를 위한 수단으로 이용되었다. 이 점을 상기해 보면 행정주도적 참여의 문제점을 쉽사리 간파할 수 있다.

특히 행정주도적 참여 중 주민자치 위원회는 아파트 입대위보다 못한 일종의 친목회와 다름없는 조직이라는 냉정한 평가를 받고 있다. 주민자치 위원회를 선정하는 데 읍·면·동장이 임명권한을 행사하기 때문에 대표성을 인정받을 수 없기 때문이다. 현재 주민자치위원회는 대부분 자신들의 권한이 무엇인지도 정확히 알지 못하고 있다. 지역의 의제를 발굴하거나 토론조차 하지 못하고 있는 실정이다. 주민자치위원회를 부정적으로 진단할 수밖에 없는 심층적인 이유는 주민자치위원회를 임명하는 읍·면·동장들이 암묵적으로 주민자치위원회가 활성화되기를 원치 않기 때문이다. 또한 주민자치위원회 스스로도 자신의 위상을 친목단체 정도로 생각하고 있는 것이 현실이다.[13]

공동협력적 참여는 좀 더 민주적으로 주민과 지방자치단체가 상호

협력하고 소통하면서 공동으로 책임지며 문제를 해결하는 방식을 말한다. 공동협력적 참여가 성공하기 위해서는 사전에 상호 신뢰감이 형성되어 있어야 한다. 지방자치단체는 주민들에게 사전에 정보를 충분히 제공하고 신뢰감을 얻기 위해 노력해야 한다. 이 경우 지방자치단체는 대체로 사전에 협의를 거쳐 안건을 상정하고 문제 해결에 필요한 행정적 절차를 주민들에게 제공한다. 참여하는 주민은 관료조직과 대등하게 토론하고 정책 방향을 비판할 수 있으며 대안을 제시하면서 능동적으로 행동하는 것이 가능하다. 만약 관료조직이 주민을 동원하고 포섭해 책임을 전가하려는 의도로 주민참여를 이끌어 낸다면 종국에는 신뢰관계가 깨져서 관계가 와해될 가능성도 있다.[14]

자생적 주민참여는 지역의 현안을 해결하기 위해 주민이 자발적으로 자기 조직화하고 지방자치단체의 정책 과정에 참여하는 것을 말한다. 주민들이 지역에 대한 애정과 자치의식이 없다면 자생적 주민참여는 거의 불가능한 일이다. 자발적으로 조직된 주민들은 능동적으로 행정 과정에 참여할 가능성이 매우 높다. 자생적으로 참여하는 주민들은 스스로 정보를 수집하고 토의하며 민주적으로 조직을 운영하려는 민주적 경향성이 매우 강하다. 자생적 주민참여는 정보를 공유하고 상호 소통하는 힘이 강하기 때문에 자기 조직화 능력이 매우 뛰어나다. 자생적 주민참여는 높은 참여의식과 자신의 생활세계의 문제를 해결하기 위해 헌신적으로 기여하며 높은 수준의 민주주의 의식을 가진 것이 특징이다. 자생적으로 참여하는 주민들은 초기에는 미비한 정치적 자원을 가졌더라도 서로가 공명하며 자기 조직화 하는 과정을 통해 시간이 지날수록 정치적 자원을 풍부하게 생산해 내는 특징을 지닌다.

자생적으로 참여하는 주민들은 소위 관변단체들이 정부의 예산을 지원받으며 하향적 행정명령에 의해 타율적으로 활동해 왔던 관행과는 질적으로 의미체계가 다른 수준에서 행동한다. 관변단체는 정부로부터 예산을 지원받기 때문에 지역 주민들을 대변하기보다는 행정기관의 입장을 대변하려는 속성을 갖는다. 반면 자생적으로 참여하는 주민들은 대부분 평등성에 입각해 숙의과정을 통해 서로의 의견을 수렴하면서 행정에 대응한다. 그들은 지역의 공공이익을 우선해 행정과정에 개입하고 현안 해결을 위해 창의적인 능력을 발휘한다.[15]

지금까지 주민참여의 역사와 개념 및 참여의 유형과 성격에 대해 알아봤다. 필자는 일부에서 이야기되고 있는 참여의 정의에 대해 "제한된 자원을 분배하는 일에 주민이 관여하여 권한을 행사하는 것"이라는 편협한 정의에 동의하지 않는다. 또한 대표자를 선출하기 위해 투표에 참여하는 소극적인 행위만을 참여라고 인식하지도 않는다.

주민참여는 민주주의의 근간으로 권력이 형성되는 과정과 행정이 기획되고 집행되는 전 과정에 주민이 그 공동체의 주인으로서 포괄적으로 자기결정권을 행사하는 것으로 이해한다. 앞의 글에서 참여의 성격을 분류해 정리하기는 했지만 참여의 범위와 방식, 내용 등에서 주민참여가 규정될 이유는 없다. 주민참여라는 정치적 행위는 다의적이고 종합적인 차원에서 폭넓게 이루어져야 한다고 믿는다. 또한 주민참여는 주민이면 누구에게나 보장되어야 하는 당연한 권리로 주민주권에 해당되는 문제로 이해한다.

왜 참여해야
하는가

민주주의의 원리는 자유롭고 평등한 개인들로 구성된 사회에서 다양한 생각을 가진 사람들이 공적영역의 일을 결정하는 자기결정성에 근거한다. 즉 자기결정은 공동체의 주인인 인간으로서 자기를 인식하고 권리를 행사하는 것이다. 공동체의 주인이라는 자기 인식은 민주주의의 출발점이자 종착점이 된다.[16] 이때 자유와 평등은 개인의 절대적인 권리를 의미하는 것이 아니다. 자유·평등은 사람들 사이의 상호 관계망 안에서 법적인 측면에서 이해되어야 하며 사회적 삶 속에서 도출되고 또 실현되어야 하는 개념이다.[17]

지방자치란, "일정한 지역 내에 사는 주민들이 자신의 책임 하에 지역의 공공 사무를 자율적으로 처리하는 것"으로 참여는 주민의 자기통치권에 해당된다. 이를 법제화한 것이 지방자치제도. 현행 지방자치는 주민이 선거를 통해 선출한 대표자에게 통치 권한을 위임하는 대의제로 간접민주주의 형식체계에 따른다. 문제는 대의민주주의의 절차상 형식 체계와 '주민이 스스로 문제를 처리'하는 '자치' 개념 사이에서 모순이 발생할 수밖에 없다는 점이다. 그렇기 때문에 우리는 대의민주주의의 한계를 살펴보고 참여로 이루어지는 직접 민주주의가 갖는 의미에 대해 성찰하고 배우는 자세로 접근할 필요가 있다.

오늘날 대부분의 민주주의 국가가 채택하고 있는 대의제 민주주의는 민주주의의 기본 원리인 공동체 구성원들의 자기결정권 추구라는 가치에서 벗어나 있다고 비판받고 있다. 대의제 민주주의가 권력의 절차적 정당성 확보를 위한 형식적이며 도구적 정치체계로 변질된 것이다. "주권은 국민에게 있고, 모든 권력은 국민으로부터 나온다"는 헌법 규정에도 불구하고 국민은 실재적인 정치적 행위자로서 자기 권한을 행사하지 못한다. 정당과 이익 단체 및 소수의 권력 집단이 주로 자신들의 이익을 위해 정치권력을 행사하고 있을 뿐이다. 국민은 기껏해야 투표로 정권을 바꿀 수 있는 역할을 할 뿐이다.

정책결정 과정에서 공동체 구성원들의 참여가 배제되거나 권력 획득과정에서 절차적 형식적 정당성의 확보만을 위한 도구로 전락한 대의민주주의를 벤자민 바버Benjamin R. Barber는 약한 민주주의로 정의한다.

바버가 주장하는 약한 민주주의인 대의제 민주주의의 한계는 다음과 같다. 첫째, 국민이 투표를 통해 정치 엘리트들에게 정치적 권한을 위임하는 제도로 궁극적으로 투표를 통해 국민 자신의 책임을 정치인들에게 빼앗긴다. 둘째, 정치인들이 정책결정 과정에서 국민을 소외시키기 때문에 진정한 의미에서 개인의 자율성과 자치가 희생되므로 실제적으로 사람들은 자유롭지 않다. 셋째, 인간의 평등성은 추상적으로 추론된 것이다. 실재하는 사회로 구성된 경제와 사회적인 불평등의 결정인자를 추론 과정에 포함하지 않았기 때문에 실질적으로는 평등과 양립할 수 없다. 넷째, 정치질서가 인간의 자율성과 자기 충족성을 침해하기 때문에 사회정의와 양립할 수 없다.[18]

대의제라는 약한 민주주의에서 일반적으로 정치는 전문적인 정치 엘리트들이 행사하는 것으로 인식되어 왔다. 시민들이 할 수 있는 것이라고는 정치인을 선출하기 위해 투표하는 행위다.[19] 일반적으로 시민들은 자신의 참여가 배제된 채 정치인들이 제정한 법에 따라야 하므로 법률에 종속되어 구속당한다. 대의제 민주주의에서 시민들은 자신이 지지하는 정치인들을 그들의 지도력에 관계없이 추종하게 되면서 종속당한다. 정치인들은 시민의 참여에 의한 공론의 장에서 이루어지는 토론보다는 여론을 통해 표출되는 시민의 의견에 더 민감하게 반응한다. 결국 대의제 민주주의는 진정한 민주주의가 아니다. 대의제 민주주의는 불충분한 민주주의로 과두제적이며 관료주의로 변용된 형태로 존재하고 있을 뿐이다.[20]

반면 바버는 참여민주주의를 강하고 건강한 민주주의로 정의한다. 강한 민주주의는 대의제 민주주의의 딜레마Dilemma를 극복할 방안으로 보완책이 될 수 있다. 참여민주주의론은 정치를 '살아가는 방식way of living'로 생각한다. 바버는 살아가는 방식으로서의 정치를 아래의 인용문과 같이 사회 구성원들이 상호 간의 이익뿐만이 아니라 공동체의 이익을 위해 서로가 공동으로 협동하는 삶의 방식으로 정의한다.

살아가는 방식이란 가변적이지만 순응적인 본성을 지니고 있으며, 또 경쟁적이면서 상호 중첩하는 이해관계를 지닌 인간들이 그들 상호간의 이익뿐만 아니라 공동체의 이익을 위해 공동으로 협력하여 살아가려는 방식이다.[21]

또한 참여민주주의는 정치영역에서 추상적으로 추론된 인간의 본성을 탐구하거나 진리를 추구하지 않는다. 정치는 진리의 영역이 아니라 참여하는 실천적인 행위의 영역이기 때문에 오히려 경험을 중시한다. 참여민주주의는 시민의식을 습득한 사람들의 태도를 중시한다. 아래의 인용문처럼 그들은 참여가 가능한 제도를 통해 협동하며 공동 목표를 설정한다. 그 목표를 달성하는 과정에서 사람들은 상호작용하며 자치공동체에 의존한다.

> 참여민주주의는 동질적인 이해관계에 의해서라기보다는 시민교육에 의해서 결속되며 그들의 이타주의나 선한 본성에 의해서라기보다는 오히려 시민적 태도와 참여적 제도들을 통하여 공동목표를 추구하고 상호작용할 수 있게 되는 시민들의 자치공동체에 의존한다.[22]

강한 민주주의는 상호주의와 책임에 입각한 시민에 의한 자치를 목표로 사람들의 협력과 합의를 중시한다. 따라서 참여민주주의는 개방성과 신축성 및 가능성의 영역이라 할 수 있다.[23] 강한 민주주의에서 과정에 의한 '변형'은 정치 개념의 핵심이다. 모든 정치는 갈등을 동반한다. 이 갈등을 해결하는 과정에서 강한 민주주의는 창의력과 상상력을 통해 갈등을 해소하거나 완화하고 결과적으로 갈등을 변형시킨다.

강한 민주주의는 창의력이 발휘될 수 있는 정치적 장을 구성하기 위해 인간의 가능성에 큰 의미와 가치를 부여한다. 그래서

> 사적인 것을 공적인 것으로, 의존성을 상호의존성으로, 갈등을 협력으로, 욕구를 사랑으로, 제재를 자율로, 연대를 시민성으로 변형시키는 가능성들이 참여의 맥락 안에서 발생[24]

하게 된다. 강한 민주주의는 참여의 맥락 안에서 발생하는 인간의 변화 가능성에 주목하면서 정치를 과정으로 이해하며 어떠한 문제에 대해 선험적이며 독립적인 판단의 근거를 갖지 않는다.[25] 강한 민주주의를 실현하기 위한 이와 같은 가치관은 실천적인 참여를 통해 세계를 변화 가능한 것으로 인식하는 것이다.

모든 민주주의 정치는 언어로 행해진다. 그러므로 모든 정치영역에서 대화는 핵심적인 역할을 수행한다. 강한 민주주의는 공적영역에서 이루어지는 담화 정치에서 다음 사항을 중요하게 생각한다.

첫째, 의제설정을 담화정치의 중심부에 고정시킨다. 둘째, 대화를 상호 간의 탐색 과정으로 인식한다. 그러므로 대화를 시민공동체 구성원들 간의 애정과 협력을 증진시키는 기능으로 이해한다. 대화를 통해 갈등과 적대감을 해소할 수 있도록 논쟁하면서 서로의 관계를 재정의 한다. 셋째, 낯선 사람들과 대화하는 과정에서 자신의 감정이 입을 통해 서로를 이해하고 애정과 신뢰하는 관계로 발전시켜 전망을 공유하는 기술로 대화를 인식한다. 넷째, 대화 과정에서 최대한 개인의 자율성을 유지하고 존중한다. 다섯째, 어떤 의제에 대해 반대하는 자들이 갖는 강한 자기 확신에 대해 공공성을 부여한다. 반대를 입증하기 위한 자기표현으로 반대의사를 충분히 표출할 수 있는 여지를 남겨 놓는다. 여섯째, 참여민주주의는 기존의 정치권력이 주조한 언어에 순종하지 않고 공적 사고가 가능하도록 언어를 재 공식화, 재 개념화해 사람들이 새로운 인식에 도달할 수 있도록 노력한다. 일곱째, 앞에서 말한 여섯 가지 담화 기능들은 모두 시민이 공적으로 정치적 판단을 하고 공동의 미래를 설계해 시민 공동체를 창조할 수 있는 목적에

수렴시킨다.[26]

바버는 참여를 인간의 정치적 행위로 인식하면서 인간 행위에 대해 "환경을 변화시키거나 구체적인 방식으로 세계에 영향을 미치는 물리적 세계에 존재하는 어떤 것을 행하거나 만드는 것"[27]으로 의미를 부여한다. 참여하는 사람들은 대화를 통해 서로를 탐색하면서 애정과 협력을 증진시킨다. 이 과정에서 타자에 대한 감정이입을 통해 참여하는 자아는 정체성을 재구성하게 된다. 그래서 참여하는 사람들은 시끄러운 대중이 아니라 심사숙고하고 사려 깊은 존재로 거듭날 수 있다. 참여하는 사람들은 시민자치라는 공동목표를 실현하기 위해 실천적인 행동을 하면서 참여하기 전에는 결코 느껴보지 못했던 서로에 대한 깊은 유대감을 형성하게 될 가능성을 갖는다.[28]

강한 민주주의에서는 서로가 평등하며 역동적이고 자발적인 시민 공동체를 지향한다. 개별 구성원들은 어떠한 일을 위해 공동으로 작업에 참여함으로써 공동의 시각을 갖게 되며 민주적인 시민으로 변화한다.[29] 강한 민주주의에서 시민들이란 참여하는 과정에서 어떠한 사안에 대해 공동의 시각을 갖는 능력을 갖게 되는 자율적인 사람을 뜻한다. 사람들은 민주적인 공동체에 참여하면서 참여 이전에는 갖지 못했던 자신의 능력을 창조적으로 발휘하고 발전시키게 된다. 그들은 서로 상호주의에 입각해 협동하면서 타자를 배려하고 이해하려고 노력하기 때문에 감정이 정화되고 영혼이 고양되면서 사고가 확대되어 성숙해진다.[30]

그 결과 자아의 정체성을 새롭게 구성하면서 자신의 영혼 전체를 고양시키게 된다. 강한 민주주의적 공동체에 참여하는 사람들은 참여

이전과는 전혀 다른 모습으로 자신을 변화시킬 수 있다. 민주주의적 공동체에 참여하는 사람들은 사회적 삶에 대한 전망을 공유하며 확대시키기 때문에 자신의 자율성을 보존할 수 있다. 참여자들이 전망을 공유하면서 그 전망이 확대될 때 더 큰 공동의 힘을 발휘할 수 있게 된다. 공유되고 확대된 전망 안에서 자신의 의지가 작용하고 있다는 것을 스스로 알고 있기 때문에 공동의 힘에 복종하는 것이 정당화된다.[31]

강한 민주주의를 위한
시민교육

우리나라의 교육은 큰 틀에서 세 가지 형태로 구분이 가능하다. 국가에서 운영하는 공교육 제도, 사적 영역에서 이루어지는 학원교육, 지역의 공적영역에서 이루어지는 개인의 사회적 활동과 참여정치 그 자체 등이다.[32]

국가에 의해 이루어지는 공교육은 누구에게나 기본 지식 습득을 위해 필수적이지만 강한 민주주의에서는 최소한으로만 유용하다. 왜냐하면 지식과 민주 시민으로서의 자질은 상호 연관되지만 지식을 습득하는 훈련과정과 실재하는 사회에서의 쟁점이 되는 정치·도덕적 판단 간에는 필연적인 상관성이 매우 낮기 때문이다.[33]

사적 영역에서 이루어지는 학원 시스템에 의한 교육도 참여민주주의의 관점에서 봤을 때, 민주적인 자질을 갖춘 시민을 양성하는 것과는 거리가 멀다. 예를 들어 공무원이 되기 위해 학원 시스템에 의지해 행정과 정치 분야를 공부하거나 외국어를 학습할 경우 교육을 받는 당사자가 참여민주주의에 필요한 자질을 갖추기는 어렵기 때문이다. 그저 구직을 위한 단순 암기식 학습훈련에 익숙해질 뿐인 것이다.

　강한 민주주의는 어떠한 경우에도 제도 교육과 학원 시스템과 같은 사적 영역에서 이루어지는 교육시스템에 의존하지 않는다. 강한 민주주의의 관점에서는 전문 지식 그 자체가 정치참여보다 선행되지 않기 때문이다. 먼저 정치참여를 한 후 전문적인 지식에 대한 요구가 그에 뒤따르는 것이다. 강한 민주주의에서 더 중요한 것은 시민에게 권력을 부여함으로써 책임감을 갖게 하는 것이다. 강한 책임감은 신중한 자세로 참여를 이끌어 낼 수 있는 힘이 된다. 또한 자신감은 자신이 참여하고 있는 분야에 지식욕을 갖게 만들어 자발적으로 학습하게 만드는 원천이 될 수 있다.[34]

　참여민주주의의 관점에서 지역에서의 공적인 활동과 시민 단체 등에서 이루어지는 소규모의 시민교육 활동은 매우 중요한 의의를 지닌다. 이러한 활동에 참여하는 사람들 사이에서는 강한 민주주의가 요구하는 공적인 사고를 뒷받침할 수 있는 정서적 유대 관계를 촉진시킬 수 있다.[35] 이들이 수행하는 교육은 경쟁에 기반하지 않으며 공동의 협동을 중시한다. 그들은 교육의 목표를 공동의 시선으로 전망을 공유하고 함께 성장하는 것으로 설정하기 때문이다.

　바버는 "유일한 직접적인 정치참여(명백히 공적인 활동은)는 민주주의를 위한 완전히 성공적인 형태의 시민교육"[36]이라고 정의한다. 그의 주장은 강한 민주주의를 위한 시민교육에서는 우리나라의 공교육 시스템에서 지식을 습득하는 방식을 상상하면 안 된다는 것을 일깨

위준다. 강한 민주주의는 공적영역에서의 실천적인 행위가 우선하기 때문이다. 오히려 정치참여를 통해 권리를 행사하는 경험의 축적과 함께 참여하는 사람들 간의 협동을 통해 고양될 수 있는 시민의식이 더 큰 비중을 차지하는 것이다. 즉 참여하는 실천적인 행위 그 자체가 교육의 장이 되는 것이며 참여를 통해 민주주의를 보호하고 발전시킬 수 있는 것이다.[37] 실질적인 쟁점에 대한 교육과 문제해결을 위한 지식은 정치 참여 이후에도 얼마든지 가능하다.

바버에 앞서 밀John Stuart Mill과 토크빌Alexis de Tocqueville도 "민주주의는 실천을 통해 가장 잘 교육되어진다고 주장"[38]한 바 있다. 두 사람의 주장에 전적으로 수긍할 수 있다. 또 바버의 주장대로 실천적인 참여가 전문적인 지식습득에 선행하는 것도 사실이다. 그러나 이들의 주장은 정치적 행위로써의 실천적인 참여의 중요성을 강조한 것으로 이해되어야 한다. 자신이 참여하고 있는 분야에 대한 지식 습득을 간과해도 괜찮다는 말로 이해되어서는 안 되는 것이다.

밀과 토크빌이 살았던 19세기와 달리 현대는 정치 참여라는 실천적 행위만이 강한 민주주의에 필요한 모든 교육을 대신할 수는 없다. 사회가 고도로 전문화하고 다양화되면서 그에 따라 정부의 역할과 행정도 전문화하고 세분화되었기 때문이다. 이는 시대의 상황과 맥락에 따라 자신이 참여하고 있는 분야에 대한 지식이 필요한 이유다. 참여하는 당사자가 자신의 신념만을 앞세워 맹목적으로 행위에 몰두할 경우 무지 때문에 맹신에 빠져들 위험도 있다. 우리는 민주주의 역사에서 종종 무지로 인한 맹신 때문에 우둔한 대중으로 전락한 사례가 있다는 것을 잊어서는 안 된다.

강한 민주주의가 지속적으로 가능하려면 자발적인 참여를 통해 세계를 변화시키는 것에 성공하는 경험과 성과가 동반되어야 한다. 그러나 강한 민주주의에서의 성공 경험은 산술적으로 계산될 수 없고 그 무엇과 환원될 수도 없다. 참여를 통한 성공 경험은 사람들의 마음속에서 높은 자존감을 형성하게 만든다. 자존감은 "자신과 세계를 바라보는 새로운 시각을 수반"[39]함으로써 자신과 세계와의 관계를 재정립하는 바탕이 된다.

실천적으로 정치에 참여하는 사람은 개인적으로든 공동체에서든 관계망을 통해 참여에 대한 의미를 스스로 발견할 수 있어야 한다. 참여에 대한 의미부여가 되어야만 자신이 변화하고 사람들이 함께 변화할 수 있는 가능성이 높아진다. 그런데 교육은 의미 부여뿐만이 아니라 의미의 질을 높일 수 있는 방안이다. 또한 지역에서 참여하는 사람들이 심사숙고하여 자발적으로 교육 활동을 할 경우 단지 전문적인 지식을 습득하는 것으로 끝나지는 않는다. 정치 참여는 책임감을 동반하고 지적 호기심을 자극해 자발적으로 공부하게 만든다. 실천을 통한 앎에 근거한 공부는 변증법적으로 작용하여 자신을 변화시키고 세계를 변화시키는 힘이 된다.

강한 민주주의에서 참여하는 사람들에 의해 이루어지는 시민 교육은 한꺼번에 많은 문제를 해결할 수 있는 열쇠다. 시민들이 공동으로 교육을 기획하고 실현하는 과정에서 지역의 의제를 검토하게 되고 이는 교육 내용으로 설정된다. 이 경우 지역의 쟁점을 이해하고 문제해결에 필요한 전문 지식을 습득할 수 있다. 교육 과정은 참여자들 사이에서 토론을 동반한다. 이렇게 담화를 통한 공론화 과정을 통해 시민들은 민주주의에 대한 이해를 높이고 성숙해지면서 변화하게 된다. 결과적으로 강한 민주주의에서 시행되는 교육은 참여의 질을 높이는 가장 강력한 도구이자 방법이 된다.

생활세계에서
참여민주주의

생활세계란 지역을 기반으로 한 공간에서 다양한 사람들이 상호작용하며 삶의 맥락이 교차되는 곳이다. 생활세계는 재생산의 공간이자 소비의 공간이다. 사람들이 재화를 취득하고 일상을 영위하기 위해 소비하는 장이 바로 생활세계다. 생활세계에서 핵심적인 단위는 가족으로 구성된 가정이다. 가정은 공동체의 시발점으로 자신이 살고 있는 지역에서 부모 자신의 경제생활이 이루어지고 자녀의 교육이 이루어지면서 세대가 함께 공존하는 곳이다. 또한 생활세계는 무수히 많은 인간관계가 교차하며 공존하는 곳으로 사회적 삶의 토대가 된다.[40] 생활세계는 그 곳에 살고 있는 사람에게 가장 친밀한 공간이며 날마다 반복되는 생활을 영위하는 곳으로 일상성과 분리될 수 없다.

생활세계는 지역을 토대로 구성되므로 생활정치 역시 자신이 살고 있는 지역에서 일어나는 정치 형태로 규정할 수 있다. 생활정치는 생활세계 즉 지역에서 일어나는 우리들의 안전을 위협하는 요소들과 권력의 폭력에 대해 참여하는 주민들이 비판적으로 성찰하고 저항하며 살아가는 방식으로서의 정치영역이다.[41] 또한 사회적 삶을 살아가는 데 필요한 공공영역을 최적화하기 위해 사람들이 관계망을 형성해 정치활동을 하는 장이 생활세계다. 그렇기 때문에 생활세계에서의 정치는 해당 지역의 지방자치단체를 대상으로 이루어질 수밖에 없다.

지방자치에서도 대의민주주의의 형식 체계에 의해 선출된 지역의 정치인들이 주민을 배제시키고 생활정치영역의 결정권을 독점할 가능성이 높다. 참여하는 주민이 없다면 지역의 정치 엘리트들이 생활세계의 정치적 결정권을 독점할 가능성은 훨씬 더 커진다.

중앙정치에 비해 지역정치는 언론에 노출되는 빈도가 약하고 주민들도 관심을 갖지 않으면 지역에서 무슨 일이 벌어지고 있는지 잘 알지도 못한다. 주민참여가 미비한 상태에서 지방자치단체장이 독단적인 정책을 수행하거나 의회가 집행기관을 견제하지 못한다면 지역의 정치 시스템에 문제가 발생한다.

중앙정치와 마찬가지로 지방자치에서도 대의민주주의의 한계를 극복할 절충 방안과 대안은 주민참여다. 주민이 지방자치단체에 참여하는 것은 직접 민주주의로, 이는 주민의 자기결정권에 해당된다. 따라서 주민참여는 대의민주주의의 한계를 극복할 방안이 될 수 있다. 그렇기 때문에 오늘날 민주주의 국가 대부분이 대의민주주의를 근간으로 하면서도 주민참여를 통해 직접 민주주의 방식을 도입해 대의민주주의의 한계를 극복하려는 것이 일반적이다.

현대사회는 후기 산업화 시대로 다변화된 사회다. 근대화와 산업화 시대에는 단일한 중앙정부에 의해 일방적이고 획일화된 정책으로 효율성만을 극대화 했고 그러한 정책은 유효했다. 우리는 30여 년 전까지만 해도 단일한 중앙정부의 통치 상태에서 살아왔다. 그러나 현재는 사람들의 욕망이 다양해졌다. 또 그 욕망이 구체적으로 충족되기를 원한다. 정부의 행정과 정치영역에서도 예외가 아니다. 주민 입장에서는 지방자치단체가 먹고 사는 문제뿐만이 아니라 자신의 복리증진을 위해 복지·여가·문화 분야 등에서도 다양한 정책을 실현해 주기를 원한다.

하지만 아무리 뛰어나고 유능한 관료들로 구성된 지방자치단체라 해도 일방적인 행정 방식으로는 주민의 다양한 욕망을 충족시켜줄 수는 없다. 그렇기 때문에 주민이 지방자치단체의 정책이 형성되고 집행되는 전 과정에 참여해 직접 공적영역에서 발언할 필요성이 증대되었다. 주민이 스스로 자신의 삶의 질을 높이기 위해 자기결정에 의한 행정이 이루어질 수 있도록 직접 참여가 요구되는 것이다.

지방자치단체에 대한 주민참여는 지역의 생활정치영역에서 공론의 장이 형성되는 것을 의미한다. 주민은 행정에 대해 자유롭게 자신의 의견을 발언할 권리가 있다. 이것은 참여민주주의의 원리로 풀뿌리 생활정치의 근간이 된다. 또한 공론의 장이 형성되면서 주민은 사회적 발언권을 획득하게 된다.

지역의 각 언론은 주민의 참여를 다양한 형태로 보도한다. 언론에 보도된 주민참여활동은 정보의 기능을 하면서 주민들은 이를 화두로 공명하며 상호작용하게 된다. 이 정보를 근간으로 더 많은 주민들이 자기 조직화 과정을 거쳐 공명하게 되고 지역을 바꿀 수 있는 힘으로 작용하게 된다. 결국 참여가 없다면 주민은 공공영역에서 사회적 발언권을 박탈당하면서 자기결정에 의해 지역의 문제를 해결할 기회조차 얻지 못한다.

주민이 생각하는 행정과 관료조직이 생각하는 행정에는 입장에 따른 관점의 차이가 존재한다. 지역사회의 환경이 변화하고 새로운 행정 수요가 발생할 때마다 주민과 관료조직은 새로운 변화를 인식하고 포착하여 이를 수용하는 마음과 태도가 서로 다르기 때문이다.

주민은 지역의 공적영역이 개선되어 삶의 질이 높아지는 것을 목표로 참여하게 된다. 보통 주민들은 지역의 현안을 해결하기 위해 개별적이거나 단체를 만들고 자기 조직화하면서 행정에 영향력을 행사하려고 한다. 자발적으로 조직화된 주민들은 정보를 수집하고 전문가 집단에게 도움을 받아 다양한 형태로 행정에 대응한다. 때때로 그들은 참여활동의 목표가 관철되지 못하면 소외당했다고 생각하며 무력감을 느끼게 된다. 이 경우 주민들은 관료조직이 주민의 의사를 무시하고 제도와 법을 앞세워 탁상 행정을 일삼는 비민주적인 존재라고 생각하게 된다. 그 결과 주민들에게 행정을 불신하는 경향이 강하게 내재하게 된다.[42]

관료조직은 제도와 법령 그리고 관례와 행정 편의주의적인 관점에서 행정을 인식하고 이를 변화된 환경에 적용하려고 한다. 그들은 제도라는 창구를 통해 절차에 입각해 문제를 인식하고 해결하려는 것이다. 또한 관료조직은 각 부서가 갖는 역할과 권한이 분산되어 있어서 통합적 사고보다는 칸막이 사고에 익숙하다. 주민의 관점에서 볼 때 해결해야 할 문제가 있더라도 주민 자신이 공식적으로 민원을 접수하지 않거나, 의제가 쟁점으로 부상되지 않은 한 관료조직은 대응 하지 않으려는 속성이 강하다.

일부 공무원들은 자신들이 주민을 위해 일하는 존재라는 것을 망각하고 주민의 요구를 수용하기보다는 묵살하려는 경향성이 강하다. 때로는 주민들에게 적개심을 보이는 경향도 있다. 그들은 주민이 사익을 추구하며 전체의 이익과 행정과정을 이해하지 못하는 편협한 존재라고 생각한다. 주민이 제도와 절차를 무시하고 행정에 관여하려 하기 때문에 주민들이 행정 낭비와 행정지연을 초래시키는 원인이라고 생각하기도 한다. 결국 관료조직에는 주민을 무시하려는 경향성이 강하게 내재해 있다.[43] 이와 같이 주민참여에 대한 관료조직의 부정적 인식은 참여를 가로막는 저해 요인으로 작용한다.

문제를 해결하는 과정에서 주민들에게 행정에 대한 전문성이 결여되어 있는 것은 사실이다. 그러나 주민들은 법과 제도를 의도적으로 무시하거나 위반하지는 않는다. 대체로 제도에 문제가 있다면 그 제도를 바꾸어서 지역의 실정에 맞추어야 한다고 창의적으로 생각한다. 주민들의 사고는 관료조직에 비해 훨씬 능동적이고 유연하며 창의적이다. 이와 같이 주민들의 관료조직에 대한 비판적인 인식은 생활세계인 현장의 상황을 잘 모르는 공무원들이 탁상행정에 몰두한다고 비판하는 배경이 된다.

반면 관료조직은 제도적 틀 내에서 생각하고 절차에 따라 일하는 것에 익숙하다. 공무원들이 행정에 대한 전문가라도 막상 현안을 해결하는 과정에서 사고의 유연성이 떨어지기 때문에 주민들과 갈등을 겪을 가능성이 크다.

주민들의 일상생활이 영위되는 생활 현장에 대한 인식과 태도에도 차이가 난다. 주민들이 말하는 현장이란 그들에게는 일상생활의 영역이기 때문에 누구보다 그 환경의 변화에 민감할 수밖에 없다. 그러나 관료조직은 변화된 현장이 행정의 대상일 뿐 자신의 생활세계가 아니기 때문에 방관하거나 거리를 두고 관찰자 역할에 머물 가능성이 높다. 또한 관료조직은 행정처리가 직업이기 때문에 현장의 문제 해결이 주민들보다 절박하지 않게 느껴질 수밖에 없다. 결국 관료조직이 주민의 뜻에 따라 행정을 집행하도록 만드는 추동력은 주민의 참여 여부에 의해 결정된다.

주민과 관료조직이 긴장관계를 해소하고 문제를 해결하려면 서로가 대등한 관계에서 머리를 맞대고 민주적으로 토론하고 논의해 결론을 이끌어 내야 한다. 공론의 장을 형성해 주민과 관료조직이 함께 지역 문제를 해결하기 위해 노력하는 것은 주민에게는 정치적 참여이며, 관료조직에게는 행정을 민주적으로 수행하는 과정이다. 주민의 참여와 관료조직 간의 사려 깊은 대화를 통해 문제를 해결하는 것이 익숙해지면 건강한 민주주의인 숙의민주주의에 도달할 수 있게 된다.

주민참여는 선출직 공무원들의 한계를 극복할 방안이기도 하다. 지방자치단체를 구성하는 지방자치단체장과 지방의원들은 모두 선출직 공무원으로 지역 주민들이 선출한 그 지역의 대표자들이다. 그러나 주민참여가 없다면 주민의 의사를 대변하기보다는 관료조직에 의해 그들의 활동이 주도당할 위험이 있다. 행정의 전문성에서 선출직 공무원들은 결코 일반 관료조직을 뛰어넘을 수 없는 한계를 지니고 있기 때문이다.

또한 선출직 공무원들은 법령의 범위 안에서 조례를 제정할 권한이 있다. 하지만 행정의 대상이 전문화되고 다양화되면서 조례는 지역의 특수성을 반영하더라도 포괄적이고 일반적인 내용의 조례를 제정할 수밖에 없다. 조례를 집행하는 과정에서 조례의 일반성과 지역의 특수성이 갈등을 빚을 가능성도 있다. 또한 조례에 근거해 행정을 처리하더라도 주민들의 일상생활에 직접적으로 영향을 미치는 집행과정은 모두 관료조직이 담당할 수밖에 없다. 선출직 공무원들이 집행과정 모두를 감시하고 견제하기는 어려운 것이 현실이다.

지역에서 공공영역의 일이란 일상생활세계와 밀접하게 관계된 바로 내 자신의 일이다. 이 말은 지방자치단체가 주민의 일상성과 생활세계를 결정하는 미시정치의 장이라는 것을 함의한다. 도로의 신호등·가로수·가로등·버스 정류장·상가의 간판·공원 등 모두 지방자치단체가 설계하고 운영 기준을 결정하며 만들어진 시설에 대해 관리할 권한이 있다.

이처럼 지역의 일상성을 규정하는 중요한 일에 대해 주민이 관심을 가지고 참여할 때 생활세계가 식민화되는 일을 방지할 수 있다. 참여는 주민의 입장에서 자기결정권을 행사하기 위해 자발적으로 노력하는 것이다. 참여는 주민이 지역의 주인으로서 권리를 가지고 실천적으로 행동하는 것이며 주민이 '자치'의 주체로 구성되는 과정이다. 그러므로 '자치'는 '참여민주주의'와 의미가 같은 말이다.

지역 일은 지방자치단체가 맡고 있는 공공의 일로 풀뿌리 민주주의의 영역이다. 우리나라에서 지방자치단체가 부활한 후 한때 언론에서 풀뿌리 민주주의라는 말이 자주 쓰였다. 풀뿌리 민주주의는 소수의 엘리트 정치 집단이 지역 일을 독단적으로 결정하는 것에 반대한다. 풀뿌리 민주주의는 다수의 평범한 주민들이 지방자치단체에 자발적으로 참여해 지역 공동체와 일상생활을 변화시키려는 참여민주주의의 한 형태다.

풀뿌리 민주주의가 내포하는 정치적 의미는 '자치'와 '분권'을 통해 실질적인 민주주의를 실현하는 것이다. 주민자치위원회나 각 지방자치단체마다 일반화된 주민참여예산제는 풀뿌리 민주주의가 제도적으로 확장된 한 예다.[44] 행정주도적인 참여에 해당되는 이들에 대한 평가는 차치하더라도 제도적으로 주민참여를 확대하는 것은 주민들이 '자치'를 실현 할 수 있는 기회를 제공하는 것이며 동시에 주민의 참여할 권리가 강화되는 것을 의미한다.

지방자치는 주민참여를 통해 일상생활세계를 민주화할 수 있는 강력한 제도이자 도구다. 지방·지역에서 이루어지는 공적인 주민 활동과 동호회와 같은 소규모의 자발적 결사체에 의한 사적활동은 지방자치와 밀접한 연관성을 갖는다. 그들이 실천하는 정치적 참여 활동은 아래로부터의 변화를 도모하는 것으로 중앙정치를 변화시킬 수 있는 힘으로도 작용한다. 그래서 지역에서 참여민주주의가 강고해질수록 중앙권력의 정치 시스템이 빚어내는 지역의 소외현상을 극복할 가능성도 커진다.

참여의 원리

참여는 자연발생적으로 이루어지지 않는 인간의 의도적인 행동으로 문화 영역이다. 주민이 참여하기 위해서는 그들 스스로 정치적 자원을 가지고 있어야 한다. 정치적 자원이란 해당 사안에 대한 정보, 지식, 시간, 경비, 경험, 조직, 사회적 인정 등을 말한다.[45] 현대사회에서 사람들은 다양한 동기와 목적을 가지고 참여하게 된다. 또한 참여가 이루어지기 위해서는 다양한 요소가 복합적으로 작용하는데 정치적 자원을 가진 주민들이 참여하기에 훨씬 유리한 조건에 있다.

참여는 인간의 주체적인 정치적 행위의 영역이며, 인간 행동의 결과다. 참여하기 위해서는 그 전에 반드시 거쳐야할 선행 절차가 있다. 아래의 인용문에서 말하는 바와 같이 참여의 전제조건은 다음과 같이 세 단계를 거친다.

> 인간행동으로서 '참여'는 여러 과정을 거친 후 형성되는 결과적 행동으로, 반드시 거쳐야 할 선행과정이 있다. ①정보습득information → ②관심attention → ③공감agreement → ④행동action 단계를 거쳐야 한다. 즉 인간이 어떤 사안에 참여하는 것을 행동action으로 그 전에 1)그 사안에 대한 정보를 입수해야 하고 2)입수한 정보에 관심을 가져야 하고 3)그에 따른 공감대가 형성되어야 참여가 가능한 것이다.[46]

정보는 자료와 가치가 결합된 것으로 정보를 생산하는 자의 의도성이 반영된 것이다. 따라서 정보습득이란 정보를 접하는 사람이 정보가 담고 있는 의미를 해석해 그 정보가 의도하는 메시지를 읽어내는 능력을 포함한다. 관심은 사람들을 움직이는 힘을 갖는다. 어떠한 정보에 관심 있는 사람들이 모여 자기 조직화 과정을 거쳐 소통하고 공감하면 새로운 소통체계를 구성하게 된다.

현대사회에서 자기 조직화의 장은 온라인의 플랫폼이다. 이들은 온라인 플랫폼에서 서로 소통하며 공명하고 자기 조직화 과정을 겪는다. 다변화된 온라인의 SNS와 플랫폼에서 다수로 조직된 사람들은 더 많은 정보를 찾아 해석하고 기존의 1차 정보와 통합·융합시키면서 정보에 새로운 의미를 더한다. 이러한 과정을 겪으면서 그들이 가진 정치적 자원은 훨씬 풍부해진다.

자기 조직화된 사람들은 정보를 기반으로 대안을 찾고 어떻게 행동할 것인지 토의하면서 참여의 방식을 결정한다. 이러한 선행 과정이 지속되면서 사람들은 문제를 해결하고 대안을 찾기 위해 참여라는 행동을 하게 된다. 결국 참여는 주민들이 연대하고 협동하는 의미가 내포된 것이다.

주민의 참여를 촉발시키는 것은 정보의 양과 질이다. 그렇기 때문에 정보를 생산하는 미디어 환경을 빼놓고 주민참여를 논할 수는 없다. 지방자치단체는 지역의 정책을 결정하며 예산을 편성하고 집행한다. 또 지역 상황이 흐르는 물처럼 수시로 변하기 때문에 지방자치단체는 변화된 환경에 맞춰 기존의 정책을 폐기하거나 새로운 정책을 수립한다.

지방자치단체는 이 모든 것을 주민의 알권리를 충족시키기 위해 공개해야 한다. 각 지역 언론은 지방자치단체에 벌어지는 다양한 일들을 정보화해 주민들에게 알리는 창구 역할을 한다. 따라서 참여가 이루어지기 위해서는 지방자치단체의 정보공개와 지역 언론의 역할이 매우 중요하다는 것은 두말할 필요가 없다.

참여하기 위해서는 우선 지역에 대한 관심이 선행되어야 한다. 관심이 있어야 정보를 능동적으로 찾게 되고 정보의 가치 유무를 분별할 수 있기 때문이다. 아무리 고급 정보가 공개되고 정보의 총량이 넘쳐난다고 해도 주민의 관심이 없다면 정보는 참여의 전 단계로서의 가치를 획득하지 못한다.

정보화 시대로 접어들면서 미디어와 플랫폼의 다변화로 정보에 접근하는 것이 과거처럼 어렵지 않다. 공감대를 형성하고 공명하여 자기 조직화하는 것도 대부분 온라인의 플랫폼에서 쌍방향으로 이루어지고 그 결과로써 행동이 이루어진다. 오늘날 다변화된 미디어 환경은 행동의 단계로 참여가 이루어질 가능성을 높였다. 그래서 다수의 미디어 학자들은 온라인에 의한 미디어의 다변화가 참여민주주의를 더욱 발전시킬 수단이라고 주장한다.

참여라는 행동을 위한 전단계로 공감이 이루어지는 것은 사람들의 마음이 서로 공명해야 한다는 것을 의미한다. 이때 어떠한 사안에 대해 이루어지는 공감과 공명은 개인차원에서 이루어질 수 없는 일이다. 사람들이 공감하고 공명하는 마음은 인간의 연대와 협동성을 내포한다.

참여의
의의

대의제라는 약한 민주주의를 강하고 건강한 민주주의로 전환시키기 위해서는 참여가 필수적이다. 지방자치에서 주민참여는 주민에 의한 직접 민주주의를 행사한다는 관점에서 풍부한 의미를 가진다.

첫째, 권력의 관점에서 주민참여의 의의가 있다. 주민은 지방자치단체의 주체로 행정과정에 참여할 권리가 있다. 이는 주민이 미시권력을 행사하는 것을 말한다. 권력에 대한 미셸 푸코Michel Foucault의 이론은 주민참여를 이해하는 데 도움을 준다.

> 권력은 제도도 아니고, 구조도 아니며, 몇몇 사람이 부여받았다고 하는 어떤 역량도 아니다. 권력은 어느 주어진 사회의 복잡한 전략적 상황에 부여되는 이름이다.[47]

푸코가 말한 대로 지방자치단체의 권력은 지방자치단체장과 의원들이 소유한 것이 아니다. 마찬가지로 관료조직이 행정 권력을 소유한 것도 아니다. 다만 그들은 행정을 집행할 권한을 가진 존재일 뿐이다. 푸코의 말대로 권력을 '관계망'으로 봤을 때, 주민이 참여하지 않는다면 '복합적이고 전략적인 상황' 자체가 형성되지 않는다. 주민참여 없이 관료조직의 일방적인 결정에 따라 행사되는 권력은 '단일한 전술적 상황'으로 흐를 가능성이 매우 크다. 따라서 지방자치단체에 대한 주민참여는 현안 해결을 위해 움직이는 '복합적인 전략적 상황'을 만들어 내는 것이고, 주민과 관료조직이 공공영역의 장에서 관계망에 의해 서로에게 미시권력을 행사하는 것이다.

둘째, 주민참여는 창조적으로 의미 있는 무엇인가를 생산하는 긍정적인 정치 행위다. 참여라는 직접 민주주의는 대의제가 갖는 약한 민주주의를 강하고 건강한 민주주의로 변환시킬 힘이 있다. 독자 입장에서 주민참여의 어떠한 측면이 강하고 건강한 민주주의를 만들어 낼 수 있다는 말인지 의문을 품을 수 있다. 이에 대해서도 푸코가 권력의 역할에 대해 정의한 개념에서 도움을 받을 수 있다. 푸코는 권력을 부정적으로만 보지 않는다. 그가 생각한 권력은 아래의 인용문처럼 긍정적으로 작용해 무엇인가를 창조하고 생산하는 힘이다.

> 권력은 억압하고 금지하는 것이 아니라 창조적, 생산적, 긍정적인 힘이다…권력을 유효하고 긍정적인 것으로 만드는 것은 그것이 단지 금지하는 힘으로써 위로부터 우리를 눌러대기만 하는 것이 아니라, 사물을 가로지르며 무엇인가를 생산하고 즐거움을 가져오고 지식을 형성하고 담론을 구성하는 점이다.[48]

지방자치단체에 참여하는 주민은 미시권력의 행사를 통해 새로운 유무형의 가치를 창조적으로 생산한다. 예를 들면 주민이 참여해 자신이 살고 있는 지역의 환경오염의 원인을 제거할 수 있다. 일상생활에 불편을 주는 도로를 개선할 수 있고, 교육환경을 바꿀 수도 있다. 이렇듯 주민의 참여는 생활세계를 긍정적으로 변화시킬 수 있는 힘을 가진다. 그러므로 주민의 미시권력 행사는 본질적으로 지방자치단체의 관료조직에 부정적으로만 대항하는 것이 아니다. 주민참여는 지역에서 창조적이고 생산적인 활동을 할 수 있는 긍정적인 미시권력인 것이다.

셋째, 건강한 민주주의는 바버와 푸코가 말한 대로 담론구성을 통해 가능해진다. 지역의 현안에 대한 담론이 형성되고 널리 공유되어야만 사람들이 공감하며 공명할 수 있기 때문이다. 이를 위해서는 지역에서 공론의 장이 형성되어야 한다. 공론의 장에서는 참여하는 구성원 모두가 자신의 생각을 자유롭게 발언할 수 있어야 한다. 공론의 장은 시민들이 자발적으로 구성할 수도 있고, 지방자치단체가 행정 주도적으로 지역의 쟁점에 대해 공청회, 주민설명회 등으로 만들어낼 수도 있다. 그러나 주민들의 의견이 가장 민주적으로 수렴될 수 있는 공론의 장은 주민들이 자발적으로 조직하고 의제를 설정해 토론하는 방법이다.

주민이 지역 일에 참여하는 이유는 생활세계에서 사회적 삶의 질을 확보하기 위한 유일한 방안이기 때문이다. 개인적인 차원에서 아무리 열심히 일하며 행복을 추구하며 살더라도 지역의 정치가 뒷받침되지 않으면 삶의 질을 보장받을 수 없게 된다. 주민 입장에서 지역의 정치에 참여하는 것은 사회적으로 자신의 삶을 바꾸는 것이다. 지역 그 자체가 바로 자신의 생활세계이기 때문이다. 지속적인 참여는 주민들에게 책임의식과 공동체 의식을 고양시킬 수 있기 때문에 지역에 대한 애착과 소속감을 강화할 수 있다. 주민들의 지역에 대한 정신적이고 정서적인 애착감은 눈에 보이지 않는 소중한 자산이 되어 지역을 활성화 시킬 수 있는 강한 에너지로 작용하게 된다.

주민이 기본적으로 직접 참여할 수 있는 행위는 투표다. 지역의 대표와 의원을 선출하는 일은 주민권의 행사다. 이는 주민이 자신의 대표자를 선출하는 것과 함께 지방자치단체를 구성하기 위한 권력의 형성 과정에 참여하는 행위가 된다.

자신이 살고 있는 지역에서 일어나는 부당한 행정 처리에 대해 청원

형태로 민원을 제기해 문제를 해결하는 것도 참여의 한 형태이다. 분야는 다양하다. 교통, 교육, 환경 등 공공분야의 일이라면 모두 해당된다.

부당한 행정이란 첫째, 법에 문제가 되지 않더라도 합리적이지 않은 행정 처리로 주민 생활에 불편을 야기하는 것을 말한다. 이럴 경우 주민들이 참여해 지방자치단체와 협의를 통해 합리적인 방법으로 문제를 개선하면 된다. 이런 일이 발생하는 이유는 조례가 있더라도 행정력이 미숙하거나 관심이 없어서 탁상행정을 일삼는 경우가 많기 때문이다. 지방자치단체의 행정력이 미숙할 경우, 주민들이 지역 공무원들을 학습시키고 지도하면서 일을 해야 한다. 탁상행정은 공무원 중심의 편의적인 발상에 따라 일하려는 경향이 농후한 결과다. 탁상행정으로 나타난 부당한 행정에 대해서는 현장 중심의 행정을 하도록 주민들이 지방자치단체에 요구해야 한다. 방법은 주민 설명회, 공청회 개최, 현장 방문 요구 등 다양하다.

둘째, 불법적인 상황이 벌어지고 있는데도 지방자치단체가 이를 방치해 주민들의 삶의 질을 떨어뜨리는 경우가 있다. 불법적인 상황에 대해서는 지방자치단체와 협의 과정을 거칠 필요 없이 바로 행정개선을 요구해야 한다. 지방자치단체가 직무유기를 하는 사례이기 때문이다. 이럴 경우에는 주민들이 법을 알고 있어야 한다. 또한 불법이 명백한 데도 지방자치단체가 이를 방치할 경우 주민들은 감사원 감사 청구를 할 수 있다.

이 밖에도 지방자치단체가 조례를 제정해 제도적으로 정책결정 과정에 주민의 참여를 보장하는 경우가 있다. 주민자치위원회, 주민참여

예산제, 일시적으로 구성되는 각종 심의위원회 등이 해당된다. 이는 단순히 부당한 행정을 시정해 달라고 청원하는 경우와는 성격이 다르다. 지방자치단체가 가진 권한과 재원을 분배하는 과정에 동참함으로써 일정기간 동안 지방자치단체의 권한을 주민 개인이 행사하는 성격을 갖는다.

조례에 따라 직접 주민이 정책결정 과정에 참여할 수 있도록 보장하는 것은 대의제의 한계를 보완·극복하려는 방안이다. 주민투표로 선출되지 않은 일반 주민이 지방자치에 참여하는 것은 직접 민주주의의 성격을 갖는다. 현대사회가 다변화되고 전문화하면서 주민들의 욕망도 다양한 층위를 갖게 되었다. 이러한 시대를 배경으로 지방자치단체가 권한을 독점하고 대의제 구조에서만 일할 수 없게 된 것이다. 대의제의 한계를 인정하면서도 주민참여를 보장하는 것이 참여민주주의 본질이자 자치의 본질이다.

결론적으로 말하면 지방자치단체에 참여한다는 것은 생활정치영역에서의 참여다. 생활정치는 개인이 해결할 수 없는 지역에서의 다양한 공공영역의 문제를 다루는 것이다. 이 과정에 참여하는 것은 주민 자신의 권한을 주권자로서 행사하는 실천적 행위에 해당된다. 부당한 행정을 바로 잡기 위해 참여하는 것은 공공영역에서 시민들의 일상성을 규정하는 것으로 미시적인 정치의 장에서 활동하는 것을 의미한다. 주민참여는 우리 자신의 문제와 직접 연관된 일을 우리 자신의 뜻대로 바꾸는 것으로 직접 민주주의의 성격을 갖는다.

8장 지방자치의 세계화 시대

유럽을 구원해줄 지방자치

　　　　　　　인권과 환경문제 등은 국경을 초월하는 전 세계적인 문제가 되었다. 마찬가지로 21세기 들어 지방자치 실현 여부는 각 나라마다의 민주주의를 평가하는 척도로 작용하며 이제 국제적인 문제로 인식되고 있다. 이러한 세계사적 추세 속에서 지방자치 문제를 국내 정치구조의 문제만으로 국한시켜 논의하려는 것은 우리나라 지방자치에 대한 이해와 발전 전망을 협소하게 만들 가능성이 크다.

　다른 나라와의 관계 속에서 우리나라 지방자치를 전망할 때 지방자치가 갖는 민주주의의 보편성을 확보할 수 있다. 또한 시야를 넓혀 현재 우리나라 지방자치의 한계를 극복하는 데 도움을 받을 수 있을 것이다. 유럽의 지방자치 방식이 우리나라에 절대적인 역할 모델이 될 수는 없다. 그럼에도 불구하고 유럽의 지방자치 역사는 우리에게 시사하는 바가 매우 크다. 유럽의 사례가 주는 교훈과 그들의 경험은 우리에게 타산지석이 될 수 있을 것이다. 민주주의의 초석인 지방자치의 세계화가 지닌 의의를 유럽의 사례를 통해 밝혀 보려고 한다.

우리나라에서 30년 동안 지방자치가 중단된 정치적 암흑기가 있었다면 같은 시기 유럽에서는 지방자치가 확고하게 자리를 잡고 꽃을 피웠다. 현재 유럽연합EU은 약 250개의 광역지방정부와 10만여 개의 기초지방정부로 구성되어 있다.[1] 유럽의 지방자치가 오늘에 이르기까지는 긴 시간이 걸렸고 많은 시행착오를 겪어야만 했다. 그들이 지방자치의 중요성을 각성하게 된 계기는 제2차 세계대전을 성찰하는 과정에서 비롯한다.

유럽의 지식인들은 제2차 세계대전 후 파시즘을 극복할 방안을 다양하게 모색하는 과정에서 지방자치의 중요성을 인식하게 된다. 그 중 가서Adolf Gasser는 1943년 『유럽의 구원으로서 지방자치단체의 자유 Gemeindefreiheit als Rettung Europas』를 통해 유럽의 민주적인 국가 건설을 위해 지방자치단체의 특별한 역할이 필요하다는 것을 강조한다.

특히 그는 이 저서를 통해 "민주적으로 정당화된 결정권을 가진 지방자치단체가 전체주의적인 경향에 대한 방파제가 될 수 있다는 논제를 세웠다."[2] 이와 함께 그는 "지방자치단체의 광범위한 재량만이 유럽의 모든 정치와 사회에서 도덕적인 회복을 위한 전제조건"이라고 역설한다.

이러한 가서의 주장은 절대적으로 중앙 집중적이었던 유럽 근대국가의 권력구조를 해체하고 새롭게 국가 형태를 재구성하자는 것과 다르지 않았다. 즉 2차 세계대전을 경험한 유럽 지식인들은 반인륜적인 전쟁이 끝난 후, 국가가 전쟁 전과 같은 전근대적인 정치체계로 되돌아가서는 안 된다는 절박함으로 깊이 성찰했다. 그중 하나의 방안으로 지방자치분권에서 해답을 찾았던 것이다. 가서가 새로운 관점에서 국가를 바라봤을 때, 민주주의를 회복하는 방법이 바로 지방자치분권이었다. 지방자치분권 강화로 정부의 체계를 중층화해야만 전쟁을 일으킬 수 있는 파시즘 국가가 다시는 출현할 수 없을 것이라고 유럽의 미래를 전망한 것이기도 하다.

이후 지방자치단체의 특별한 역할을 강조한 가서의 주장은 유럽에서 적극적인 지지를 받는다. 이와 같이 지방자치의 중요성이 강조되던 당시 유럽의 정치적 흐름 속에서 1948년 국제시장연합이 결성된다. 1951년 유럽지방자치단체협의회가 구성되고, 연이어 1952년 유럽회의에 지방자치단체와 지역문제 해결을 위한 특별위원회가 설치된다. 이후 그들은 1953년 「유럽지방자치단체자유헌장」[3]을 선포한다. 1957년에는 모든 회원국의 지방자치단체 대표들로 구성된 유럽지방자치단체협회Europäische Gemeindekonferenz를 발족한다.

지방자치의 바이블,
「유럽지방자치헌장」

지방자치의 바이블로 인정받는 「유럽지방자치헌장European Charter of Local Self-Government」(이하 「헌장」이라고 한다)은 1978년 초안 작성 후 10년이 지난 1988년 9월 47개국의 비준을 거쳐 효력을 발생했다. 오늘날 유럽회의Council of Europe(1949년 설립) 회원국 대부분의 국가들이 「헌장」을 비준했다. 「헌장」의 내용을 각 나라의 특수성에 맞게 적용할 수 있도록 유연성을 높였기 때문에 회원 국가에서 비준이 가능했다.[4]

「헌장」 서문에 명시한 목적은 "회원국 간의 공고한 유대를 달성하는 것"과 "각국이 공통으로 보유하고 있는 문화유산의 이념과 원리를 보호하고 현실화하는 것"이다. 이러한 목적 달성을 위한 방법 중의 하나로 그들은 유럽회의 차원에서 지방자치에 대해 협약했다.

「헌장」은 서문에서 다음과 같이 지방자치단체의 기본원칙을 밝히고 있다.

지방자치정부는 모든 민주주의 정치제도의 주요 기본 원리 중 하나이다. 공공사무의 집행에 주민이 참여할 수 있는 권리는 유럽의회의 모든 회원국이 공유하는 민주주의 원리 중 하나이다. 이러한 권리는 지방 차원에서 가장 직접적으로 수행될 수 있다. 실질적인 의무를 지닌 지방자치정부는 행정을 효과적으로 수행할 수 있게 해 주고, 행정이 주민에게 가까이 갈 수 있게 해 준다. 여러 유럽 국가의 지방자치정부가 보호 강화되는 것은 민주주의와 분권화의 원리에 입각한 하나의 유럽을 건설하는 데 있어

지대한 공헌을 한다. 이를 위해서는 민주적으로 구성된 의사결정체제와 지방자치정부의 의무에 따른 광범위한 자치권 및 의무를 수행함에 있어 필요한 수단과 방법 및 그에 필요한 자원을 보유한 지방자치정부가 필요하다.[5]

위 「헌장」 서문의 의의는 민주국가형태의 본질적 요소이자 기초가 지방자치단체라는 것, 지방자치단체는 풀뿌리 민주주의로 주민참여를 보장하는 수단임을 천명한 데 있다. 지방자치단체의 공공사무가 시민에 가까운 행정을 가능하게 만든다는 것은 보충성 원리[6]에 충실한 것이다. 「헌장」은 지방자치단체의 강화가 민주주의와 지방분권의 원칙을 따르는 것으로 유럽을 건설하는 데 매우 중요한 요소임을 밝히고 있다.

마지막으로 "민주적으로 구성된 의사결정체제와 지방자치정부의 의무에 따른 광범위한 자치권 및 의무를 수행"하는 것은 지방자치단체를 구성하는 원칙으로 주민의 직접선거에 따라 민주적으로 선출된 지방의회가 있어야 한다고 규정한 것이다. 지방자치단체 운용에서는 지방자치단체가 민주적으로 구성되고 지방자치단체의 행정이 광범위한 자치권을 수행하되, 민주적으로 운영되어야 한다는 것을 함의한다.

「헌장」의 역사적 의의는 국제법으로 효력을 갖는 데 있다. 「헌장」이 국제법으로 효력을 발생하면서 지방자치가 더 이상 국가의 경계선 안에 갇힌, 한 국가 내부의 정치구조만의 문제가 아니라 국제적인 문제라는 패러다임 전환을 가져왔다. 이는 지방자치 문제가 세계화되었다는 것을 함의한다. 또한 다국가로 구성된 유럽회의가 국가 공동의 실천적 방안에 합의했다는 점에서 유럽국가 건설에 중요한 이정표가 되었다. 소련 붕괴 후 1990년대 초 폴란드, 헝가리, 체코슬로바키아 등 동구유럽 국가들이 국가 개혁의 일환으로 지방자치단체를 설립하는 과정에서 이「헌장」은 결정적인 영향을 미쳤다.

지방자치를 헌법으로 보장할 것을
명시한「유럽지방자치헌장」

「헌장」제1장 제2조와 제4조는 지방자치단체의 기본 권한과 의무를 각 회원국이 헌법으로 보장할 것을 권고하고, 각 국가가 국내법으로도 규정해야 한다고 명시하고 있다. 지방자치를 한 나라의 최고 규범인 헌법에 규정한다는 것은 국회(입법부)가 지방자치단체의 활동과 역할을 법률에 따라 자의적으로 해석해 무력화시킬 수 없도록 규정하는 것이다. 즉 헌법이 지방자치단체를 규정함으로서 지방자치단체의 존재 이유를 절대적으로 보장한다는 의미가 있다.

제3조 제1항에서는 지방자치단체의 개념을 다음과 같이 정의하고 있다. "지방자치단체는 법률의 제한 내에서 지역 자체의 의무와 주민의 이해에 관한 공공사무의 기본적인 부분을 규제·경영할 수 있는 지방자치단체의 권리·능력을 의미한다." 이 조항은 지방자치단체가 법률의 범위 안에서 주민의 이해에 관한 공공사무를 기본적으로 수행하는 역할을 규정한 것이다.

지방자치단체의 권한과 능력을 "법률의 제한 내에서"라고 명시하고 있지만 제4조의 지방자치단체의 범위에서는 "선제권을 행사할 수 있는 전적인 재량권을 지닌다"라는 조항을 두어 지방자치단체의 권한에 대한 자율성과 자기결정권을 인정하고 있다. 이 조항에 따르면 지방자치단체는 중앙정부의 명령과 하달에 따른 수동적인 행정만을 수행하는 역할을 하는 것이 아니다. 이는 지방정부 자체의 판단에 따라 선제적으로 주민들에게 행정 서비스를 제공할 근거가 된다.

제3조 제2항에서는 지방자치단체의 공공사무 수행에서 자기책임성을 명시하고 있다. 「헌장」은 지방자치단체의 역할과 권한에 대해 포괄적인 재량권을 인정하는 동시에 자기책임성을 분명히 했다는 점에서 본질적으로 지방자치의 원리에 접근하고 있다.

유럽연합의 지역정부 대표들은 1989년 뮌헨München에서 지역의 역사·전통·언어·문화의 다양한 특성 등을 지역주의의 장점으로 인식하고 이를 보전하고 강화해야 한다고 주장하면서 유럽의 지역주의에 대한 주제로 회의를 개최했다. 이 회의에서 지역정부를 대표하는 유럽위원회Comité des régions를 출범시켰다.[7]

1992년 2월 7일 네덜란드 마스트리히트Maastricht에서 서명하고 1993년 11월 1일부터 발효된 마스트리히트 조약Maastricht Treaty은 '지역 중심의 자치분권주의'를 지향한다. 이 조약은 유럽연합European Union의 기초가 되었다.

마스트리히트 조약에 따라 유럽연합은 전국적인 차원의 주요정책에 대한 권한은 중앙정부가 행사하고, 지역 경제와 공공영역에 관한 권한은 지방정부에 대폭 이양한다. 이와 같은 결정에 따라 지방분권 정책이 가속화되면서 유럽에서 지방자치는 확고하게 자리 잡으며 오늘에 이르렀다.[8] 유럽연합의 지방자치는 지방정부가 중앙정부에 예속된 개념이 아니다. 두 정부 조직은 수평적인 관계로 정부 간의 거버넌스 체제를 지향하며 운영하는 것이 보편적인 기본원리다.

한편 1996년 유엔 정주회의 HABITAT II의 파트너 위원회Partner committee에서 지방정부들은 '지방자치에 관한 세계헌장'을 준비할 것을 제안했다. 1998년 초안이 작성되고 세계 각 지역에서 토론을 거쳐 2000년에 수정하고 초안을 채택했다. 이 초안은 협약을 위해 2001년 2월 국제연합인간정주위원회UNCHS에 제출되었으나 국내사정과 헌법상의 이유로 합의에 도달하지는 못했다. 미국은 헌법상의 이유로, 중국은 내정간섭을 이유로 「세계지방자치헌장」 채택은 무산되었다. 개발도상국과 선진국과의 정치적 상황이 크게 다른 점도 헌장 채택에 걸림돌이 되었다. 다만 「세계지방자치헌장」을 작성하는 데 「유럽지방자치헌장」은 지대한 영향을 미쳤다.

비록 「세계지방자치헌장」 채택이 무산되었지만 그 의의와 가치는 충분히 음미할 필요가 있다. 아래의 인용문은 지방자치의 세계사적 흐름과 그 의의를 명확하게 보여준다.

유럽지방자치헌장과 세계지방자치선언의 내용 및 세계지방자치헌장을 마련하기 위한 국제적 차원의 노력들, 그리고 영국, 미국, 프랑스, 독일, 일본 등 지방자치 선진국에서 전개되는 지방자치 관련 논의들을 보더라도 지방자치의 확대강화 및 정치·행정에 대한 주민참여의 확대는 거스를 수 없는 세계사적 흐름이자, 우리 인류사회가 나아갈 바람직한 방향임이 자명하다…즉 현재 세계사적 흐름은 민주주의의 확대강화와 이를 위한 지방

분권의 확대, 그리고 지방자치단체나 주민의 자기결정권 강화 쪽으로 나아가고 있다.[9]

위의 인용문에서 보듯 지방자치는 세계사적 흐름이다. 유럽에서의 자치분권에 대한 논의는 70여 년이 넘어, 그동안 주민참여 확대가 점차 강화되고, 주민의 권리를 확대하는 쪽으로 진행되면서 현재 유럽의 지방자치는 성숙기 단계로 접어든 것으로 보인다. 이제는 단순히 형식적이고 절차적인 정당성을 확보하는 차원에서 주민을 참여시키는 것이 아니라 지방자치가 숙의민주주의를 논의하는 단계로까지 발전한 것으로 보인다. 무엇보다 유럽의 지방자치 확대 강화 노력이 "우리 인류사회가 나아갈 바람직한 방향임이 자명하다"는 점에서 우리에게 주는 울림이 매우 클 수밖에 없다.

무엇보다 유럽연합의 지방자치 강화에 의한 새로운 국가체계 구축은 우리나라에 많은 교훈을 준다. 2차 세계대전이 발발한 원인을 근대적인 국가주의에 따른 파시즘에서 그 원인을 찾고, 평화를 유지하기 위해 권력을 분산시키는 지방자치에서 그 해답을 찾고 있기 때문이다. 중앙에 집중되었던 권력을 분산시키는 지방자치 강화는 그들이 2차 세계대전이라는 불행한 역사를 깊이 성찰한 결과다. 다시는 유럽에서 반인류적인 전쟁이 일어나서는 안 된다는 그들 내부의 엄중한 각오가 담겨 있는 결정이기도 하다. 전쟁을 막기 위한 가장 강력한 무기가 민주주의를 확고히 하는 것이고 그 토대가 지방자치였던 것이다.

양상은 다르지만 유럽의 지방자치가 우리나라에 주는 교훈은 두 가지로 모아진다. 첫째, 거시적으로는 독재정권의 재 등장을 막고, 남과

북이 평화를 유지하는 것이다. 대한민국 국민은 그 누구도 독재자의 등장과 전쟁을 원하지 않는다. 둘째, 지역에서 참여하는 주민에 의한 자치가 강화될 수 있도록 지방자치단체의 행정에 대한 민주화와 책임성 강화가 필요하다는 점이다. 이를 이루기 위해서는 국민 다수의 뜻에 따르는 것을 원칙으로, 지방자치단체가 민주주의를 지킬 수 있는 방파제 역할을 하도록 자치분권을 강화하는 방향으로 나가야 한다.

9장 우리나라 지방자치헌장

　　　　　　　　　　우리나라는 지방자치가 실시된 이후에도 지방자치의 가치와 의의에 역행하는 일들이 지속적으로 일어났다. 기초자치단체의 부단체장 국가직화, 기초단체장과 교육감의 임명직 전환 시도, 자치단체장 징계제도 추진 등이 바로 지방자치의 가치를 훼손시키는 정치적 행위에 해당된다. 지방자치와 관련한 정치적 갈등은 주로 중앙정치세력에 의해 주도된다. 지방자치의 핵심은 분권인데 중앙정치세력은 자신의 기득권을 강화하기 위해 분권보다는 중앙권력을 집중시키려는 속성을 갖는다.

　특히 지방자치 강화에 가장 열정적이었던 노무현 정권조차 2005년 지방세였던 종합부동산세를 국세화 해 지방자치단체의 자주 재정권을 약화시켰다. 또 기초지방자치 후보를 정당이 공천하도록 만들어 중앙정당이 지방의회와 단체장을 지배하고 조종하는 구조를 만들었다. 이는 지방자치의 본래 취지를 벗어난 것이었고 현재까지도 강력한 영향을 미치고 있다. 이러한 역사적 배경이 「지방장치헌장」을 발표한 배경이 된다.

한편 「세계지방자치헌장」 검토를 위한 행사가 2000년 우리나라 대전에서 열렸는가 하면 '전주선언'이 채택되기도 했다.[1] 최인기 당시 행정자치부 장관이 행사에 참가해 한국의 지방자치 발전을 위해 지방분권 강화에 대한 방안을 마련하겠다고 축사를 한 바 있다.[2] 그러나 행정자치부 장관의 지방분권에 대한 강한 의지 표명과는 달리 현실은 거꾸로 돌아가고 있었다.

자치분권 강화라는 세계사적 흐름은 우리나라에도 영향을 미쳤다. 우리나라 「지방자치헌장」은 행정학회와 지방자치학회 소속 일부 학자들이 제안하고 경실련, 참여연대, YMCA, 환경운동연합, 여성민우회 등 300여 개의 시민사회 단체 등이 합의하여 2001년 3월에 선포한 것이다. 중앙정부와 국회의 반자치적 행태를 저지하고 지방자치제도 개혁을 위해 학자들과 시민사회단체들이 중심이 되어 일종의 자치연대를 구축했다.

그들이 「지방자치헌장」을 선포한 또 다른 배경에는 중앙정부와 정치권에 대한 강한 불신이 있었다. 그동안 우리나라 중앙정부와 국회는 지방분권강화를 통해 참여민주주의를 실현하려는 의지를 보이지 않았다. 오히려 정략적 이해관계에 따라 지방자치를 후퇴시키고 중앙정부의 권력을 더욱 강화하려는 퇴행적인 시도를 자주 해온 것이 사실이다.

우리나라에서 「지방자치헌장」을 선포한 직접적인 계기는 2000년 말, 중앙정부와 국회가 기초자치단체장의 임명직 전환을 추진하는 방향으로 「지방자치법」을 개정하려고 시도한 것이다. 당시 학자들은 정치권과 행정자치부의 움직임을 반역사적이고 반민주적인 것으로 규정했다. 이러한 반민주적인 움직임을 막기 위해 학자들과 시민단체들이 주축이 되어 「지방자치헌장」을 선포한 것이다. 역설적인 것은 당시의 각 지방자치단체장과 지방의원들은 「지방자치헌장」을 선포하는 데 어떠한 기여도 하지 않았다는 점이다.

「지방자치헌장」 선포 이후에도 직선제 선출직을 임명직으로 전환하려는 시도는 계속되었다. 2010년 직선제 실시로 진보 성향의 교육감이 대거 당선되었다. 이에 부담을 느낀 중앙정부는 대통령 소속 '지방자치발전위원회'를 통해 2014년 6월 교육감 선출방식을 임명직으로 전환하는 방안을 검토했다.[3] 당시 새누리당은 교육감 직선제를 폐지하고 임명직으로 전환을 추진하며 법개정을 시도했으나 실현되지는 않았다.[4]

지방자치에 대한 불분명하고 포괄적인 헌법 명시로 지방자치는 정치권의 이해관계에 따라 좌우되는 것이 현실이다. 2000년 말, 기초자치단체장의 임명직 전환 추진과 2014년 교육감 선출방식을 임명직으로 전환하려는 정치권과 국회의 시도는 본질적으로 헌법이 지방자치단체의 존재를 절대적으로 보장하지 못하는 현실과 맥락이 닿아 있다.

우리나라의 「지방자치헌장」에 강제적인 법적 구속력이 있는 것은 아니다. 하지만 지방자치의 기본정신을 천명했다는 점에서 큰 의의를 지닌다. 지방자치에 관한 논의를 중앙정부와 국회에만 맡겨두지 않겠다는 학자들과 시민사회단체의 확고한 의지표명이라는 점에서도 상징성을 갖는다. 「지방자치헌장」은 우리나라 지방자치의 발전 방향과 비전을 제시했다. 그런 만큼 우리나라 지방자치 발전을 위해 해결해야 할 과제와 깊은 고민이 고스란히 담겨 있다.

민주 공화주의를
표명한 「지방자치헌장」

「지방자치헌장」은 서문과 9조로 구성되어 있다. 「지방자치헌장」 전문을 관통하는 것은 공화주의다. 중앙정부의 독선을 막고 지방정부가 자기책임 하에 자유로운 의사결정이 가능하도록 만드는 것이 「지방자치헌장」의 목적이다. 서문은 지방자치가 지역 주민의 생활문제에 대해 주민참여를 통한 자기책임 하에 해결하는 것이 민주주의의 원리임을 밝히고 있다. 이는 지방자치단체의 존재 이유이기도 하다.

제1조는 지방자치의 주체가 주민이라고 천명하고 있다. 이는 지방자치단체가 주민(시민)공화정이라는 말과 동일한 것이다. 공화주의의 기본 이념은 자치로, 주민은 주권자로서 지방자치단체에 참여하는 것은 기본 권리다. 그렇기 때문에 주민참여가 최대한 보장되어야 한다고 명시하고 있다. 주민이 지방자치단체에 참여한다는 것은 지역에서 자신의 정체성을 구성하는 것이고, 자신을 드러내는 실천적인 행위다. 주민들이 참여하는 과정을 통해 지역 공동체가 지향하는 정체성을 주민

개개인의 정체성으로 흡수할 수 있게 된다. 이러한 과정이 순환되면서 지역은 자신의 정체성을 형성해 나갈 수 있다.

제2조는 주민이 책무를 다하기 위해 역할을 해야 한다는 점을 규정하고 있다. 이는 지역 공동체 일에 능동적으로 참여할 수 있는 주민 상을 요구하는 것이다.

제3조는 중앙정부와 지방정부가 대등한 관계임을 천명하고 있다. 대등한 관계의 전제조건은 상호 합리적으로 사무권한을 배분하는 것이다. 중앙정부는 통일, 외교, 국방 등을, 지방정부는 주민의 실생활을 책임지는 것으로 지방분권이 이루어져야 한다고 명시하고 있다. 현재 우리나라 중앙정부는 거대한 권력을 가지고 지방자치단체를 예속시키고 통제하려는 경향성을 가지고 있다. 그러므로 분권을 위한 개헌 없이 「지방자치헌장」이 추구하는 가치는 결코 이루어질 수 없다.

제8조는 중앙정부의 부당한 권력 행사에 시민사회단체와 지방정부의 저항권을 규정하고 있다. 이 조항은 일방적으로 중앙정부가 지방정부를 통제하려는 시도에 대해 지역이 저항할 수 있는 권리를 말하는 것이다.

우리나라에서 자치분권과 관련된 활동은 시민사회단체가 중심이 되기보다는 주로 학계가 먼저 지방자치의 가치를 지키기 위해 활동해 왔다. 이러한 현상은 민주주의를 표방하는 시민사회단체와 일반 시민들에게 큰 교훈을 준다. 학자들은 법과 지방자치에 관한 체계적인 지식을 가진 전문가 집단으로 지식인의 역할을 수행해 왔다. 그들은 누구보다도 지방자치가 갖는 민주주의의 가치에 대해 잘 알고 있다. 즉, 자치분권이야 말로 우리나라가 진정한 민주주의 국가에 이르는 길임을 이론으로나 외국의 사례를 통해 확신하고 있는 것이다.

반면 시민사회단체와 일반 시민들은 앞서 말한 바처럼 지방자치에 대해 교육받지도 제대로 경험하지도 못한 세대로서 지방자치의 가치에 대한 인식과 자치 능력에 한계를 가지고 있었다. 이를 극복하기 위해 학계가 시민사회단체와 협력하여 「지방자치헌장」을 선포한 것은 높이 평가 받아야 한다.

참고

「지방자치헌장」 전문

제헌헌법에 의하여 도입되어 1952년 비로소 실시된 지방자치는 1961년 군사정권에 의해 중단되었다가, 1991년 지방의회가 구성되고 1995년에 지방정부의 장이 주민에 의하여 선출되어 부활하였다.

지방자치는 주민의 생활문제를 주민들의 참여를 통하여 지방정부가 자기책임하에 해결하도록 함으로써 주민이 자유롭고 평화로운 삶을 영위하도록 하기 위한 민주적 정치원리이다. 중앙정부는 국방, 외교와 같은 전국적인 문제에 전념하고 지방정부는 주민들의 일상적인 생활문제에 책임을 지도록 역할을 분담하고 상호간의 협조 관계를 이루도록 하여야 한다.

지방정부는 업무를 수행함에 있어서 중앙정부의 간섭을 받지 않고 자율적인 결정을 할 수 있어야 하며, 이를 위해 필요한 재원과 인력 및 권한을 가져야 한다. 중앙정부는 지방정부가 그의 업무를 원만하게 수행할 수 있도록 지원하여야 한다. 주민은 지방정부의 업무수행과정에 적극적이고 능동적으로 참여하여 주권자로서의 역할과 책임을 다할 수 있어야 한다.

지방자치가 부활된 이후 어려운 여건 속에서도 우리의 생활문제를 지방에서 해결하는 가까운 정부로 뿌리를 내리고 있다. 중앙정부의 권력과잉으로 국정이 경직되고 기능이 마비되어 민생이 외면당하는 일이 빈발하는 작금의 현실에 비추어 지방정부가 주민의 생활문제를 해결하는 정치의 중심이 되어야 한다.

시민사회는 주민참여를 통해 생활중심의 정치를 실현하고, 이에 역행하는 중앙정치권과 중앙정부의 반자치적인 활동을 저지하기 위하여 이 헌장을 제정하게 되었다. 이는 지방이 생활의 중심이 되게 하고자 하는 시민사회의 관심과 의지의 표명이며, 지방자치를 활성화하기 위한 시민사회의 대안이다.

헌장의 정신과 내용이 중앙정부와 지방정부, 시민사회 모두에 의해 존중되고 실현되기를 바란다.

2001년 3월 22일

제1조 (주민자치의 원칙) ① 지방자치의 주체는 주민이다. 중앙정부와 지방정부는 주민자치의 원칙을 존중하고, 주민참여를 최대한 보장하여야 한다. ② 중앙정부와 지방정부는 주민자치 원칙의 실현을 위해 주민소환, 주민투표, 주민소송 등을 제도화하고 이를 실시하는 데 필요한 여건을 조성하여야 한다.

제2조 (주민의 권리와 책무) ① 주민은 지방정부의 의사결정과정과 행정집행과정에서 생성된 다양한 정보를 신속하고도 충분하게 제공받을 권리

를 가진다. ② 지방정부는 주민의 자치의식과 자치능력을 향상시키기 위한 학습의 기회를 제공하여야 하며 주민은 스스로 학습의 장을 형성하고 참여하여야 한다. ③ 주민은 자치능력을 길러 지방자치의 주체로서 그 권리를 행사하며 지방자치의 발전에 적극적으로 기여할 책무를 진다.

제3조 (중앙정부 및 지방정부상호간의 관계) ① 중앙정부와 지방정부는 그 업무를 수행함에 있어서 원칙적으로 대등한 지위를 가진다. ② 중앙정부는 국방, 외교, 통일 등 지방정부가 처리하는 것이 현저히 곤란하거나 부적합한 사무를 처리하며, 주민들의 실생활에 관한 사무는 원칙적으로 지방정부의 사무로 한다. ③ 기초지방정부와 광역지방정부 간에는 기초지방정부 우선의 원칙을 존중하여 상호간에 합리적인 사무 배분이 이루어지도록 해야 한다. ④ 지방정부는 지역사회에 영향을 미치는 국가의 정책결정과정에 참여할 권리를 가진다.

제4조 (중앙정부의 책무) ① 중앙정부는 지방정부가 자율적으로 그 사무를 수행하는데 필요한 제도와 기반을 정비하여야 한다. ② 중앙정부는 지방정부가 그 사무를 수행하기 위해 필요한 행정 및 재정적인 자원을 하여야 한다.

제5조 (지방정부의 책무) ① 지방정부는 주민의 인간다운 삶을 보장하고, 주민의 복리를 증진하기 위해 끊임없이 노력하여야 한다. ② 지방정부는 부단한 자기혁신을 통하여 창의적이고 합리적인 정책을 실현하여야 한다. ③ 지방정부는 분권과 자치를 확대하기 위한 노력을 하여야 한다.

제6조 (지방정부의 장의 책무) ① 지방정부의 장은 주민의 복리증진을 위한 봉사자로서 주민자치의 원칙을 존중하여야 한다. ② 지방정부의 장은 그 업무를 수행함에 있어서 지방의회를 존중하여야 한다. ③ 지방정부의

장은 청렴하고 성실하게 그 직무를 수행하여야 하며, 합리적인 행정운영을 통하여 지방정치 및 지방행정의 발전에 기여해야 한다.

제7조 (지방의원의 책무) ① 지방의원은 주민의 대표자로서 주민자치의 원칙에 따라 주민의 의사를 민주적으로 반영하기 위해 노력하여야 한다. ② 지방의원은 청렴하고 성실하게 그 직무를 수행하여 지방정치 및 지방행정의 발전에 기여해야 한다.

제8조 (시민사회와 지방정부의 저항권) 중앙정부가 부당하게 지방정부의 자치권을 침해하거나 자치권을 축소 또는 왜곡하는 제도를 도입하고자 하는 경우에 시민사회와 지방정부는 이에 항의하고 저항할 권리와 책무를 가진다.

제9조 (연대행동)이 헌장의 취지에 동의한 모든 개인과 단체는 이 헌장의 정신과 내용이 구현될 수 있도록 연대하여 공동의 노력과 행동을 한다.

지방자치 혁신사례

- 시의원과 생활정치
- 학교급식법과 지방자치단체의 역할
- 동탄1신도시의 학교살리기 운동

시의원과 생활정치

2010년 6월 필자는 제6대 화성시 동탄지역구 시의원으로 당선되었다. 상반기에 복지경제위원회, 하반기는 행정자치위원회에서 상임위 활동을 했다. 시의원의 공식적 역할은 예결산심의·조례제개정 및 심의와 행정사무감사 등으로 구분된다. 이외에도 민원이 접수되면 주민들을 만나 의견을 듣고 공무원들과 협의하여 문제해결을 위해 대안을 제시한다.

조례제·개정

필자는 임기 동안 총 7건의 조례를 제·개정했다. 각 조례를 제·개정한 배경과 그 의미를 간략히 살펴보려고 한다.

2011년 「화성시 영유아보육 조례」를 전부개정하기 위해 가장 오랫동안 학습하며 연구했다. 조례 개정을 위해 가장 먼저 기존의 「화성시 영유아 보육 조례」를 분석했다. 이 조례는 2006년 제정된 후 2010년까지 한 번도 개정되지 않았다. 즉 화성시는 2006년까지 조례 없이 어린이집을 관리 운영했던 것이다. 지방자치단체가 어린이집을 관리 운영하는 데 핵심은 첫째, 보육정책위원회 구성 및 회의 운영이다. 둘째, 집행부가 어린이집의 질적 발전을 위해 예산을 책정하는 규모다. 셋째, 민원이 발생하거나 자체적으로 문제가 발생했을 경우 공무원들이 어떠한 기준으로 행정 처리를 하느냐는 것이다.

당시 조례개정의 핵심은 세 가지로 요약된다. 첫째, 시립어린이집 위탁 시 자질과 능력을 갖춘 지원자의 확보를 위해 지원자의 거주지를 화성시 제한에서 경기도로 확대했다. 둘째, 보육정책위원회에 부모의 참석을 보장해서 의견을 반영해 보육정책위원회가 민주적으로 운영되기를 바랐다. 셋째, 회의 결과를 공개해 보육관계자는 물론 부모들이 언제라도 정보 접근이 가능하도록 했다.

조례 전부개정 후, 이 조례가 정착되기도 전에 공무원들은 일부 개정을 통해 야금야금 조례에서 추구했던 가치들을 후퇴시켰다. 필자는 상임위가 달라 조례를 심의할 수 없는 상황이었다. 어린이집 상황을 잘 모르는 소속 상임위 의원들은 대부분 공무원들이 원하는 대로 조례를 개정해 주었다. 필자가 봤을 때 그 기준은 공무원들이 일하기 편한 방향이었고, 기존의 시립 어린이집 원장들의 기득권을 지켜주는 것이었다. 이렇듯 일개 지방자치단체에서도 개혁은 쉽지 않은 일이다.

2011년 「화성시 흡연 피해방지 조례」 제정은 지역 주민들의 의견을 반영한 결과였다.

어느 날, 필자가 동탄 센트럴 파크를 걷고 있는데 주부 한 명이 "여기가 금연 공원이었으면 좋겠어요. 며칠 전에 아이들 데리고 나왔는데 어떤 남자가 담배를 피우고 있었어요. 그 담뱃불이 우리 아이 눈을 찌를 뻔했어요"라고 말했다. 그 주부의 말을 들은 후 흡연에 의한 주민들의 피해 방지를 위해 조례 제정을 준비하기 시작했다.

「화성시 흡연 피해방지 조례」를 제정하면서 가장 공을 들인 점은, 구어체는 아니지만 문장을 자연스럽게 해 주민들이 조례를 읽었을 때 쉽게 이해하도록 만드는 것이었다. 그래서 조례의 적용 대상인 주체 설정이 중요했다. 처음부터 흡연자 관점보다는 비흡연자 관점에서 조례 명칭을 구상했다. 만약 흡연자 관점에서 조례를 제정했다면 '금연을 위한'이나 '흡연방지'라는 제목으로 조례를 구상했을 것이다. 조례 제정의 목적이 간접흡연의 피해 예방이었기 때문에 '흡연 피해방지'라는 제목으로 조례를 완성했다. 이 경우 비흡연자가 간접흡연으로부터 보호 받을 수 있는 권리가 더 잘 드러난다.

필자는 2013년 「화성시 장애인복지 증진에 관한 조례」를 일부 개정했다. 기존의 조례에서는 복지대상자를 장애인 당사자에 한정했다. 이 조례 개정은 '장애인가족 지원사업과 장애인가족지원센터의 설치 운영' 조항을 신설해 장애인 복지 대상을 가족 단위까지 확대한 데 의의가 있다. 구체적으로 자치단체장이 "장애인 및 장애인가족의 모범 또는 위기사례 발굴 지원과 장애인 및 장애인가족의 역량강화 증진에 관한 사업을 시행"하도록 제도화한 것이다. 장애인가족지원센터의 설치 운영 조항은 화성시가 장애인가족이 행복한 삶을 추구하고 안정적인 생활이 가능하도록 지원하는 목적이 있었다.

자녀가 발달장애인일 경우 그가 성장할수록 부모는 자녀를 돌보기 위해 집중하기 때문에 자신의 삶을 돌볼 여력이 없어진다. 발달장애인의 부모는 자녀 돌봄을 위해 직업을 갖기도 어렵다. 자녀가 성장할수록 행동반경이 넓어져서 부모는 해야 할 역할도 커진다. 부모들은 자녀를 특수학교에 보내고, 재활훈련을 위해 분산되어 있는 학교와 복지관 및 병원 등을 정기적으로 방문해야 한다. 발달장애아를 둔 부모의 경우 "살찐 사람이 하나도 없다"고 할 정도로 그들은 장애가 있는 자녀를 돌보기 위해 헌신한다. 장애인가족지원센터의 설치 운영에 관한 조항은 화성시 장애인 부모회의 의견을 수렴해 신설한 것이다.

조례 개정 후 이 조항에 근거해 화성시는 장애인 부모회의 운영비 일부를 지원했다. 또한 장애인가족지원센터를 설치·운영하면서 장애인뿐만이 아니라 중증 장애인과 발달장애인 가족들도 화성시로부터 지원 받을 수 있게 되었다.

2012년 「화성시 청소년수련관 설치 및 운영 조례」 일부를 개정했다. 조례 개정은 당시 화성시 유엔아이 센터 빙상장을 이용하던 훈련생들의 부모들을 만나면서 시작되었다. 훈련생 부모들은 빙상장 대관료가 너무 비싸다고 지적했다.

기존의 조례에서 빙상장 대관료는 1회 1시간 기준 400,000원이었다. 필자는 청소년들이 훈련을 목적으로 빙상장 대관 시 1시간 기준 120,000원으로 사용료를 낮췄다. 이후 청소년들은 50%의 감면 혜택을 받아 1시간당 대관료 60,000원을 지불하게 된다. 결국 조례 개정으로 당시 화성시는 전국의 지방자치단체 중 훈련생들에게 빙상장 대관료가 가장 낮은 도시가 되었다.

「화성시 도로조명시설 설치 및 관리에 관한 조례」는 급격하게 개발되고 있는 화성지역의 상황을 반영해 2013년 제정했다. 당시 공무원들은 조례가 없어 상위법령을 기준하거나 임의적으로 일하고 있었다. 가로등 설치에서 가장 중요한 것은 재료의 질이다. 재료의 질과 종류는 법률로 정해져 있어 그 기준에 따라 가로등을 설치하면 된다. 그러나 법률은 전국을 대상으로 하기 때문에 조례가 없을 경우 지역의 특색을 반영하기에는 한계가 있었다. 화성시 로고가 들어가거나 화성시만의 고유한 디자인을 반영하려면 조례가 반드시 필요했다.

대부분의 지방자치단체는 여성비전센터를 설립 운영한다. 화성시는 「화성시 여성비전센터 설치 및 운영에 관한 조례」에 근거해 운영하고 있었다. 당시 화성시 여성비전센터는 주로 여성의 취업·창업을 통한 경쟁력 향상과 능력개발에 필요한 직업교육 일환으로 경력단절 여성을 위한 직업교육프로그램을 강좌 형식으로 운영하고 있었다. 그러나 여성의 정치성 강화와 자아실현을 위한 교육프로그램이 없었다.

「화성시 여성비전센터 설치 및 운영에 관한 조례」 제4조 기능, 교육사업 부문에 '여성의 인권·정체성·사회성 및 양성평등 인식을 강화하기 위한 인문학 및 교양강좌'와 '여성의 위상확립을 위한 국내 및 국제교류 지원사업' 등 두 가지 내용을 포함시켜 조례를 개정했다.

시몬 드 보부아르에 따르면 "여성이란 존재를 만드는 것은 그들이 속한 총체적 문화 바로 그것이다."라고 했다. 보부아르의 이 말에 "여성이란 존재를 만드는 것은 그들이 속한 총체적 문화 바로 그것이다"라는 말에 주목했다.

대한민국의 총체적 문화는 남성에 의한 여성의 속박과 통제다.

2016년 이코노미스트의 발표에 의하면 한국은 OECD 29개국 중 유리천장 지수가 최하위[1]를 차지했다. '유리천장 지수'의 정치적 의미는 다층적이다. 그야말로 총체적 문화 국면 속에서 갈등과 타협을 거치며 여성의 정치적 위상이 결정된다. 내면화된 무의식 속에서 터져 나오는 온갖 여성 비하 발언은 일일이 열거하기에도 벅차다. 필자는 조례를 개정하면서 여성은 태어나는 것이 아니라 총체적 문화 국면에서 구성되며 만들어지기를 바랐다.

새강마을지역아동센터 설립

동탄1 신도시에 위치한 새강마을 휴먼시아 5단지 아파트는 LH가 건설한 영구임대 주택으로 2009년 입주를 시작했다. 이 아파트는 2,342세대로 동탄1 신도시에서 규모가 가장 컸다. 영구임대 주택에 거주하는 아이들은 보호자의 부재로 돌봄을 받지 못한 채 끼니를 거르며 나홀로 아동이 되어 범죄에 노출될 가능성이 높았다.

필자는 2011년 새강마을 임차인 대표를 만나 지역아동센터(다음부터 '센터'라 한다)설립을 제안했고, 그 결과 2012년 6월, 센터가 설립되었다.

지역아동센터란, 지역사회아동의 보호, 교육, 건전한 놀이와 오락 제공, 보호자와 지역사회 연계 등 아동의 건전육성을 위하여 종합적인 아동보호 서비스를 제공하는 시설이다. 지역아동센터는 지역사회의 저소득층(국민기초생활보장 수급권자 가정 아동, 차상위계층, 조손, 다문화, 장애 한 부모 가정 아동, 기타 지역사회에서 보호와 지원이 필요하다고 판단되는 아동이 우선 이용대상)의 만 18세 미만의 아동을 대상으로 방과 후 시간에 종합적으로 아동을 돌보는 공적영역의 돌봄 기관인 아동복지 시설이다. 지역아동센터는 가정형편이 어려운 아동을 대상으로 하는 시설이기 때문에 무료로 이용하는 것을 원칙으로 한다.

일반적으로 대부분의 센터에서 운영하는 프로그램은 보호·교육·문화·정서·지역연계 등 총 5개의 영역으로 구분된다. 아동돌봄 종사자들은 방과 후 아이들이 센터를 찾으면 위생, 숙제, 학습, 예체능, 문화, 안전 등의 프로그램을 진행한다. 이외에도 학교교사·전문가·아동과 상담을 하고 바깥활동을 진행한다. 아동이 아플 경우 병원에 동행해야 하고 센터장은 자원봉사자를 관리해야 하며 저녁 급식 준비와 지원도 해야 한다. 또한 저녁이 되면 아동의 귀가 지도를 하고 보호자와 상담을 진행한다.

이와 같이 다양한 활동을 하는 센터는 보건복지부에서 관리하며 전문 교육기관이라기보다는 교육을 포함한 보육과 보호를 중심으로 교육프로그램이 복합적으로 이루어지는 학령기 아동 보육기관이다. 이로써 센터는 사회적으로 확장된 또 하나의 가정의 성격을 갖는다.

센터의 개념과 설립 목적을 보면 저소득층 자녀들의 복지를 위해 응당 개인이 아닌 국가가 책임져야 할 몫이라는 것을 눈치 챌 수 있다. 그러나 현실은 그렇지 않았다. 정부가 사각지대에 놓여 있는 저소득층 자녀들의 복지문제를 민간체계에 부분적으로 책임을 떠넘기는 구조였다. 따라서 센터 개설 후 2년 간 센터장 책임 하에 자부담으로 운영비를 충당해야 했다. 다만, 개원 즉시 급식에 필요한 식재료비를 지자체에서 지원 받을 수 있었다.

센터가 개설을 하고 자리를 잡기까지는 많은 시간과 노력이 필요하다. 특히 사회구조적으로 신규센터는 기존의 제도 안에 진입하기 어려울 정도로 폐쇄적인 구조다. 진입 장벽이 높을수록 운영에 어려움을 겪을 수밖에 없다. 운영을 위해 필수적으로 요구되는 자원봉사와 후원 등을 신규센터는 제대로 지원 받을 수 없다. 각종 기관에서 공모를 하는 경우 신규센터는 사업제안을 지원하는 것도 거의 불가한 구조이다. 대부분 조건이 2년 이상의 운영 경력을 요구하기 때문이다.

LH공사는 저소득층의 안정적인 거주를 위해 임대 주택을 공급한다. 노인정과 어린이집은 설계 당시부터 공간을 확보하지만 센터를 위한 공간은 배려하지 않았다. LH공사는 영구임대 아파트를 설계하면서 노인정과 어린이집을 계획하듯 센터 공간을 확보할 필요가 있다. 또한 지방자치단체는 임대아파트의 어린이집을 시립으로 운영하듯이 센터를 시립으로 운영할 수 있도록 정책적 배려도 해야 한다. 이와 같은 정책이 사회적 발언권이 없는 저소득층 아동을 위한 실질적인 복지이기 때문이다.

제암리 비극의 현재성과 화성시의 역사바로세우기

제암리 학살 만행이란, 일제가 1919년 4월 15일 독립운동을 하던 30여 명을 제암교회에 가두고 학살한 사건을 말한다. 학살 직후 일제는 교회에 불을 지르고 사체를 유기했다. 유가족 고 전동례 할머니는 일제의 만행을 구술해『두렁바위에 흐르는 눈물』이라는 책 한 권을 남겼다. 피해자의 유가족들은 대를 이어 지금도 집단적인 트라우마를 겪고 있다. 비극이 현재성을 띠는 이유이다. 필자가 판단하기에 화성시가 이 역사적 비극에 대해 적극적인 정책을 수행하지 못했기에 관심을 가질 수밖에 없었다.

2009년 3월 4일 일본 동경예술좌 연출부장 인나미 사다토 씨가 제암리 학살 사건을 주제로 뮤지컬 〈두렁바위 위에 핀 불꽃〉을 연출해 화성시 유앤아이센터에서 공연했다. 그는 이 뮤지컬을 한국인과 공동 연출했으며 자신의 역사관을 다음과 같이 밝혔다. "3·1만세운동은 한국에서뿐만 아니라 일본에서도 천황 중심의 제국주의에 대한 반대 운동을 촉발시켰다. 만세운동은 한일 우리 모두의 역사다."[2] 이 일은 화성시가 손 놓고 있을 때, 일본인이 앞장서 진실을 규명하려 했다는 점에서 충격파가 컸다.

필자는 자료를 수집하고 유가족들과 인터뷰를 하면서 그들의 의견을 수렴했다. 제암리의 비극적 역사에 대해 화성시가 어떠한 정책을 수행해야 하는지 대안 제시를 위한 활동이었다. 필자는 2012년 5월 「3.1독립운동과 일제에 의한 제암리 학살 만행에 대한 역사 바로 세우기를 촉구하며」라는 제목의 결의문 형식으로 의회에서 발표했다. 핵심을 요약하면 다음과 같다.

첫째, 국가차원에서 진상조사단을 구성하도록 정부에 촉구해야 한다. 이는 대한민국 헌법 전문에 명시된 바와 같이 3·1독립운동은 대한민국의 정통성과 정체성을 확보하는 근간이기 때문이다.

둘째, 화성시는 일본정부에 공식적으로 사과를 촉구해야 한다.

셋째, 초중고 역사 교과서에 화성지역의 3·1독립운동을 더 명확히 명시할 수 있도록 화성시가 노력해야 한다.

넷째, 유가족들의 의견을 전폭적으로 수용해 기념관을 재정비 하고 관리 유지해야 한다.

다섯째, 권위주의적으로 진행되는 3 · 1독립 기념행사는 대폭 수정되어야 한다.

여섯째, 매년 3월 1일부터 4월 15일까지 '화성 3 · 1독립운동 기념 주간'으로 선포하고 그에 걸맞은 문화기획을 해야 한다.

일곱째, 3 · 1독립운동의 제반 사업을 성공적으로 수행하기 위해 조례를 재정비 하고 조직을 개편해야 한다.

지역 도서관 정책의 중요성

필자가 시의원으로서 가장 관심을 많이 가진 분야는 도서관 정책이었다. 각 지역의 도서관 정책이 중요한 이유는 도서관이 지역에 지식을 제공하는 플랫폼으로 창의력을 높이는 데 핵심적인 문화공간이기 때문이다. 주기적으로 도서관을 방문했고, 비어 있는 서고를 채우려고 예산확보를 위해 노력했다.

한 국가의 정체성을 형성하는 것과 비전 제시는 전략적인 행위로 강력한 문화정책을 의미한다. 이 문화정책의 의미를 도서관에서 찾은 나라가 있다. 백년 후, 아니 천 년 후를 생각하며 지나치게 무모하지만 원대하게 꿈꾸었던 한 정치인이 있었다. 바로 프랑스의 미테랑Mitterrand 대통령과 도서관 이야기다. 프랑스 혁명 200주년을 기념하기 위해 지은 미테랑에 의한 이 국립도서관은 마침내 1996년 완공되었다.

프랑스 국립도서관의 역사는 14세기 무렵 왕립도서관으로부터 시작된다. 1792년 프랑스의 첫 공화국은 소수의 왕족과 귀족들이 전유했던 왕립도서관을 국립도서관으로 바꾸고 시민들에게 개방했다. 소수가 지식을 독점적으로 소유하던 시대가 끝나고 바야흐로 지식의 민주화 시대가 열린 것이다. 프랑스는 미테랑이 세운 도서관으로 이전하기 전까지 앙리 라브루스트Henri Labrouste가 리슐리외Richelieu에 세운 구 박물관을 국립도서관으로 이용했다. 이 구 도서관은 오스만Haussmann의 파리 개선 사업의 일환으로 지어졌다.

프랑스 국립도서관 설립은 미테랑 대통령이 추진한 새로운 파리를 위한 신 건축계획의 일부였다. 도서관이 현재의 자리에 건축된 목적은 당시 파리에서 가장 낙후된 지역이었던 13구의 활성화였다. 우연인지 모르겠으나 우리나라가 올림픽이라는 스포츠에 열광하고 있을 때, 그는 1988년 인류의 문화유산을 체계적으로 보존하기 위해 가장 현대적이며 가장 규모가 큰 도서관 설립 계획을 공표했다. 설계자는 도미니크 페로Dominique Perrault의 건축사무소로 도서관 설립에 8년여의 공사기간이 소요되었고 총공사비로 12억 유로가 지출되었다.

센 강 연안에 위치한 이 도서관은 4개의 L자 형태의 타워로 구성된 건축물로 위에서 내려다보면 흡사 네 권의 책을 펼쳐 세워 놓은 형상이다. 마치 거대한 직사각형 내부 공간을 지정하는 듯한 인상을 준다. 타워의 높이는 79m이다. 이 타워들은 각각 법Loi, 숫자numero, 문자lettre, 그리고 시간temp을 상징한다. 이처럼 국립도서관 각 건물에 인문학의 상징성을 부여한 것은 철학의 나라 프랑스다운 발상이다.

전면이 유리로 된 국립도서관의 내부는 장서들로 빽빽하게 채워져 있다. 타워에 둘러싸인 공간에는 12,000m²의 오크나무 숲 정원이 숨어 있다. 마치 자연을 현대적인 건축물 안으로 들여 놓은 것과 같은 인상을 준다. 이 오크나무는 노르망디에서 공수해 심은 것이다.

사람들은 이 도서관을 "미테랑의 미테랑에 의한 하지만 프랑스 국민을 위한 도서관"이라며 높이 평가하기를 주저하지 않는다. 미테랑은 자신의 국가가 문화대국이 되기를 바란 정치인이었고 그 의미와 가치를 부여하기 위한 대상으로 도서관을 선택한 것이다. 이제 프랑스 국립도서관은 문헌정책을 위한 거시적이며 전략적 공간이 되었고 프랑스의 지성을 상징한다.

1994년, 영국 출신 수학자 앤드류 와일스Andrew Wiles는 약 350년 만에 수학계의 난제였던 페르마의 마지막 정리를 최초로 완벽하게 증명해 세상을 놀라게 했다. 그는 책을 통해 우연히 페르마가 남긴 수학 문제를 접했다. 책을 읽고 스스로 문제를 풀겠다고 결심한 곳은 지역의 작은 도서관이다.[3] 앤드류의 사례는 시골 마을의 작은 도서관이 그에게 단서를 제공했다는 점에서 지방자치단체의 도서관 정책이 매우 중요하다는 것을 일깨운다.

화성시의 도서관 실태를 구체적으로 살펴보면 화성시가 급격하게 팽창한 도시인만큼 도서관도 2010년 이후 양적 팽창을 거듭한다. 2019년 1월 현재, 화성시에는 일반 도서관 10개, 어린이 도서관 2개, 작은 도서관 3개가 있다. 아파트 단지와 마을별로 민간인이 운영하는 작은 도서관이 140여 곳에 이른다.

화성시 도서관은 위탁 기관을 자주 변경해 왔다. 화성시는 직영 운영하던 도서관을 2001년 시설관리공단에 위탁했다. 당시 행자부가 공무원 총액임금제를 도입하며 위탁을 권고했고, 화성시가 이를 수렴한 것이다. 2011년 시설관리공단과 도시공사가 합병하며 도시공사가 도서관을 위탁 운영했다. 다시 1년 만에 화성시는 정책을 바꿔 2012년 문화재단에 도서관을 위탁 운영하면서 현재에 이르고 있다. 그러나

2018년 화성시 내부에서 도서관을 문화재단에서 인재육성재단으로 위탁기관을 변경하려고 시도했으나 성사되지는 않았다.

화성시 내부에서도 도서관 관리부서의 잦은 변경으로 도서관 행정이 이중 삼중으로 불안정한 상태다. 2010년 이후 도서관 담당 부서가 문화관광과에서 교육지원과로, 교육지원과에서 다시 문화예술과로 이관되었다가 2017년 문화예술과에서 평생학습과로 또 다시 변경된다. 8년 동안 총 4번이나 도서관 담당부서가 바뀐 것이다.

위탁 기관과 도서관 담당부서의 잦은 변경은 화성시가 도서관 정책을 수립할 의지도 능력도 없다는 것을 보여준다. 깊은 고민 없이 즉흥적으로 이루어지는 정책은 졸속적으로 진행된다. 이는 도서관 정책이 주민들에게 신뢰를 얻지 못하는 배경이 된다. 뿐만 아니라 현장에서 일하는 사서 조직의 자존감이 낮아지고, 그들의 사기를 떨어뜨리는 결과를 가져온다. 이러한 상태에서 화성시의 도서관이 질적으로 발전할 것이란 기대는 애초에 무리다.

필자가 의정활동을 하며 가장 심각하게 생각한 점은 다음과 같다. 당시 화성시장은 '창의지성교육'을 중요한 정책 목표로 설정했다. 그는 이 정책을 관내 학교를 통해 실현하려고 했으나 그 토대가 되는 도서관 정책에서는 우왕좌왕했다.

2011년경, 화성시는 학교 복합화 사업을 추진하며 20여 곳의 학교를 지정, 예산을 지원해 관내 학교 도서관을 일반 주민에게 개방하려는 계획을 추진했다. 이를 실현하기 위해 지역의 초·중학교 도서관의 장서를 보충하고 도서관 리모델링을 위한 예산을 상정했다. 당시는 동탄복합문화센터도서관을 개관한지 얼마 되지 않은 시기로 서고가 텅 비어 있는 상태였다. 화성시는 정작 자신이 관리 운영할 주체였지만 새로 개관한 도서관의 도서구입 예산은 제대로 편성하지 않았다. 즉 일반 주민에게 개방한다는 명분을 들어 학교에 도서관 예산을 지원하려고 했던 것이다. 이 경우 도서관 관리 주체는 화성시가 아니라 교육청 소속인 학교가 된다.

그 중 한 곳이 동탄의 모 중학교였다. 동탄의 실정을 잘 알고 있던 필자에게 이 안건이 혹시 장난은 아닐까라는 의구심을 갖게 만들었다. 이 중학교는 동탄복합문화센터도서관과 도보로 10여 분의 거리에 위치하고 있었기 때문이다. 그리고 동탄1신도시는 모든 단지 내에 커뮤니티 센터가 있고 작은 도서관을 운영한다. 실태 파악도 하지 않고 즉흥적으로 예산부터 책정하고 보는 집행부의 성급함과 탁상행정이 적나라하게 드러난 것이다. 그 결과 예산은 대부분 삭감되고 동탄 주민들에게 관내 학교의 도서관을 개방하려던 계획은 취소되었다.

인구가 적은 서부지역은 인구가 밀집한 동탄과 사정이 달랐다. 도서관이 멀리 떨어진 마을에 관내 학교를 지정해 도서관을 개방하더라도 도서관을 이용할 주민이 많지 않을 것이라는 짐작이 가능하다. '책 읽는 도시'를 만들기 위해 지방자치단체가 노력해야 하는 것은 분명한 사실이다. 그러나 실태파악도 하지 않고 즉흥적으로 정책을 실시해서는 안 된다. 시범 사업을 통해 과정을 주기적으로 평가하고 정책을 확대할 것인지 말 것인지를 결정해야 하는 것이다.

프랑스는 도서관 정책을 통해 문화대국임을 전 세계에 선포했다. 그들은 자신의 역사와 철학은 물론 비전까지 도서관을 통해 제시했다. 지방자치단체에서는 도서관을 국립도서관처럼 대규모로 운영할 수 없고 그럴 필요도 없다. 그러나 시간이 걸리더라도 지역의 실태를 정확하게 분석하고 도서관 정책의 방향을 설정한다면 중앙정부는 할 수 없지만 지방자치단체가 수행할 수 있는 도서관 정책을 개발할 수 있다. 규모가 문제가 아니다. 무엇보다 지식정보의 보존과 가치에 대한 인식을 전환하고 도서관의 질적 발전을 위한 정책의 방향성을 설정하는 것이 최우선이며 가장 중요하다.

학교급식법과
지방자치단체의 역할

1) 「학교급식법」 제정

2010년 지방선거에서 처음 실시된 교육감 직선제의 쟁점은 학교무상급식이었다. 당시 야당의 지방자치단체장 후보들의 공약도 학교무상급식지원에 집중되었고, 선거 결과 대부분 학교무상급식을 공약한 후보들이 당선되었다.

그들의 임기가 시작되면서 초등학교에서 전면 무상급식이 시작되었지만 학교무상급식이 어느 날 하루아침에 이루어진 것은 아니다. 시민단체들이 꾸준하게 참여한 성과였다. 지방자치가 지역 주민들의 일상생활에 절대적인 영향을 미치는 정치적 장이라는 것을 최초로 깨닫게 해준 것도 학교급식 문제였다. 시민단체들의 활동 목표는 학교급식 무상만은 아니었다. 실질적으로 국가가 청소년들의 생명권을 책임질 것을 요구하는 정치적 활동이었다는 점에서 더 큰 의의가 있었다.

지방자치와 학교급식의 긴밀한 관계를 이해하려면 우리나라 학교급식 변천사를 살펴봐야 한다.

우리나라 학교급식은 1981년 「학교급식법」 제정으로 시작된다. 「학교급식법」이 제정된 사회적 배경은 당시 쌀 생산량 급증이었다. 국가 차원에서 남아도는 쌀 소비를 위한 방안을 학교급식에서 찾은 것이다. 「학교급식법」이 제정되면서 학교급식이라는 말도 최초로 쓰이기 시작 한다.[4]

「학교급식법」 제3조는 "국가(중앙정부)와 지방자치단체는 영양교육을 통한 식습관의 개선과 학교급식의 원활한 수행을 위하여 필요한 시책을 강구"해야 한다고 규정한다. 그러나 이 규정에서 지방자치단체의 역할은 애매모호하다. 지방자치단체가 학교급식을 위한 정책에서 무엇을 어떻게 실행할지 근본적인 근거가 될 수는 없었다.

제4조는 "학교급식을 의무교육 대상학교"로 제한한다. 이를 근거로 초등학교를 중심으로 학교급식이 점차 확대 실시되었다.

제5조 제1항은 "학교급식을 실시할 학교는 학교급식을 위하여 필요한 시설과 설비를 갖추어야 한다"고 규정한다. 따라서 교내에 급식 시설이 설치되지 않을 경우 급식을 할 수 없게 되었다.

제6조는 "학교급식은 교육의 일환으로 운영되어야 한다"고 규정함으로써 학교급식이 교육의 일환임을 분명히 했다. 이 조항은 시민 단체들이 학교급식도 교육 과정으로 우리나라에서 생산된 양질의 친환경급식재료로 학교급식을 실시해야 농업도 살리고, 사회를 바꿀 수

있다고 주장하는 근거가 되었다.[5]

제8조 제1항은 "학교급식의 실시에 필요한 급식시설·설비에 요하는 경비를 학교의 설립·경영자가 부담"한다고 규정한다. 그러나 현실적으로 공립학교의 경우 국가가 일시에 예산을 확보할 수 없는 상황으로 전국의 초등학교에 급식시설설치를 동시에 할 수는 없었다.

제8조 제2항은 "급식 경비는 학부모가 부담을 원칙으로 하되, 필요한 경우 국가 또는 지방자치단체가 지원할 수 있다"고 규정한다. 이 규정은 지방자치단체가 기초생활수급자 등 빈곤 가정의 학교급식비를 지원하는 근거가 되었다.

「학교급식법」을 제정할 당시는 지방자치가 중단된 시기였다. 지역 주민이 직선제로 자신의 대표를 선출한 것이 아니라 중앙정부가 지방행정기관의 장을 임명했던 시절이었다. 단지 지방자치단체는 기술적으로 효율성을 높이기 위해 행정의 분업체계에 따라 중앙정부가 운용하는 하위의 행정기관이었을 뿐이다. 따라서 주민이 선출한 대표자가 학교급식 정책을 자율적으로 결정할 수 없었다.

2)「학교급식법」 개정과 학교급식의 환경 변화

학교급식의 환경 변화는 대통령 후보 공약과 밀접한 관계가 있다. 1992년 김영삼 대통령 후보는 학교급식 전면 실시를 공약으로 내걸었다. 특히 그는 장시간 학교에서 입시공부를 하는 고등학생을 위해 고등학교 전면 급식을 강조했다. 1997년 김대중 대통령 후보는 중학교 급식을 공약했고 그가 당선되면서 중학교 급식이 본격 논의되기 시작했다.

이후 1998년 초등학교, 1999년 고등학교, 2003년 중학교에서 학교급식을 전면 실시한 결과 우리나라는 세계 최초로 초·중·고 모든 학교에서 급식을 실시하는 국가가 되었다.[6]

정부는 1993년 「학교급식법」 일부개정을 통해 제5조에 "필요한 경비 조달 등을 위하여 학교급식후원회(이하 후원회라고 한다)를 둘 수 있다"고 규정한다. 후원회 결성은 학교급식의 보편화에 긍정적인 영향을 끼쳤지만 공교육을 책임진 국가가 입법은 하되 예산은 확보하지 않고, 후원회에 학교급식의 책임을 떠넘겼다. 결과적으로 김영삼 정부는 학교급식에 필요한 모든 비용을 학부모에 전가시켰다는 비판에서 자유로울 수 없었다. 이 후원회 조항은 2006년 「학교급식법」을 전부 개정 하면서 삭제되었다.

1999년 개정된 「학교급식법」은 제11조 제1항을 신설해 "경제력이 부족한 가정 형편 때문에 학교급식을 할 수 없는 재학생을 위해 지방자치단체가 지원"하도록 했다. 제2항은 지방자치단체가 방학기간에도 급식지원 대상자들의 급식비를 지원할 수 있도록 규정함으로써 빈곤가정 학생들은 지방자치단체의 지원으로 상시적으로 급식비를 지원 받을수 있게 되었다.

1996년에도 법이 개정되는데 가장 큰 문제는 제10조에서 학교급식을 민간 업체에 위탁을 허용한 점이다. 제1항은 "학교 안에 학교급식을 위한 시설과 설비를 갖추지 못한 학교의 경우 학교급식공급업자와 계약을 통하여 학교급식을 위한 시설의 설치·운영을 위탁하거나, 조리·가공한 식품을 운반하여 위탁급식을 실시할 수 있다"고 규정한다. 이를 근거로 학교는 직영방식과 위탁방식 중 하나를 자율적으로 선택

할 수 있게 되었다.

민간 위탁 허용은 심각한 문제를 야기했다. 김영삼 정권의 정치철학 기조는 신자유주의의 확대였다. 정부는 1994년 '작고 강한 정부'를 지향하며 정부조직을 통폐합하고 규모를 축소 개편했다. 작은 정부란 정부의 기능과 역할을 축소하고 시장경제원리를 공공영역에 도입하는 것을 말한다. 정부가 민간 부문의 효율성을 극대화하는 것을 목적으로 전 분야에서 공공영역의 시장화 정책을 추진한 것이다.[7]

당시 요식업체들이 기업의 구조를 프랜차이즈franchise화 하면서 국내 요식시장은 포화상태에 이르렀다.[8] 기업들은 새로운 이익 창출을 위해 시장을 확장할 기회를 엿보고 있었다. 「학교급식법」이 개정되자마자 기업들은 대거 학교급식 시장에 진출했다. 이는 정부가 공교육 영역 일부를 완벽하게 시장에 이관한 것으로, 결국 위탁급식 허용은 학교급식의 시장화에 다름 아니었다.

위탁급식 업체들은 주로 학교급식 설비가 설치되지 않았던 중·고등학교를 대상으로 집중 투자했다. 그러나 시설 설치를 끝낸 업체들이 급식비를 통해 투자비용을 단기간에 회수하려고 시도하면서 문제가 발생했다. 위탁급식 학교는 직영급식 학교보다 급식비가 비쌌다. 급식비에 시설 설치비용을 포함했기 때문이다. 일부 업체는 급식시설에 대한 감가상각비도 적용하지 않는 등 농간을 부렸다. 식재료비에는 운영업체의 인건비까지 포함되었다. 인건비는 상승했고, 시간이 흐를수록 식재료비의 비중이 낮아지면서 학교급식의 질은 형편없어지게 되었다.[9] 학교급식 현장이 시장화 되면서 당사자인 청소년 세대가 모든 피해를 감당해야만 했다. 위탁급식학교를 중심으로 식중독 사건이 발생하기 시작한 것이다.

식중독 사고로 매년 입원한 학생 수를 종합하면 다음과 같다. 2003년 49개교 4,621명, 2004년 57개교 6,712명, 2005년 19개교 2,304명, 2006년 70개교 6,992명이 식중독으로 입원했다. 학부모 단체들은 학교급식 때문에 일어난 식중독 사건을 '학교급식대란'이라 명명했다. 2007년 질병관리본부 전염병관리팀에 따르면 "300명 이상 대규모 식중독 발생사건 중, 학교급식이 가장 높은 빈도를 차지한다"고 밝혔다.[10]

시민 단체들은 학교급식으로 식중독 사건이 발생하던 2000년대 초기부터 교육당국에 해결책을 촉구했다. 그러나 식중독 사건은 해마다 증가해 특히 2006년에는 더욱 심각했다. 전국에서 7,000명에 이르는 학생들이 식중독으로 입원하는 초유의 사태가 발생한 것이다. 이후 심각성을 인지한 정치권이 나서기 시작해 국회의원들이 학교를 현장 방문하는 등 사태의 진위를 파악하면서 법 개정 논의를 가속화했다.

학교급식 대란을 계기로 2006년 7월 국회는 「학교급식법」을 전부 개정했다. 법 개정의 방향은 안전한 식재료 사용과 식중독 방지를 위한 안전관리에 집중했다. 제10조 제1항을 신설해 "학교급식에는 품질이 우수하고 안전한 식재료를 사용"과 제12조 제1항에서는 "식재료의 위생과 안전관리를 철저히 기할 것" 등을 규정했다.

제21조는 "관계행정기관이 법규 위반자를 대상으로 행정처분"할 수 있도록 근거를 마련했다. 제22조는 "고의 또는 과실로 식중독 등 위생·안전상의 사고를 발생하게 한 자" 등을 대상으로 지방자치단체가 징계 처분할 수 있도록 벌칙을 규정했다.

특히 제23조 제1항은 규정을 위반한 "학교급식공급업자에 대해 7년

이하 징역 또는 1억 원 이하의 벌금"에 처한다고 규정하고 제2항에서는 품질 및 안전을 위한 준수사항을 위반할 경우 "학교급식공급업자는 5년 이하의 징역 또는 5천 만 원 이하의 벌금"에 처한다는 벌칙도 마련했다. 징계처분과 함께 학교급식으로 식중독이 발생할 경우 수탁업체를 처벌하도록 만든 것은 학교급식 공급업자들에게 책임을 물을 수 있는 근거가 되었다.

개정된 「학교급식법」은 지방자치단체가 학교급식을 행정적 · 재정적으로 지원하기 위해 조례를 제정해야 한다고 규정하면서 학교급식에 대한 지방자치단체의 책임성을 강화했다. 따라서 지방자치단체는 전통 식문화의 계승 · 발전을 위하여 필요한 시책을 강구하고, 우수한 식자재 공급을 위해 학교급식지원센터를 설치 · 운영할 수 있게 되었다.

특히 지방자치단체가 "양질의 학교급식이 안전하게 제공될 수 있도록 행정적 · 재정적"으로 지원하기 위해 조례를 제정할 수 있게 된 것이다. 이로써 지방자치단체가 학교급식을 '지원할 수 있다'고 애매모호하게 규정한 문제를 해소하게 되었다.

법 개정으로 다수의 학교들이 빠르게 직영급식으로 전환했다. 학교급식대란은 우리 사회가 공공영역을 무분별하게 민간으로 이관했을 때, 얼마나 큰 대가를 치러야 하는지 여실히 보여준 상징적 사건이었다.

학교급식지원조례제정 운동

2000년대 초부터 시민단체들은 지방자치단체를 대상으로 학교급식지원조례제정 운동을 전개했다. 일부 지방의회에서는 주민발의 학교급식지원조례를 부결시켰고, 시민단체가 지방자치단체와 대립 갈등하면서 저항하는 상황이 전개되기도 했다.

학교급식지원조례제정 운동은 전국에서 활발하게 진행되었지만 중앙 언론에 부각되지는 못했다. 당시 중앙언론은 각 지역에서 벌어지고 있는 주민발의 학교급식지원조례제정 운동에 관심이 없었다. 다만 지역 언론은 학교급식지원조례제정 운동을 속보나 특보 형식으로 보도했다.

문화변동은 제도가 확고하게 구축된 곳이 아니라 비어 있는 틈새로부터 변방에서 불안정하게 시작된다. 처음에는 소수에 의해 주도되고 작은 부분부터 균열을 내며 담론화 과정을 거치며 파장을 일으킨다. 파장은 공명을 일으키며 의미의 상승작용을 통해 자기 조직화 과정을 거치면서 문화변동이 이루어진다. 십여 년에 걸쳐 시민단체들이 학교급식지원조례제정 운동을 촉발하게 된 계기도 인천 남동구에서 시작되었다.

인천 남동구의회가 「학교급식시설지원에 관한 조례」를 제정하자 남동구청장이 구의회를 상대로 대법원에 「학교급식시설지원에 관한 조례안 재의결 무효소송」을 냈다. 대법원은 1996년 12월 이를 기각하며 조례가 적법하다고 판결했다. 인천 남동구는 즉시 「학교급식시설지원에 관한 조례」를 공포하고 1997년부터 50%의 학교급식비를 지원했다. 이로써 지방자치단체가 학교급식비를 지원할 법적 근거가 마련되었다.[11]

2000년대부터 시민단체들 간에 학교급식의 공공성에 대한 담론이 형성되기 시작했다. 학교급식은 시장 논리로 민간 업체에 위탁해서는 안 되며 직영급식으로 공교육기관이 청소년들의 건강을 책임져야 한다는 것, 그리고 이는 지방자치단체가 해야 할 역할이라는 것이 주된 논점이었다. 시민단체들의 이와 같은 주장은 지방정치가 지역 청소년들의 생명권을 보장하는 정치를 하라는 요구였다.

한편 시민단체들이 주목한 것은 WTO농업협상 결과였다. 그들은 WTO협상으로 우리나라에 외국산 농산물이 대거 수입될 것으로 전망했다. 연쇄작용으로 농촌에서는 농업이 붕괴될 것이란 두려움도 컸다.

'친환경무상급식 실현을 위한 학부모 단체'가 결성되면서 학부모들의 학교급식의 질에 대한 관심이 높아지기 시작했다. 특히 2002년 11월 '학교급식전국네크워크'가 창립하면서 활기를 띠었다. 이 단체의 창립 배경은 "학교급식은 교육이며 학교급식개선 운동은 교육개혁의 일환으로 사회구성원의 변화를 가져오며 민주적이고 투명한 사회를 만들어 내는 것이다."[12] 이 단체는 학교급식지원을 위한 조례제정 운동을 전국적으로 확산시키는 역할을 수행했다.

최초의 성과는 전라도에서 나타났다. 전북지역에서는 이미 '농업회생연대'가 주축이 되어 조례제정을 위한 청원운동을 하고 있었다. 전남지역에서는 2002년 11월 '학교급식개선 우리농산물사용을 위한 조례제정 전남운동본부 준비위원회'를 결성하고 학교급식문제를 공론화했다. 그들은 2003년 2월 운동본부를 출범시키면서 한 달 만에 연대 서명을 마치고, 전라남도에 학교급식지원을 위한 주민청구조례안을 제출했다. 그러나 WTO에 위배될 소지가 있다는 중앙정부의 입장으로 심의가 유보되었다.

전라남도의회는 2003년 2월 주민발의 「전라남도 학교급식 식재료 사용 및 지원에 관한 조례」를 의결했다. 당시 행정자치부는 이 조례가 WTO에 위배될 소지가 있다며 전라남도에 재의를 요구했다. 한편 나주 시장은 행정자치부가 재의를 요구하기 이틀 전, 주민이 발의한 학교급식지원조례를 공포했다. 10월 도의회도 조례를 재의결하고 공포했다. 「나주시 학교급식지원조례」는 국내 최초 주민발의에 성공한 조례제정으로 한국 지방자치 역사에 한 획을 그은 사건이었다.

같은 해 11월 교육부는 「학교급식법 시행령」 제7조 제5항을 수정해 "자치단체는 학교급식 지원을 위한 예산을 사용할 수 있다"는 내용을 공표했다. 전라도에서의 학교급식지원 조례제정과 교육부의 시행령 수정을 계기로 조례제정 청구운동이 더욱 확산되었다.

학교급식지원조례 청구운동은 2002년부터 2006년까지 절정에 달했다. 시민단체들은 주민발의에 필요한 서명을 받기 위해 지역의 주민들을 대상으로 다양하게 활동했다. 아래의 인용문은 당시 학교급식에 대한 주민들의 열망이 얼마나 컸는지 잘 보여주고 있다.

> 제4대 지방의회(2002년 7월-2006년 6월) 회기 중 주민이 발의한 조례를 조사한 결과, 총 123건 중 66건이 의회를 통과하였다. 123건의 주민발의를 위해 총 137만 9,926명이 서명하였으며, 이 중 학교급식에 관한 조례가 가장 많은 94건에 98만 명이 참여하였다.(경향신문, 2006.11.21)[13]

지방자치 역사에서 주민발의 학교급식지원조례제정 운동이 갖는 의미는 대단히 크다. 학교급식지원조례청구를 위해 98만 명이 서명한 것은 지역 정치의 장에서 직접 민주주의의 열망이 대단히 컸다는 것을 함의한다.

당시 왜 시민단체들이 조례제정 운동에 집중했는지 그 배경을 살펴볼 필요가 있다. 학교급식이 전면 실시되면서 문제점이 드러났다. 예산을 확보하지 못한 학교에서 급식시설설비에 투자를 유도하며 민간업체에 학교급식을 위탁했다. 예산 부재는 민간업체가 학교급식을 대거 위탁받게 된 원인이었다.

학부모들은 학교급식 전면 실시를 환영했다. 문제는 학교급식의 질이 너무 낮은 점이었다. 급식을 위탁한 대부분의 고등학교는 문제가 매우 심각했다. 민간업체는 설비투자비 조기 회수를 위해 혈안이었고 지나치게 이윤을 추구했다. 학교는 급식 문제를 업체에 떠맡기고 책임지려 하지 않는다. 학생들의 건강은 뒷전으로 밀려 났다. 질 낮은 학교급식은 시민단체들이 조례제정 운동을 벌인 동인이 되었다.

당시 한국농촌경제연구원은 전국의 학교를 대상으로 직영급식과 위탁급식 학교의 식자재 차이를 비교분석했다. 조사 결과 위탁급식 학교가 직영급식 학교보다 외국산 농산물을 더 많이 사용하고 있었다. 주로 품질 상태의 확인이 어려운 냉동 가공 식자재였다.

학교급식문제를 전면에 내세운 단체는 '학교급식전국네트워크'였다. 학부모들이 단체를 만들며 학교급식지원조례의 필요성을 느낀 이유는 단 한 가지였다. 학교급식이 자식의 건강에 직접적인 영향을 미치는 문제였기 때문이다. 사회적 약자인 학생들이 신분상 학교급식 문제를 공론시키기에는 한계가 있다. 설사 학부모가 학교에 급식 문제를 제기하더라도 비전문가인 그들은 무엇이 문제인지도 알지 못하는 처지였다.

그 당시 자발적으로 학교급식지원조례를 제정할 의지를 가진 지방자치단체는 많지 않았다. 2005년 전후 지방자치단체 중 직영급식, 우리농산물 사용 등을 골자로 한 학교급식지원조례를 제정한 곳은 37개에 이를 뿐이었다.

당시 순천시는 지역에서 생산되는 무농약 유기농산물을 학교급식 재료로 사용하고 있었다. 지방자치단체가 교육청과 연계해 정책을 탄력적으로 운용한 결과다. 농업을 살리고 친환경 우리농산물로 학교급식을 실시해 학생의 건강권을 지키겠다는 정책의 일환이었다.

과천시는 무상급식을 위해 교육청에 예산을 지원했다. 과천시는 전국에서 최초로 무상급식을 한 지방자치단체다. 과천시의 사례는 다른 지역에서도 무상급식을 실현할 수 있을 것이라는 기대를 하게 만들었다.

두 지방자치단체의 사례는 학교급식지원조례제정 운동을 하던 시민단체들에게 '선 친환경급식, 후 무상급식 대상자 확대' 정책을 생각하게 만들었다.

부천시 최초 주민발의 조례제정의 무산

1) 주민발의 조례제정을 위한 '부천지역학교급식네트워크' 결성

은폐되었던 학교급식 문제는 2000년대 초부터 주로 고등학생들이 식중독에 걸리면서 세상에 드러났다. 앞서도 말한 것처럼 2006년은 전국에서 7천 명에 육박하는 학생들이 식중독 증세로 입원한 해였다.

2006년 9월 부천의 모 고등학교 학생 80여 명이 식중독으로 입원하는 사건이 발생했다. 국회가 학교급식 현장을 방문하여 입법을 미뤄온 「학교급식법」개정을 신속 처리하겠다고 '부천지역 학교급식 네트워크'(이하, '학교급식네트워크'라 한다) 와 약속했다. 교육청은 급식점검단을 구성하고 학교급식 상태를 일제 점검했다. 교육당국이 나서자 일부 위탁급식 업체는 "학교급식은 직영체계로 운영하는 것이 적합하다"며 전면 철수 입장을 밝혔다.

위 사건으로 부천시는 10월 해당 급식업체에 6개월 간 영업장 폐쇄와 향후 5년 간 새로운 위탁계약을 불허하는 행정처분을 내렸다. 이는 급식대란 후 보건복지부가 지침을 변경하면서 가능했다. 보건복지부는 "동일 장소에서 음식물을 섭취한 집단에서 동일한 시기에 다수의 식중독 의심·추정 환자가 발생하고 2인 이상의 환자 가검물에서 동일한 식중독 균이 검출되어 공동노출에 의한 식중독으로 판단되는 경우" 행정처분이 가능하다고 지침을 변경했다. '학교급식네트워크'는 부천시의 행정처분을 환영했다.

집단 식중독을 일으킨 학교는 학교장이 민간위탁 체계를 일방적으로 결정한 사례였다. 이 학교는 2005년 교육청이 실시한 '직영급식 희망학교 조사'에서 학부모와 학운위가 직영급식을 결정했다. 그러나 학운위 결정과 달리 학교장이 비민주적으로 위탁급식을 허용해 학생들만 피해를 당한 것이다.

2006년 학교급식대란 후, 「학교급식법」이 개정되면서 3년 이내 직영급식 전환을 의무화 했다. 시민단체 입장에서는 법 개정으로 조례에 명시하려고 했던 직영급식 전환 문제가 해결된 셈이었다.

2006년 부천에서 학교급식 대란이 일어나기 전이었던 2004년 '교육 공공성 실현을 위한 부천학부모연대'가 준비모임을 시작해 준비모임 결성 후 가장 먼저 「부천시학교급식지원조례」 제정'을 위한 활동을 시작했다.

2004년 10월 부천교육청에서 '부천경실련'과 '부천YMCA' 등 26개의 시민단체가 모여 학교급식네트워크[14]를 결성했다. 지역의 학생들에게 건강한 식재료로 만든 학교급식을 먹이기 위해 「부천시학교급식지원조례」 제정을 목표로 다수의 시민단체들이 연합해 단체를 만든 것이다. 하나의 목표 달성을 위해 부천지역에서 26개의 시민단체가 참여한 것은 처음 있는 일이었다.

조례에 명시할 원칙은 ① 직영급식 ② 우수한 우리농산물 사용 ③ 무상급식확대 ④ 학부모 참여 등 네 가지였다. 이 원칙을 수행하기 위해 학교급식지원 심의위원회 설치 등을 조례안에 포함시킬 계획이었다.

단체 결성 직후, '학교급식네트워크'는 부천시 의장을 면담하며 「부천시학교급식지원조례」 제정을 위한 청구서를 제출했다. 그러나 부천시의회는 조례 제정에 뜻이 없었다. 방법은 단 하나로 「지방자치법」 제13조에 근거해 주민발의 「부천시학교급식지원조례」를 제정하는 것이었다.

2) 조례제정 청구인 13,332명과 직접 민주주의의 좌절

서명전은 2004년 11월부터 2005년 1월까지 약 2개월 간 지속되었다. 법적 요건을 충족하기 위해서는 11,000명 이상이 서명해야 했다.

조례를 제정하려면 시의회에서 심의·의결해야 하고 부결된다면 주민발의 조례제정 시도는 무력화될 수밖에 없었다. '학교급식네크워크'는 부천시 최초의 주민발의 조례제정이 추진된다는 점에 큰 의미를 부여했고 전국적인 상황을 근거로 조례제정의 가능성을 의심하지 않았다.

2005년 1월 중순 최종 집계 결과 서명자는 총 13,332명이었다. '학교급식네트워크'는 1월 26일 13,332명의 청구인 명부를 부천시에 제출했다.

검토 결과 유효자는 11,006명으로 집계되었다. 주민발의 조례청구인 11,000명을 충족한 것이다. 무효 처리된 서명자는 총 2,326명으로 유형별로 보면 관외 거주자 236명, 20세 미만자 133명, 선거권 없는 자 12명, 중복서명자 678명, 기타 확인 불명자 1,267명이었다. 2005년 2월 '부천시조례규정심의회'는 「부천시학교급식지원조례안」을 의결하고 청구 수리했다.

2005년 당시 부천시장은 한나라당 소속 홍건표였다. 시의회는 총 29명 중, 15명이 한나라당 소속으로 조례안이 가결되려면 한나라당 시의원들이 찬성해야만 가능한 구조였다. 그러나 홍건표 시장은 「부천시학교급식지원조례」 제정을 반대하고 있었다.

5월 16일 행정복지위원회에서 심의 결과 「부천시학교급식지원조례안」을 보류시켰다. 이유는 '심도 있는 검토의 필요성'이었다. 의회가 조례안을 보류시킨 표면적인 이유는 두 가지로 교육청의 고유권한 침해와, 학교급식에 우리 농축수산물 사용 제한은 WTO로부터 제소 당할 가능성이 있다는 주장이었다. 시의회는 조례안을 검토하며 「학교급식법 시행령」 제7조의 "자치단체는 학교급식 지원을 위한 예산을 사용할 수 있다"를 고려하지 않았으며 조례 입법을 반대한 시장의 의도에 따라 억지스럽게 명분을 찾은 결과였다.

2005년 6월 '학교급식네트워크'와 부천시의회는 간담회를 개최했다. 당일 학교급식네트워크·부천시·부천시의회가 3자간 TF팀 구성을 합의한다. TF팀은 시민단체 3인, 시의원 3인, 시집행부 3인 등 총 9명으로 구성되어 5월부터 5차례의 회의를 진행하고 순천시를 현장 방문했고, 8월 11일 쟁점 사항을 협의하고 수정안에 합의했다.

9월 5일 두 가지 사건이 동시에 터졌다. 첫째, TF팀이 합의한 수정안이 의회 상임위에서 부결되었다. 이유는 지난 회기에서 내세웠던 것과 같았다. 둘째, 당일 부천시가 TF팀과 합의한 사항을 폐기하고 독자적인 조례안을 의회에 제출했고 안건으로 상정했다.

한창 주민발의 조례제정 운동을 하던 '시흥시학교급식조례제정운동본부'는 소식을 접하고 다음과 같이 입장을 발표했다.

자기들이 만든 조례안마저 부결시키는 시의회와 자기들이 합의해 만든 조례안을 못 믿어 애초 합의한 안과는 전혀 다른 조례안을 이중으로 상정하는 시 집행부의 태도에 대한 부천시민들과 시민단체 관계자들이 느끼는 분노와 허탈감을 이해한다.

부천시는 "부천시도 「부천시학교급식지원조례」제정을 바란다"며 11월 14일 독자적인 조례안을 입법예고 했다. 12월 14일은 시가 단독 제출한 조례안을 의회가 심의하는 날이었다. '학교급식네트워크'는 심의 시작 전부터 부천시의회 앞에서 기자회견을 열고 졸속 입법이 아닌 제대로 된 조례제정을 해야 한다고 촉구했다. 따라서 부천시가 단독으로 제출한 「부천시학교급식지원조례안」을 시의회가 부결시켜야 한다고 주장했다. 조례안에 대한 토의는 한 시간여 동안 진행되었고, 시의원들 간에 이견 없이 부천시가 단독 제출한 조례안이 부결되었다.

2006년 주민발의 조례안에 근거해 부천시의원 22명이 「부천시학교급식지원조례안」을 발의하고 입법 예고했다. 4월 17일 상임위와 19일 본회의에서 심의 의결하는 절차가 예정되었다. 통상 시의원들이 발의한 조례안은 가결될 확률이 높고, 시기상 4대 임기가 끝나기 전에 조례를 제정할 마지막 기회였다.

17일 행정복지위원회에서 조례안이 의결되었다. 그러자 부천시장이 이틀 사이에 조례제정을 막기 위해 한나라당 소속 시의원들을 포섭·규합했다. 19일 본회의에서 투표 방식은 무기명 비밀투표로 진행되었고 조례안은 보류되었다. 사실상 부결된 셈이었다. 민선 자치시대에 시의원 자신들이 발의한 조례안을 부결시킨 것은 시의회가 시장의 거수기로 전락한 사실을 보여준 것이다.

부천시 주민발의 조례제정이 실패한 사례를 통해 얻을 수 있는 교훈은 대의민주주의 기관인 지방의회가 결코 직접 민주주의를 포용하거나 대변하지 않는 비민주적인 기관이 될 수도 있다는 사실이다. 심층적으로는 당시 부천시의회가 수백 명의 지역 청소년들의 생명권이 달린 문제를 간과했기 때문에 비도덕적이며 비윤리적인 기관으로 전락해 있었다는 것을 비판적으로 인식하지 않을 수 없었다.

동탄1신도시의
학교살리기 운동

동탄연합회와 신도시 학교

2002년 전후 동탄1 신도시에서 아파트를 분양 받은 입주예정자들이 자기 조직화하며 활동을 시작했다. 입주예정자 모임이 구성된 사회적 배경은 아파트 선 분양 제도에 있었다. 2002년 개설된 '동탄신도시에 내집마련 카페'는 '동탄신도시 입주예정자 연합회'(이하 동탄연합회) 활동의 플랫폼 역할을 했다.

동탄연합회는 교육·교통·환경 등 공공부문을 대상으로 활동했다. 동탄1 신도시에서 가장 큰 쟁점은 원래 계획과 달리 교육청이 학교설립을 축소한 것인데, 이에 동탄연합회가 저항적 참여 활동을 펼쳤다.

교육당국은 2003년, 제7차 교육과정에 따라 OECD 가입국 평균 학급당 인원수를 근거로 동탄1 신도시의 학급당 인원수를 30명으로 설정하고 초등학교 15개교, 중학교 7개교를 신설할 계획을 세웠다. 그러나 교육당국은 2005년 7월 학급당 인원수를 35명으로 상향 조정하고 초 3개교, 중 2개교 설립을 취소하겠다며 계획을 변경했다. 표면적인 이유는 저출산에 따른 인구 감소였다.[15] 교육당국의 학교 축소 계획은 동탄1신도시의 교육환경이 악화될 것으로 예상되면서 쟁점으로 부상되고 온라인 카페에서 공론화되었다.

교육당국이 동탄1신도시에서 학교설립계획을 축소한 직접적인 배경은 2005년 5월 신도시 학교신설을 줄이라는 감사원의 권고가 주요하게 작용했다. 2005년 3월 개교한 용인시 청운초가 인원 미달로 폐교한 사례가 감사원의 판단에 직접적인 영향을 미쳤다.[16]

화성시도 무책임한 행정으로 신도시 교육환경 조성에 혼란을 끼쳤다. 학교신설 축소 방침이 결정되자, LH공사(구 토지공사)는 기다렸다는 듯이 2006년 학교용지를 업무시설용지로 바꾸기 위해 화성시에 용도변경 승인을 신청했다. 당시 동탄연합회는 화성시를 항의 방문하고 공문을 보내 학교용지 용도변경에 반대 입장을 전했다. 화성시는 공문형식으로 "주민들의 의견을 최대한 반영할 수 있도록 노력하겠다"며 동탄연합회에 회신을 보냈다.

그러나 화성시는 2008년 3월 LH공사의 요구대로 예당마을의 초등학교부지를 업무시설용지로 변경 승인했다. 이 결정에 대해 동탄연합회와 화성오산교육청이 화성시에 항의[17]하자 화성시는 "신경 쓰지 못해 미안하다"며 사과했고, LH공사 관계자는 "없었던 일로 하겠다"면서도 학교용지를 팔지 못해 수백억원을 손해 봤다는 말을 하고 다녔다.

학교살리기 운동

2005년 학교신설 계획을 축소한다는 소식을 접한 동탄연합회는 '사기분양'이라며 저항적 참여를 시작했다. 이에 학교 축소가 결정된 해당단지를 중심으로 2006년 1월 '학교축소특별위원회'를 구성했다. '학교축소특별위원회'라는 명칭이 갖는 실질적인 의미는 '학교축소 반대를 위한 특별위원회'다. 이들의 활동 목표는 분양 당시 계획대로 모든 학교를 신설하는 것이었다. 1월 20일 건설교통부에서 '동탄신도시 학교관련 관계기관 대책회의'가 열렸다. 보다 중요한 것은 1월 23일 LH공사 화성지사에서 당시 안병엽 국회의원이 주도한 1차 대책회의였다. 화성시 교육장, LH공사 화성지사장, 동탄연합회 대표단 4인이 참석한 회의에서 다음과 같이 결론을 내렸다.

첫째, 화성오산교육청은 조속한 시일 내에 2009년을 기준으로 한 입주예정자 세대별 학령기 아동실태를 전수조사 한다. 둘째, 만일 학령기 아동실태 조사결과 학교축소가 불가피할 경우, 학교설립 예정부지는 화성시와 협의해 주민의 문화복지시설 또는 공공의 주민편의시설 설치를 우선으로 한다.

당일 회의에서 화성오산교육청은 학교설립 기준을 다음과 같이 밝혔다.

해당 학군에서 전수조사 결과 초등학생수 1,680명을 기준으로 이를 초과하면 초등학교 2개교를 신설한다. 중학교는 단일 학군으로 동탄 전체 학생수 5,250명을 기준으로 이를 초과하면 중학교 1개교를 추가 신설한다. 다만 추정 학생수가 6,300명 이상일 경우 중학교 2개를 추가 신설한다.

협의에 따라 화성오산교육청은 LH공사의 협조해 입주예정자들을 대상으로 전수조사를 했다. 3월 19일 동탄연합회와 화성오산교육청은 전수조사 결과를 공개하기 전 협상을 했다. 당일 회의 결과를 보도한 《경인일보》는 아래와 같이 이미 동탄1신도시 학교가 콩나물교실이 될 것이라 전망했다.

화성 동탄신도시내 학교의 학급당 인원수가 OECD기준(학급당 35명)을 훨씬 초과하는 '콩나물 교실'이 될 전망이다…조사결과에 따르면 4개 단지 초등학생수는 1천728명(세대당 0.417명), 중학생수는 740명(세대당 0.178명)으로 집계됐다.

이에 대해 동탄입주자연합회측은 대책회의 합의대로 초등학생수 1천 680명을 넘었기 때문에 원래 계획대로 학교를 지어야 하고 중학생의 경우도 740명이나 되기 때문에 1개교는 더 있어야 한다는 입장이다.[18]

4월 5일 예당마을 취학아동 전수조사 결과에 따른 적정 초·중학교수를 결정하기 위해 LH공사 화성지사에서 2차 대책회의를 했다. 안병엽 국회의원과 화성교육장, LH공사 화성지사장 등과 동탄연합회 임원 7명이 회의에 참석했다. 대책회의가 진행되는 동안 동탄연합회 회원 400여 명이 LH공사 화성지사 앞에서 학교축소 반대집회를 개최하고 있었다.

회의에서 합의된 사항은 아래의 인용문 같이 2009년 동탄1신도시 입주가 끝나는 시점에서 초등학교 1개교를 추가 신설여부를 결정한다는 것이었다.

'동탄신도시 입주자연합회' 학교축소 대책위원회 박세원 위원은 "2009년 동탄새도시 주민들의 입주가 끝나는 시점에 학급당 학생수 39명을 기준으로 1개 학교가 40개 학급을 초과하면 애초 새도시 계획 때 발표된 신설 학교를 예정대로 짓기로 합의했다"고 밝혔다.[19]

예고된 재앙 앞에 무대책이었던 화성오산교육청

동탄1 신도시에서 가장 큰 문제를 발생시킨 학교는 솔빛초등학교였다. 솔빛마을의 초등학교 학구는 새강마을과 하나로 솔빛마을에 솔빛초와 목리초(가칭) 2개교를 신설하는 것이 교육청의 원래 계획이었다.

목리초가 설립되지 않은 상태에서 솔빛초는 2007년 9월 24학급 완성학급으로 정원 800명 기준 6학급으로 개교했다. 주민 대부분이 겨울방학 동안 집중적으로 이주했다. 입주가 중반을 넘어서면서 시교육청은 2008년 신학기가 되면 초과밀로 정상적인 교육이 불가능하다는 사실을 인지했다. 경기도교육청이 2008년 1월에 작성한 「화성 동탄

경기도 교육청(2008년 1월)

(단위 : 세대수, 학급, 명)

구분	세대수	학생수	추정 학급수	보유 교실	급당 학생수	비 고
솔빛초 학구 아파트 수용	2,308	1,137	30	24	47.3	급당 38명 적용 (86%) 입주
서해그랑블	727	274	8			일부학생은 솔빛초 통학 구역으로 재학(예상)
계	3,035	1,411	38	24	58.8	급당 47.3~58.8명 유지

택지내 초등학교 학생수용 대책 보고」에 따르면 3월 개학 시기에 총 학생이 1,400여 명이 될 것이란 점을 예상하고 있었다.

위의 보고서대로 교육당국은 교육대란을 예상하고도 솔빛초를 24학 급 상태에서 학급당 인원수를 48~59명 내외로 운영할 계획이었다.

문제는 2008년 3월 신학기가 되었을 때, 최소한의 교육환경이라도 조성하기 위해 그 누구도 대비하지 않은 점이다. 계획보다 배가 넘는 학생이 전학했을 때 일어날 교육대란에 대처할 권한을 가진 기관은 시교육청이었다. 일반 시민은 정보를 알지 못했고, 미연에 방지할 수 있었던 재앙에 대비하지 않은 결과는 콩나물 교실로도 설명이 불가능 한 교육대란 그 자체였다.

현실이 되어버린 동탄1신도시의 콩나물 교실

2008년 3월 개학하면서 솔빛초가 초과밀로 정상적인 교육이 불가 능해지자 온라인 카페에는 하루에도 수십 건의 글들이 폭주했다. 당시 《한겨레신문》보도에 따르면 솔빛초 교장은 "학생들이 폭증해서 금새 학교가 터져버릴 지경이 사실"이라고 인터뷰를 통해 밝혔다.[20]

2008년 3월 필자는 온라인 카페에서 아수라장이 되어버린 솔빛초 에 대한 글을 읽고 큰 충격에 휩싸였다. 솔빛초의 초과밀은 무작정 교 육문제의 한가운데로 뛰어든 계기가 되었다.

한 학부모가 '동탄나라'라는 닉네임으로 쓴 「솔빛초의 현실」은 다음 과 같다.

① 교실이 없다 : 칠판 없는 교실, TV없는 교실까지 모두 동원해도 교실

이 모자란다. ② 책상과 의자가 없다 : 전학 오는 학생에게 줄 책상이 없다. ③ 밥 먹을 장소가 없다. 1시가 넘어야 밥을 먹을 수 있다. ④ 과학실 외에는 특별 활동을 할 수 있는 교실이 없다. 문제는 지금도 학생이 계속 밀려 들어 온다는 사실이다.

위의 글에 이어 한 학부모가 '땡땡이'라는 닉네임으로 글을 써서 전쟁터를 방불케 하는 솔빛초 현장을 생생하게 전했다.

> 저 또한 5학년 학부모입니다. 궁금해서 가 봤더니 교실을 못 찾아서 헤매는 친구들도 많더군요. 우리 아이 교실을 찾아갔더니 음악실이 교실이더군요. 황당하더군요. 그리고 책상이 모자라서 늦게 온 아이들은 서있고 나중에 학생들 시켜서 책상 의자 가져오라 시키는데……

위의 글에 나타난 솔빛초의 현실은 하루하루 전쟁터가 분명했다. 왜 한 국가의 교육정책이 이토록 오합지졸일 수밖에 없을까. 교육당국의 존재 이유는 무엇인가. 혹시 무정부 상태는 아닐까….

동탄연합회는 솔빛초 상황을 인지하고 즉각 '공교육정상화비상대책위원회(이하 비대위)'를 구성했다. 필자는 학부모단체에서 활동한 경력으로 비대위원장 직을 맡았다.

비대위는 가장 먼저 인구분포도를 조사했다. 이 조사를 위해 주민자치센터에 협조를 구하고 각 아파트 입대위의 도움을 받았다. 조사 결과 30~40대가 70% 이상이었다. 가족 구성 비율은 30대가 미취학 아동과 저학년 초등생을, 40대는 초·중학생들로 구성된 형태였다.

비대위의 전수조사 결과 솔빛초 현황은 한 학급당 59.8명이었다. 입주 완료시 학급당 학생수는, 62.9명이 될 예정이었다.

2008년 4월 초가 되자 솔빛초의 총 학생수는 1,279명이 되었다. 학부모의 말대로 모든 특별 교실을 일반 교실로 전환해 임시방편으로 수업을 했다. 음악실, 교무실은 물론 심지어 보건실까지 교실로 사용했다. 학교가 폭발할 지경이라는 말은 과장이 아니었다.[21] 학부모들 사이에서 차라리 이럴 거면 2부제 수업을 해 달라고 요구하는 목소리가 터져 나왔다.

객관적인 정보에서 짐작할 수 있듯이 학생들의 고통은 말로 다 표현할 수 없는 지경이었다. 자녀의 교실을 방문했던 한 학부모의 말에 의하면 교실은 빈틈이 없었고 숨이 막힐 지경이었다. 학생들이 꽉 차서 교실 뒷문은 폐쇄되었다. 교실 안에서 안전사고까지 염려되는 상황이었다.

솔빛초 대란으로 각 언론사에서 취재경쟁이 일어났다. 그러나 솔빛초는 언론사의 취재를 막았다. 당시 교장의 말에 따르면 "화성오산교육청에서 학교 현황에 대해 언론사의 취재에 일절 응하지 말라"고 했다는 것이다.

생지옥 같았던 솔빛초 상황에 대해 구전으로만 떠돌던 몇 가지 이야기가 전해진다.

2008년 교육 당국의 지침은 한 학급당 학생수를 38명 이하로 유지하는 것이었다. 그러나 솔빛초는 넘쳐나는 학생들로 학교 어디에도 여분의 공간이 없었다. 교육부의 지침은 무용지물이 되었고, 콩나물 교실을 넘어 폭탄 교실을 방불케 하는 상황이었다. 학생들은 급조된 교육환경에서 칠판도 없는 교실에서 수업을 받았다. 책걸상이 준비되지 않아 아이들이 맨바닥에 쪼그리고 앉아 수업을 받았다.

학교에서 급식을 제때 제공하지 못해 학생들의 건강권을 위협했다. 조리실의 한계로 3,4교대 급식까지 했다. 급식의 질이 보장될 리가 없었다. 늦은 시간에 급식을 먹어야 하는 아이들은 배가 고파 견딜 수 없었다. 학생들 중에는 부모에게 문자를 보내 굶주림을 호소하는 경우도 있었다. 즉 교육현장에서 아동학대에 가까운 일이 벌어진 것이다.

일부 학년에서는 수업(시수)을 충족하지 않았다. 이는 학교가 법적으로 정해진 의무 수업 시간 일부를 수행하지 않았다는 의미와 같은 말이다. 학교가 엄격하게 적용해야 할 교육행정 기준을 자발적으로 파기했다는 점에서 문제가 심각했다. 이를 안 일부 학부모들이 학교에 항의 방문하면서 이 사실이 외부에 조금씩 알려졌다. 그러나 학교 관계자 외에는 어느 누구도 정규 수업시간을 얼마만큼 수행 하지 않았는지 아무도 몰랐다. 학부모들도 자녀들이 말하지 않으면 알 수 없는 일이기도 했다. 이 문제로 상급기관으로부터 솔빛초가 감사를 받았다는 소식은 듣지 못했다.

무책임한 교육행정으로 초초과밀 상태였던 솔빛초 학생들이 건강한 정서와 심리 상태에서 안정적으로 교육 받았을 리는 만무하다. 자료를 근거로 검증할 수는 없지만 분명한 사실이다.

비대위의 공교육 정상화를 위한 발걸음

비대위는 2008년 4월 11일과 18일 경기도 교육청 앞에서 두 차례 집회를 열고 공교육 정상화를 촉구했다.

1차 집회에 500여 명이 참석했다. 우리의 요구는 "신도시 분양 당시 계획된 모든 학교를 설립하라"는 것이었다. 당시 필자는 "작년 하반기부터 입주를 시작한 솔빛초교가 초과밀화 상태다. 화성오산교육청은 주변학교 증축으로 문제를 해결하려 들뿐 근거 없이 학생수가 감소할 것이라는 이유로 당초 학교 설립계획을 지키지 않고 있다"며 학교설립을 촉구[22]했다.

비대위 운영진은 경기도 교육청 관계자와 회의를 진행했다. 당시 김홍운 사무관은 학교설립 심의위를 열어 학교 신설을 검토하겠다는 입장을 밝혔다. 그러나 교육인적자원부에서 재정지원을 원활히 해 주지 않고 있는 상태라고 말했다. 이처럼 동탄1신도시의 심각한 학교문제에 대해 화성오산교육청은 경기도교육청에 경기도교육청은 교육인적자원부로 책임을 전가하고 있었다. 비대위는 도교육청에 동탄1신도시의 교육환경 전체 즉, 유치원부터 고등학교까지 현황파악을 정확히 하고 재검토하기를 요구했다.

18일 2차 집회에 주민 350여 명이 참석했다. 도교육청은 "학교설립계획을 재검토할 것이다. 학교신설 문제는 예산 확보가 수반되어야 한다. 당장 결정할 수 있는 사안은 아니다"며 무조건 학교설립계획을 취소하겠다는 입장에서 한 발 물러섰다. 당일 성과 없는 협의를 마친 후, 비대위는 학교설립을 촉구하는 주민 2,188명의 연서를 도교육청에 접수했다.

비대위는 감사원에 도교육청 감사를 요청할 계획으로 5월부터 두 달 간 서명을 받았다. 4차례의 서명전을 통해 총 650여 명으로부터 서명을 받았으나 감사원에 도교육청 감사 청구를 하지는 못했다.

비대위는 5월 15일 교육인적자원부를 방문해 교육복지기획부 최기석 사무관 등과 회의를 했다. 그는 학교설립은 화성오산교육청의 고유권한이니 자신들과는 상관없다는 식의 발언을 했다. 교육인적자원부에서 예산을 배정하지 않으면 화성오산교육청이 학교설립을 할 수 없는 조건이라는 사실을 알고 있는 비대위 운영진에게 할 말은 아니었다.

비대위는 그에게 탁상행정 그만 하고 현장을 보고 판단하라고 요구했다. 5월 19일 최기석 사무관이 시공 중이었던 예당초와 솔빛초를 방문했다. 애초에 24학급 완성학급으로 지어질 계획이었던 예당초는 계획을 변경해 같은 평수의 부지에 총 42학급인 거대 학교로 시공 중이었다. 바로 옆 초등학교 부지에는 무성한 풀들만 바람에 휘날리고 있었다. 필자는 현장에서 최사무관에게 예당초가 파행적으로 운영될 수 있으니 취소한 초등학교 설립을 요구했다. 솔빛초를 방문해 필자는 최사무관에게 목리초 설립확정 없이 이루어지는 솔빛초 증축에 절대 반대한다는 입장을 전했다.

화성오산교육청은 내부 방침으로 솔빛초를 증축하기로 결정했지만 학부모들에게 공청회와 설명회 한 번 개최하지 않고 있었다. 비대위는 교육청에 학부모 공청회를 요구했다. 2008년 9월 22일 솔빛초등학교에서 '동탄신도시내 초등학교 증축 관련 학부모설명회'가 열렸다. 교육청은 12학급을 증축할 계획으로 이는 50%증축에 해당되는 규모였다. 학부모들은 교실만 늘어난다고 학교가 정상화될 수 없으니 목리초를 지어야한다고 요구했다.

'동탄신도시내 초등학교 증축 관련 학부모설명회'가 열리고 있던 솔빛초에서 돌발적인 사건이 일어났다. 박모(당시, 43) 학부모가 학교 증축을 반대하며 화성오산교육청 공무원 신모씨에게 휘발성 물질 0.5l를 뿌린 것이다. 이 일로 경기도 화성동부경찰서는 박모 학부모에게 공무집행방해 혐의로 사전구속영장을 신청했다.

학부모 박모씨는 당시 솔빛초의 파행 운영에 극심한 스트레스와 분노에 휩싸여 있었다. 특히 그의 자녀는 수시로 문자를 보내 배가 고프다며 언제 밥을 먹을 수 있느냐며 호소했던 것으로 알려졌다. 학부모들은 이 사건이 일어난 후 일순간에 찬물을 끼얹은 것처럼 조용해졌다. 더 이상 대외적인 활동을 할 수 없을 정도로 여론이 식어갔다.

동탄교육포럼 결성

동탄1신도시의 공교육 정상화를 위해 일상적으로 활동할 수 있는 학부모 단체의 필요성이 대두되었다. 필자는 2009년 11월 동탄연합회를 통해 주민들에게 동탄교육포럼 결성을 제안했다. 동탄1신도시의 공교육 정상화를 위해 항시적으로 활동할 수 있는 학부모단체가 절실히 필요했기 때문이다. 제안문의 요지는 다음과 같다.

한 나라의 교육정책이 얼마나 파행적일 수 있으며 임시방편으로 이루어지고 있는지 동탄1신도시가 모든 것을 다 보여 주었다. 공교육에 대한 학부모들의 불만은 극에 달해 있다. 2008년 하반기부터 개교한지 1년도 안된 초등학교들이 증축을 하고 있었다. 더욱 어처구니없는 일은 화성시의 행태이다. 당시 전수조사를 마치고 중학교를 설립하기로 결정한 화성교육청이 부지를 매입하려고 했다. 토지공사는 학교부지를 용도 변경해 업무용지로 판매하려고 화성시청으로부터 행정절차 중이었다.

'동탄 연합회'가 국가기관을 상대로 힘겹게 지켜낸 중학교부지였다. LH 공사는 수단과 방법을 가리지 않고 수익을 내려고 혈안이 되어있다. 화성시는 주민들이 학교문제로 '비대위'를 구성해 활동하는 상황을 물 건너 불구경 하듯 했다. 화성교육청은 눈치만 보고 있는 상황이다. '비대위'의 활동이 주춤한 사이에 그동안 싸워서 따 놓은 결실마저 야금야금 갉아 먹힐 위기에 처해 있다.

동탄1 신도시의 공교육 환경은 너무 열악하다. 3교대 급식은 해소되지 않았다. 도서관은 비어있는 책꽂이가 더 많다. 학교는 학생들의 학습권과 복지를 뒷전으로 미루어놓았다. 영하의 날씨에도 난방을 하지 않아 수업 중에 아이들이 울면서 춥다고 하소연 하는 사태까지 발생하고 있다. 결과적으로 학생들은 교육권은 물론이고 건강권까지 위협받는 상황이다.

동탄1 신도시 주민들은 교육당국은 물론 화성시도 믿을 수 없었다. 그들은 주민들과 구두로 수 없이 많은 약속을 했다. 그것도 부족해 공문서로 주민의 의견을 최대한 반영하겠다고 회신하고도 약속을 어기며 주민들을 기만하기 일쑤였다. 화성시는 솔빛초 교육대란에 어떠한 입장 표명도 하지 않으며 침묵하고 있었다. 공교육을 정상화하기 위해 학부모들이 연대하고 직접 나서는 수밖에 없었다.

창립총회는 2009년 12월 15일 시범다은마을 우남퍼스트빌 미디어센터에서 열렸다. 이날 행사에는 사전 신청한 발기인 33명과 현장 신청인 12명 등 총 45명을 포함 총 60여명이 참석했다. 사전 준비모임에서 의견이 모아진 대로 공동대표 후보자였던 두 명과 필자가 만장일치로 공동대표로 추대·선출되었다.

동탄교육포럼은 2010년 1월 7일 화성오산교육청에서 '동탄신도시 학교문제 관련 기관·단체 연석회의'를 진행했다. 동탄신도시 초·중학교 설립 건이 당일 의제 중 가장 중요했다. 교육청이 설립계획을 취소한 초·중학교를 살리기 위해 동탄교육포럼은 대안을 제시하며 협의를 진행했다. 화성오산교육청은 초 2개교 설립 불가 대신 주변학교 증축, 중 1개교 설립 계획안을 발표했다.

이외도 3교대 학교급식 해소 및 교육환경 정상화를 위한 학교도서관의 도서 확보 및 특별실 구축 방안에 대한 논의가 진행되었다.

끊임없는 학교 증축

화성오산교육청은 2008년 9월 동탄1신도시 초등학교 3개교를 증축하기로 결정했다. 대상학교는 반석초 6학급, 솔빛초 12학급, 금곡초 6학급이었다. 그러나 이외에도 이미 화성오산교육청 내부에서는 2008년 5월 동탄1신도시의 초등학교를 다음의 도표와 같이 증축하기로 결정했다.

초등학교 증축 결정에 대해 동탄연합회는 학교터를 놔두고 증축을 강행하려는 화성오산교육청을 규탄하는 성명서를 발표했다. 동탄연합회의 입장은 '선학교설립 후증축고려'였다. 학교터가 남아 있던 곳은 솔빛마을의 가칭 목리초와 예당마을의 현 예원초였다.

도표에서 알 수 있듯이 2008년 증축 대상이 되었던 초등학교 4개교 모두 개교한지 1년 안에 증축을 결정했다. 2006년부터 지속적으로 학교 축소를 반대해 왔던 동탄연합회와 주민들은 교육당국의 졸속행정

학교명	개교년도	개교시 완성학급	학급발생률	증축규모 및 시기
반석초	2007.9	30	2008년 36학급	2008년 상반기 6학급
솔빛초	2007.9	24	2008년 36학급	2008년 상반기 12학급
금곡초	2007.2	30	2008년 35학급	2008년 하반기 6학급
예당초	2008.9	42	2009년 48학급	2009년 상반기 6학급
푸른초	2008.3	36	2010년 42학급	2009년 하반기 6학급
학동초	2007.4	30	2011년 35학급	2010년 하반기 6학급

에 분통을 터트리지 않을 수 없었다.

분명한 점은 증축이 과밀학급을 해소하고 공교육을 정상화할 수 있는 유일한 대안이 아니라는 것이다. 기존의 학교보다 30% 이상 좁은 면적으로 지어진 운동장을 고려할 때 증축을 한다고 해도 정상적인 학교로 기능하기 어렵다는 것을 교육청도 모르지 않았을 것이다. 이 밖에도 급식실의 조리환경, 도서관 기타의 부속시설 등이 제 기능을 할리도 만무했다. 문제의 심각성은 이들 학교뿐만이 아니라 다른 학교들도 증축을 기다리고 있었다는 점이다.

2009년 증축한 초등학교들은 2017년에 학교 현황이 어떻게 달라졌을까? 30학급 완성학급으로 개교한 반석초는 6학급을 증축해 36학급이 되었다. 그러나 현재 40학급을 운영 중이며 학생수는 1,264명이다. 금곡초는 30학급 환성학급으로 개교했으며 6학급을 증축했다. 현재 총 40학급이며 학생수는 1,243명이다. 가장 심각하게 문제가 되었던 솔빛초는 현재 45학급을 운영 중이다. 총 학생수는 1,552명이다. 앞서도 말했지만 솔빛초는 24학급 완성학급으로 개교한 학교이나 현재 45학급 규모가 되었다.

반석초를 증축한 이유는 관내 학군의 학생들이 예상보다 많았기 때문이다. 그러나 솔빛초와 금곡초의 증축은 가칭 '목리초' 신설을 취소했기 때문에 발생했다. '동탄연합회'는 2008년 당시 동탄1신도시의 학생수가 지속적으로 증가할 것으로 예상했고 학생 증가추이가 예상 치에서 벗어나지 않았다.

2008년 5월 화성오산교육청은 「동탄신도시 학생수 전수조사 결과」를 통해 동탄1신도시의 학생수가 점차 감소할 것이며 빈 교실이 생길 것이라고 주장했다. 이 조사 결과에 따르면 2008년부터 2014년까지 반석초는 1,061명으로, 금곡초는 1,188명으로, 솔빛초는 1,069으로 감소할 것이라고 예상했다. 그러나 2017년 학교 현황에서 알 수 있듯이 학생수는 감소한 것이 아니라 오히려 증가했다.

초등학교와 중학교 1개교를 취소하기로 했던 예당마을을 눈여겨 볼 필요가 있다. 예당초는 2008년 42학급 완성학급으로 개교했다. 분양 당시의 계획은 24학급 완성학급으로 2개교를 신설하는 것이었다. 그러나 초등학교 1개교를 취소하면서 예당초는 42학급 완성학급으로 신설했고 거대학교 직전까지 갔다. 개교 직후 총 학생수는 1,650명이었고 47학급으로 운영되었다. 동탄연합회가 예상했던 대로 과밀학급으로 솔빛초와 맞먹는 학교 대란이 일어났다. 동탄연합회는 화성오산교육청이 예당초를 60학급 이상으로 증축하려는 계획에 지속적으로 저항했다.

동탄연합회의 활동으로 예당마을의 초등학교 1개교를 살려냈다. 취소되었던 학교부지에 예원초가 설립되었고 2012년 개교했다. 예원초 설립으로 예당초의 과밀학급은 해소되었다. 동탄연합회가 학교살리기 운동을 하지 않았다면 연이은 증축으로 예당초는 거대학교의 폐해를 막지 못했을 것이다.

개교 당시 1,600여 명이었던 예당초는 2017년 현재, 총 34학급이며 학생수는 962명이다. 반면 예원초는 현재 총25학급이며 학생수는 632명이다. 솔빛초와 금곡초는 40학급 이상이며 학급당 인원수는 30명 수준이다. 반면 예당마을의 예당초 34학급, 예원초는 25학급이며 두 학교 모두 학급당 인원수가 30명을 넘지 않는 20명 대라는 것을 학교 현황을 통해 알 수 있다. 가칭 목리초를 짓지 않고 증축으로 과밀학급을 해소하려 했던 화성오산교육청의 결정이 잘못되었다는 점을 알 수 있는 대목이다.

반석초는 2007년 9월 30학급 완성학급으로 개교한 후 2009년 6학급을 증축해 36학급 규모가 되었다. 반석초는 해당 학군의 학생수가 예상보다 초과되어 증축한 경우이다. 금곡초는 2007년 2월 30학급 완성학급으로 개교했고, 2009년 6학급을 증축해 36학급 규모가 되었다.

학교증축을 유도한 화성시

동탄1 신도시 초중학교는 화성오산교육청에 의해서만 증축된 것이 아니다. 화성시는 창의지성교육도시 구축 사업을 한다며 2012년 5월 경기도교육청과 화성시 '창의지성 교육도시 MOU'를 체결했다. 이 MOU는 화성시가 2015년까지 1천여 억 원을 지원해 관내 120개교

(초 72 · 중 29 · 고 19)에서 창의지성 교육을 실시하며 경기도교육청이 교육정책을 지원하는 내용이었다.

창의지성 교육이란, 우수교원을 확보하고 한 학급당 인원수를 25명 이내(화성시는 이를 스몰클래스제라고 한다)로 토론식 수업을 하는 것이다. 문제는 스몰클래스제를 실시하려면 교실을 더 많이 확보해야 하기 때문에 대상 학교를 증축해야만 한다. 당시 동탄2신도시 등 신도시에 설립될 학교는 설계단계부터 스몰클래스제를 적용하는 방안을 검토한다고 했다. 화성시와 경기도 교육청은 창의지성 모델학교로 도시형 12개교(초 11개교 · 중 1개교)와 농촌형 11개교(초 8개교 · 중 2개교 · 고 1개교) 등 23개교를 선정했다. 도시형의 경우 12개의 학교가 선정되었는데 모두 동탄1신도시 학교였다.[23]

화성시의 창의지성교육도시 구축 사업으로 동탄1신도시 학교들은 다시 한 번 증축을 했다. 2008년부터 연속적으로 증축을 했는데 화성시의 창의지성교육도시 구축 사업의 일환으로 재증축을 한 학교들이 많았다. 문제는 목리초 설립 여부가 초미의 쟁점이자 관심사가 되었을 때 목리초 부지를 두고 인근의 모든 초등학교들이 재증축되면서 목리초 설립 근거 자체를 화성시가 없애버린 결과를 가져왔다는 점이다. 이는 목리초 설립을 공약으로 내걸고 2010년 동시지방선거에서 당선된 채인석 화성시장이 자신의 공약실행 근거 자체를 파괴했다는 의미이기도 했다.

화성시는 창의지성교육을 한다면서 그렇지 않아도 기존의 학교에 비해 학교터가 비좁은 동탄1신도시의 학교를 증축해 기형적인 교육공간을 만들어버린 것이다. 한 번은 화성오산교육청에 의해 또 한 번은 화성시에 의해 증축된 학교들은 용적율 한도에 따라 더 이상 증축을 할 수 없을 정도로 최대치로 증축이 이루어졌다.

동탄1신도시의 눈물, 가칭 목리초

입주를 시작하고 난 후, 2008년부터 솔빛초는 동탄1신도시에서 콩나물 교실의 상징이자 공교육 파행의 알리바이가 되었다. 직접적인 원인은 목리초를 설립하지 않고 목리초 학군의 학생들을 솔빛초로 수용한 결과였다. 하지만 간접적인 원인은 복합적이었다. 일부 동탄1신도시 주민들의 아파트에 대한 들끓는 욕망이 투영된 결과이기도 했다.

공교육 파행의 이면에는 아파트 가격과 이미지를 둘러싸고 벌어진 한 편의 치열한 전투의 성격을 띤 얼룩진 욕망이 존재한다. 부의 격차에 따른 구별짓기와 배제에 대한 노골적인 욕망 표출의 전국화 현상이었다. 동탄1신도시가 형성되는 과정에서도 임대아파트를 배제하려는 욕망이 분출했고 솔빛초를 통해 격렬하게 드러난 셈이었다.

2008년 2월 화성오산교육청은 목리초 설립을 취소하겠다고 전격 발표했다. 시교육청이 내세운 명분은 인근의 건설사가 애초의 계획과 달리 주택건설 규모를 축소한다는 것이었다. 그러나 이러한 상황은 시교육청이 목리초 설립을 취소할 명분이 될 수는 없었다. 세대수가 줄어든 지역의 학군이 목리초 통학구역이 아니었기 때문이다.

교육청이 목리초 설립을 취소한 배경은 세 가지 요인이 작용했다. 첫째, 감사원에서 신도시의 학교 수 설립을 줄이라는 권고였다. 둘째, 반송초 인근의 주택건설 계획 축소였다. 셋째, 원래는 목리초 학군으로 당시에는 솔빛초로 자녀들을 통학시키던 모 아파트 주민들의 학교를 짓지 말라는 민원이었다. 이들이 목리초 설립 취소를 요구한 점이 결정적인 역할을 했다.

동탄1신도시에서 발생한 교육대란으로 2008년 국회는 대규모 택지개발 사업으로 학교신설을 할 경우 LH공사가 일정 비용을 책임지고 학교를 설립해 교육청에 기부하는 것으로 법을 개정했다. 동탄2신도시 개발부터 이 법이 적용되어 LH공사가 학교를 설립하여 해당 교육청에 기부하게 되었다. 그러나 동탄2신도시의 학교도 과밀현상이 발생해 근본적인 해결책은 아니라는 것이 밝혀졌다.

목리초 부지에는 솔빛유치원이 설립되어 2018년 개원했다. 솔빛초는 2018년 한 차례 더 증축하고 2019년 현재 52학급을 운영 중이다. 즉 100%를 초과 증축한 학교가 되었다.

주석

1장

1 츠베탕 토도로프 외, 『개인의 탄생』, 전성자 옮김, 에크리, 2006. p.113.

2 앞의 책, p.115.

3 앞의 책, p.112.

4 앞의 책, p.115.

5 게오르그 짐멜, 『짐멜의 모더니티 읽기』, 김덕영·윤미애 옮김, 새물결, 2005, p.36.

6 앙리 르페브르, 『현대세계의 일상성』, 박정자 옮김, 에크리, 2005, p.39.

7 서지현, "단 하루도 성희롱 당하지 않은 날 없었다", 《머니 투데이》, 2018.11.14.

8 벤자민 바버, 『강한 민주주의』, 박재주 옮김, 인간사랑, 1992, p.187.

9 김영일, 「사회적 삶의 원리로서의 민주주의」, 『사회이론』, 2010, p.75.

10 페터 비에리, 『자기결정』, 문항심 옮김, 은행나무, 2015, p.11.

11 김용호, 『제3의눈』, 돌베개, 2011, p.187.

12 어빙 고프먼, 『상호작용 의례』, 진수미 옮김, 아카넷, 2014, p.302.

13 에드워드 렐프, 『장소와 장소상실』, 김덕현 외 옮김, 논형, 2005, p.109.

2장

1 한상희, 「한국현대사의 명암과 지방자치시대의 개막」, 시흥아카데미 자치분권학교, 2016.
2 국가법령정보센터
3 소진광 외, 『한국 지방자치의 이해』, 박영사, 2008, p.122.
4 한상희, 앞의 글
5 정부혁신지방분권위원회, 『참여정부의 혁신과 분권』, 2005, p.17.
6 서중석, 「특집1 : 지방자치제, 그 오욕의 역사와 한국민중 미군정·이승만 정권 4월 혁명기의 지방자치제」, 『역사비평』, 1991, pp. 40~50.
7 정상호, 『시민의 탄생과 진화』, 한림대학교출판부, 2015, p. 281.
8 《한겨레신문》, "박정희 정권, 위수령 남발 인권침해", 2010.01.28.
9 《오마이뉴스》, "유신 때 제정된 '국가보위에 관한 특별조치법' 위헌", 2015.03.26.
10 위키백과사전
11 진실·화해를위한과거사정리위원회, 「2006년하반기조사보고서」, 2006, pp.291~292
12 앞의 보고서.
13 《중앙일보》, "43년만의 무죄, 아버지 대신…'긴급조치 9호' 재심 줄줄이 무죄", 2018.02.17.
14 진실·화해를위한과거사정리위원회, 「2006년하반기조사보고서」, 2006, pp.291~292.
15 행정안전부 국가기록원, 지방자치제실시연구위원회
16 위키백과
17 네이버 지식백과, 「6.29민주화 선언」, 한국사사전.
18 JTBC, '전두환 2000년까지 집권 계획' 비밀보고서 입수, 2017.12.08.
19 국가기록원.
20 함께하는시민행동 엮음, 『헌법다시보기』, 창비, 2007, pp.375~376.
21 함께하는시민행동 엮음, 앞의 책, pp.73~74.
22 《프레시안》, "13일간의 단식, 지방자치시대를 열다 '김대중을 생각한다'", 2011.03.23.
23 《프레시안》, 앞의 기사
24 감사원, 『지방자치의 실태』, pp.21~22.

25 정순관, 「지방분권개혁과제」, 한국행정연구원, 2017, pp.4~5.

26 《제주도민일보》, "기초자치단체부활에 대한 기대", 2010.12.06.

27 최창호·강형기, 『지방자치학』, 삼영사, 2011, p.55.

28 《한겨레신문》, "'마산·창원·진해시' 통합 사실상 확정", 2009.12.11

29 《뉴시스》, "'세금 지키자'…경기 6개 불교부단체 시민들 11일 상경집회", 2016.06.10.

30 헌법재판소 결정, 「2016헌 나 대통령 박근혜 탄핵」, pp.74~80.

31 청와대, 「자치분권 종합계획 관련 정순관 자치분권위원장 브리핑」, 2018.09.11.

32 《뉴스1》, "與 자치분권국가 원년…'지방이양일괄법' 통과시킬 것", 2019.01.09.

3장

1 최창호·강형기, 『지방자치학』, 삼영사, 2011, pp.47~48.

2 최창호·강형기, 앞의 책, p.49.

3 한국지방자치학회, 『한국지방자치의 이해』, 박영사, 2008, p.6.

4 최창호·강형기, 앞의 책, pp.31~32.

5 최창호·강형기, 앞의 책, p.32.

6 최창호·강형기, 앞의 책, p.41.

7 보충성 원칙은 가톨릭 교회의 자연법 사상에 기초한 사회론에서 유래한다. 교황 빠우스 11세가 1931년 5월 교서를 발표한다. 이 교서는 "개인이 스스로 주도하여 자력으로 해결할 수 있는 일을 그로부터 박탈하여 사회단체에 배분해서는 안 된다는 것은 항구불변의 사회철학적인 원칙으로 간주한다."는 내용이었다. 소규모의 하위 공동체가 자력으로 해결할 수 있는 문제를 큰 규모의 상급 공동체에 맡기는 것은 정의에 어긋난다는 것이다. 그는 또 "국가는 사소한 업무는 하급 공동체에 맡겨야 하며, 그럼으로써 더 중요한 업무를 수행하는 데 집중할 수 있어 효율을 증대할 수 있다. 보충성의 원칙을 준수하여 다양한 공동체 간의 계층질서를 잘 지킬수록 사회적인 권위와 영향력은 증대될 것이며 국가를 위해서도 다행스럽고 더 나을 것이다"라고 했다. 보충성의 원칙은 소극적인 측면에서 상급 공동체가 해서는 안 될 것을 정한다. 사회의 작은 구성단위가 스스로 어떤 업무를 잘 수행할 수 없을 경우에만 상위의 공동체가 개입할 수 있다는 것이다. 보충성의 원칙은 상급단체의 활동을 제한한다. 즉 사회가 자신을 구성하는 개별적인 단위의 활동을 무력화하거나

박탈해서는 안 된다. 곧 업무를 배분할 때, 그 업무를 더 잘 처리할 수 있는 주체가 아니라 하위단위에 일차적으로 배분해야 함을 의미한다. 적극적인 측면에서는 국가가 하위의 작은 구성단위가 활동할 여건을 만들어 주어야 한다는 것이다. 이후 보충성의 원칙은 중앙정부와 지방정부 간의 역할로 확대되었다. 즉 주민에 가까운 지방자치단체에 일차적인 관할권을 부여함으로써 주민들의 뜻에 더 가깝게 문제를 해결하라는 것이다. 보충성의 원칙은 유럽공동체의 통합 원칙으로 채택되었고 1992년 독일 헌법 제23조 1항에 명문화되었다. 함께하는시민행동 엮음, 앞의 책, pp.378~379.

8 소진광 외, 『한국 지방자치의 이해』, 박영사, 2008, p.3.

9 최창호·강형기, 앞의 책, p.39.

10 소진광 외, 앞의 책, pp.107~113.

11 위키백과사전

12 최창호·강형기, 앞의 책, p.540

13 진광 외, 『한국 지방자치의 이해』, 박영사, 2008, pp.166~167.

14 최창호·강형기, 앞의 책, p.39.

15 페터 비에리, 『자기결정』, 문항심 옮김, 은행나무, 2015, pp.74~77.

16 《중부일보》, "이재명 공약 '서울외곽순환고속도로' 개명작업 '산넘어 산'", 2018. 09.18.

17 《국민일보》, "경기·인천 '서울외곽순환도로 명칭 변경'에 서울시의회 반대", 2019. 01.17.

18 최창호·강형기, 앞의 책, p.644.

19 한국지방자치학회, 앞의 책, p.386.

20 한국지방자치학회, 앞의 책, p.387.

21 최창호·강형기, 앞의 책, p.645.

22 한국지방자치학회, 앞의 책, p.6.

23 정부혁신지방분권위원회, 『참여정부의 혁신과 분권』, 2005, p.36.

24 함께하는시민행동 엮음, 『헌법다시보기』, 창비, 2007, p.373.

25 김상태, 「지방분권의 헌법적 보장」, 『법학연구』 제49집, 2013, p.279.

26 《전국매일신문》, "서울시 '청년수당' 지급…복지부, 시정명령", 2016.08.03.

27 《웹데일리》, "청년유니온 "복건복지부의 '청년수당 직권취소' 취소 환영…", 2017. 09.03.

28 한국행정학회 홈페이지, 송광태, 작성일 2003. 2. 지방정부형태의 하나로서 권력분

립주의의 원칙에 입각하여 지방자치단체의 의사결정기능과 결정된 의사를 집행하는 기능을 각각 다른 기관에 분립시켜 설치함으로써 두 기관 간에 상호 견제와 균형(checks and balances)이 이루어지도록 하는 유형이다. 기관대립형은 중앙정부의 형태에서 대통령중심제와 유사한 것으로서, 이는 권력분립 및 기능분담의 자유주의 사상에 근거하고 있다.

29 김찬동, 「지방의회와 지역자치의 단절」, 『한국행정학회 학술발표논문집』, 2009, pp.1024~1041.

4장

1 최창호·강영기, 『지방자치학』, 삼영사, 2011, p.181.
2 임의영 외, 「한나 아렌트(Hannah Arendt)의 공공영역과 행정」, 『정부학연구』, 제20권 제3호, 2014, pp.71~72.

5장

1 이양수, 「시민공화국과 자치의 이념」, 『시민과세계』, 2011, p.199.
2 이창남, 「글로벌 시대의 로컬리티 인문학」, 『로컬리티 인문학』, 부산대학교 한국민족문화연구소, 2009., p.198.
3 김용호, 『제3의눈』, 돌베개, 2011, p.347.
4 아리프 딜릭, 『글로벌 모더니티-전지구화시대 저항기지로서 '로컬'의 가능성』, 장세룡 옮김, 2007 로컬리티 인문학, 2017, pp.238~239. [서지사항 확인]
5 이상봉, 「지역과 지방, 로컬과 글로벌」, 『황해문화』, 2010, p.18.
6 김용호, 『제3의 눈』, 돌베개, 2011, p.344.
7 에드워드 렐프, 『장소와 장소상실』, 김덕현 외 옮김, 논형, 2005. p.107.
8 에드워드 렐프, 앞의 책, p.104.
9 에드워드 렐프, 앞의 책, p.103.
10 에드워드 렐프, 앞의 책, p.103
11 《한겨레신문》, "'젠트리피케이션 원조' 서울 북촌, 7년 만에 재정비", 2017.01.20.
12 에드워드 렐프, 앞의 책, p.113.

13 에드워드 렐프, 앞의 책, p.104

14 에드워드 렐프, 앞의 책, p.109

15 에드워드 렐프, 앞의 책, pp.112~113.

16 에드워드 렐프, 앞의 책, p.115.

17 에드워드 렐프, 앞의 책, p.153에서 재인용.

18 에드워드 렐프, 앞의 책, p.155.

19 에드워드 렐프, 앞의 책, p.155.

20 에드워드 렐프, 앞의 책, p.157.

21 에드워드 렐프, 앞의 책, p.161.

22 떼오도르 폴 김, 『사고와 진리에서 태어나는 도시』, 시대의창, 2009, pp.188~189.

23 에드워드 렐프, 앞의 책, p.290.

24 에드워드 렐프, 앞의 책, p.177.

25 위키백과사전.

26 《중앙일보》, "롯데타워 특혜의혹 ① 표창원, MB정부와 롯데, 국가 '안보'까지 무시했다", 2018.01.15.

27 SBS 뉴스, "취재파일-싱크홀 속출하는 제2롯데월드, 과연 안전한가?", 2014.07.08.

28 위키백과사전

29 《연합뉴스》, "'1조원대 용인경전철 소송' 주민들 항소심도 사실상 패소", 2017.09.14.

30 에드워드 렐프, 앞의 책, p.179.

31 에드워드 렐프, 앞의 책, p.148.

32 에드워드 렐프, 앞의 책, p.179.

33 에드워드 렐프, 앞의 책, pp.99~100.

34 통계청

35 발레리 줄레조, 『아파트 공화국』, 후마니타스, 2007, p.42.

36 《프레시안》, "아파트의 욕망이 그들을 '보수'로 만들었다…베이비부머와 아파트의 역사", 2012. 10. 07

37 강홍구, 『시시한 것들의 아름다움』, 황금가지, 2001, p.104.

38 강홍구, 앞의 책, p.109.

39 에드워드 렐프, 앞의 책, p.294에서 재인용.

40 에드워드 렐프, 앞의 책, p.294.

41 에드워드 렐프, 앞의 책, pp.276~297.

42 소진광·권영주 외, 『한국 지방자치의 의해』, 박영사, 2008. p.15.

43 이창남, 앞의 글, p.81

44 이창남, 앞의 글, 2009, p.80.

45 위키백과사전

46 김용호, 앞의 책, p.348.

47 이상봉, 앞의 글, p.21.

48 이상봉, 앞의 글, p.22.

49 조크 로터리, 『지역공동체신문』, 커뮤니케이션북스, 2008, pp.28~29.

50 《연합뉴스》, "구글, 베를린에 창업캠퍼스 설치 포기…집값 급등 등 반발에", 2018. 10.25.

6장

1 정상호, 『시민의 탄생과 진화』, 한림대학교출판부, 2015, p.17.

2 정상호, 앞의 책, p.19.

3 정상호, 앞의 책, p.19.

4 조르조 아감벤, 『호모 사케르』, 박진우 옮김, 새물결, 2008, p.45.

5 조르조 아감벤, 앞의 책, p.156.

6 한나 아렌트, 『인간의 조건』, 이진우·태정우 옮김, 한길사, 1996. p.83

7 당시 아테네의 인구는 총 25만 명이었다. 그 중 3만 명 정도만이 시민이었다고 추정하고 있다. 정상호, 앞의 책, p.18.

8 한나 아렌트, 앞의 책, p.82.

9 조르조 아감벤, 앞의 책, p.33.

10 위키백과사전

11 정상호, 앞의 책, p.16.

12 파커 J. 파머, 『비통한 자들을 위한 정치학』, 글항아리, 2018, p.165.

13 정상호, 앞의 책, p.146.

14 정상호, 앞의 책, p.239.

15 정상호, 앞의 책, p.242.

16 강재규, 「지방자치와 주민참가」, 『공법학연구』, 2016, p.110.

17 강재규, 앞의 글, p.109.

18 최창호·강형기, 『지방자치학』, 삼영사, p.406.

19 최창호·강형기, 앞의 책, p.408.

20 최창호·강형기, 앞의 책, p.408.

21 위키백과, 「무상급식 지원범위에 관한 서울특별시 주민투표」 2017.08.29.

22 《한겨레신문》, "서울학생인권조례 주민발의 성사", 2011.05.12.

23 위키백과, 「대한민국 학생인권조례」, 2017.08.30.

24 《연합뉴스》, "국민의 이름으로 파면할 권리가 있다"…주민소환제 10년", 2016.02.13.

25 《경향신문》, "서장원 포천시장 주민 소환투표 무산", 2016.06.07.

26 《한겨레신문》, "홍준표 지사 주민소환투표 무산…유효서명 0.31% 부족", 2016.09.26.

7장

1 호광석, 「한국 지방자치에서 주민참여」, 『사회과학연구』, 2004, p.139.

2 호광석, 앞의 글, p.140.

3 최창호·강형기, 『지방자치학』, 삼영사, p.432.

4 호광석, 앞의 글, p.139.

5 최창호·강형기, 앞의 책, pp.431~432.

6 박세정, 「주민참여 관점에서 본 주민자치센터: 현실과 향후과제」, 『사회과학연구』, 2008, p.137.

7 최창호·강형기, 앞의 책, p.428.

8 박세정, 앞의 글, 2008, p.137.

9 최창호·강형기, 『지방자치학』, 삼영사, p.432.

10 최창호·강형기, 앞의 책, pp.429~430.

11 강재규, 「지방자치와 주민참가」, 『공법학연구』, 2016, p.106.

12 호광석, 앞의 글, pp.148~149.

13 박세정, 앞의 글, p.144.

14 호광석, 앞의 글, p.149.

15 호광석, 앞의 글, p.149.

16 김영일, 「사회적 삶의 원리로서의 민주주의」, 『사회이론』, 2010, p.79.

17 김영일, 앞의 글, p.85.

18 벤자민 바버, 『강한 민주주의』, 인간사랑, 1992, pp.223~224.

19 벤자민 바버, 앞의 책, p.226.

20 김영일, 앞의 글, p.86.

21 벤자민 바버, 앞의 책, p.187.

22 벤자민 바버, 앞의 책, p.185.

23 벤자민 바버, 앞의 책, p.187

24 벤자민 바버, 앞의 책, p.188.

25 벤자민 바버, 앞의 책, p.217.

26 벤자민 바버, 앞의 책, pp.267~294.

27 벤자민 바버, 앞의 책, p.192.

28 벤자민 바버, 앞의 책, p.357.

29 벤자민 바버, 앞의 책, p.338.

30 벤자민 바버, 앞의 책, p.341.

31 벤자민 바버, 앞의 책, p.341.

32 벤자민 바버, 앞의 책, p.342.

33 벤자민 바버, 앞의 책, p.342.

34 벤자민 바버, 앞의 책, p.344.

35 벤자민 바버, 앞의 책, p.344.

36 벤자민 바버, 앞의 책, p.346.

37 벤자민 바버, 앞의 책, p.348.

38 벤자민 바버, 앞의 책, p.346.

39 벤자민 바버, 앞의 책, p.347.

40 김왕배·한상진, 「생활세계의 변화와 삶의 정치」, 한국사회학회 심포지움 논문집, 2005, p.17.

41 김왕배·한상진, 앞의 글, p.29.

42 최창호·강형기, 앞의 책, p.431.

43 최창호·강형기, 앞의 책, pp.430~431.

44 위키백과사전

45 최창호·강형기, 앞의 책, p.433.

46 장호순, 「자치분권과 언론」, 자치분권학교, 2017. p.26.

47 미셸 푸코 『성의 역사1 지식의 의지』, 나남, 1990, p.102

48 양운덕, 『미셸푸코』, 살림, 2003, p.20. 재인용

8장

1 안영훈, 「유럽지방자치 선진국의 지역정부화의 교훈」, 한국지방자치학회 학술대회, 2010, pp.39~59.

2 이 논의는 '민주주의의 방파제'를 말한다. 민주적인 절차에 따라 국민이 선출한 대표자로 구성된 중앙정부라도 국가의 기능이 확대·전문화되고 행정권이 강화되면 직업적인 관료제가 비대해질 가능성은 늘 잠복해 있다. 자칫 중앙정부가 획일화와 관료화되어 전체주의·독재적 성격을 보이거나 중앙정부가 지방의 이해를 제대로 반영하지 못할 수도 있다. 이 때 지방정부가 중앙정부의 획일화·관료화에 대해 견제 역할을 수행하는 것을 '민주주의의 방파제 역할'이라고 한다. 최창호·강형기, 『지방자치학』, 삼영사, 2011, pp.55~56.

3 「유럽지방자치헌장」 전문에서 언급되는 지방자치단체를 '지방자치정부'라고 번역해야 하나 이 책의 일관성 유지와 혼란을 피하기 위해 용어를 '지방자치단체'로 통일했다.

4 이기우, 「유럽지방자치헌장과 지방자치의 세계화」, 『지방행정연구』 제19권 제3호, 2005, p.32.

5 「European Charter of Local Self-Government」 서문에서

6 '보충성'의 원칙은 문제를 해결하는 과정에서 가장 가까이 있는 당사자가 해결해야 한다는 것을 말한다. 중앙정부보다는 지방자치단체가 지역공동체의 문제를 우선 해결하고 중앙정부는 지방자치단체를 지원해 주어야 한다는 것이다. 이는 지역의 자기결정권과 자율성을 보장하는 것이다. 또한 보충성의 개념은 중앙정부와 지방자치단체 간의 기능적인 역할 분담을 내포한다. 중앙정부가 지방자치단체를 통제·감독하는 수직적 관계가 아니라 대등한 입장에서 상호보완적인 관계가 되어야 한다는 것이다.

7 안영훈, 앞의 글, p.44.

8 안영훈, 앞의 글, p.44.

9 강재규, 「지방자치와 주민참가」, 『공법학연구』, 2016, p.104.

9장

1 이기우, 앞의 글, 2005, p.44.

2 이기우, 앞의 글, 2005, p.44.

3 《동양일보》, "교육감 '임명직 전환' 되나", 2014.06.16.

4 《연합뉴스》, "주호영, 교육감선거 '임명제 전환' 필요성 시사", 2014.06.09

지방자치 혁신사례

1 《한겨레신문》, "국가별 '유리천장 지수' 발표…"한국 최하위", 2016.03.07.

2 《화성신문》, "日연출가 '제암리' 뮤지컬 합작 일본 공연", 2009.03.09.

3 https://ko.wikipedia.org

4 일송재단 국제농업개발원, "학교급식도 교육이다", 2017.03.03.

5 일송재단 국제농업개발원, 앞의 글.

6 일송재단 국제농업개발원, 앞의 글.

7 김찬동, 「작은 정부론」, 서울행정학회 동계학술대회, 2007, pp.150~151

8 일송재단 국제농업개발원, 앞의 글.

9 일송재단 국제농업개발원, 앞의 글.

10 권준욱·이철헌(질병관리본부 전염병관리팀), "최근 우리나라 식중독 발생 현황 고찰", 한국의학논문 데이터베이스

11 《경향신문》, 1996. 12. 3. 참조

12 학교급식전국네트워크, 「왜 학교급식에 친환경적인 우리 농산물을 사용해야 하는가?」

13 하봉운·장덕호, 「「학교급식지원 조례」제·개정 방안 연구」, 教育行政學研究 The Journal of Educational Administration 2007, Vol. 25, No. 2, p.338.

14 '부천지역 학교급식 네트워크' 참여단체: 부천경실련, 부천시민연합, 부천YMCA, 부천YWCA, 부천시 학부모연대, 부천교육연대, 들꽃학부모회, 부천여성의전화, 여성노동자회, 부천생협, 그린생협, 소사자활후견기간, 부천민중연대, 민주노동당 부천시협의회, 부천전교조, 부천시민생협, 부천연대, 여성단체협의회, 부천Y생협, 부천시민생협, 부천시공부방연합회, 부천환경교육센터(준), 실업극복부천운동본부 등 총 26개 단체 참여

15 경기도교육청 학교설립과, 「화성동탄 택지내 초등학교 학생수용대책 보고」, 2008. 01.30.

16 《MK뉴스》, "3월 개교 용인 청운초 학생 적어 폐교", 2005.08.04.

17 《수원일보》, "LH 동탄 학교부지로 땅장사? 주민동의 없이 업무용지 변경… 300억 시세차익 얻어", 2009.12.09.

18 《경인일보》, "동탄신도시 '콩나물교실' 강행?", 2006.03.20.

19 《한겨레신문》, "동탄새도시 학교 축소계획 보류", 2006.04.06.

20 《한겨레신문》, "동탄새도시 '콩나물교실' 갈등 격화", 2008.04.20.

21 《한겨레신문》, 앞의 기사.

22 《연합뉴스》, "동탄주민 '분양당시 약속한 학교 설립하라'", 2008.04.18.

23 《미디어 와이》, "경기도교육청, 화성 창의지성학교 '동탄몰빵' 꼼수", 2012.07.29.

참고문헌

1. 단행본

감사원,『지방자치의 실태』, (년도미확인)

강홍구,『시시한 것들의 아름다움』, 황금가지, 2001.

게오르그 짐멜, 김덕영 · 윤미애 옮김,『짐멜의 모더니티 읽기』, 새물결, 2005.

김용호,『제3의눈』, 돌베개, 2011.

떼오도르 폴 김,『사고와 진리에서 태어나는 도시』, 시대의창, 2009.

미셸 푸코,『성의 역사1 지식의 의지』, 나남, 1990

발레리 줄레조,『아파트 공화국』, 후마니타스, 2007.

벤자민 바버, 박재주 옮김,『강한 민주주의』, 인간사랑, 1992.

서중석,「특집1 : 지방자치제, 그 오욕의 역사와 한국민중 미군정 · 이승만정권 4월
    혁명기의 지방자치제」,『역사비평』, 1991.

소진광 · 권영주 · 오재일 · 최호택 · 채원호,『한국 지방자치의 이해』, 박영사, 2008.

앙리 르페브르, 박정자 옮김,『현대세계의 일상성』, 에크리, 2005.

양운덕, 『미셸푸코』, 살림, 2003.

어빙 고프먼, 진수미 옮김, 『상호작용 의례』, 아카넷, 2014.

에드워드 렐프, 김덕현·김현주·심승희 옮김, 『장소와 장소상실』, 논형, 2005.

장-프랑수아 리오타르, 이현복 옮김, 『포스트모던적 조건』, 서광사, 1992.

정부혁신지방분권위원회, 『참여정부의 혁신과 분권』, 2005.

정상호, 『시민의 탄생과 진화』, 한림대학교출판부, 2015.

조르조 아감벤, 박진우 옮김, 『호모 사케르』, 새물결, 2008.

조크 로터리, 『지역공동체신문』, 커뮤니케이션북스, 2008.

최창호·강형기, 『지방자치학』, 삼영사, 2011.

츠베탕 토도로프·베르나르 코크롤·로베르 르그로, 전성자 옮김, 『개인의 탄생』, 에크리, 2006.

파커 J. 파머, 김찬호 옮김, 『비통한 자들을 위한 정치학』, 글항아리, 2018.

페터 비에리, 문항심 옮김, 『자기 결정』, 은행나무, 2015.

한나 아렌트, 이진우·태정우 옮김, 『인간의 조건』, 한길사, 1996.

함께하는시민행동 엮음, 『헌법다시보기』, 창비, 2007.

2. 논문

강재규, 「지방자치와 주민참가」, 『공법학연구』, 2016.

김상태, 「지방분권의 헌법적 보장」, 『법학연구』, 2013.

김왕배·한상진, 「생활세계의 변화와 삶의 정치」, 한국사회학회 심포지움 논문집, 2005.

김영일, 「사회적 삶의 원리로서의 민주주의」, 『사회이론』, 2010.

김재규, 「지방자치와 주민참가」, 『공법학연구』, 2016.

김찬동, 「지방의회와 지역자치의 단절」, 한국행정학회 학술발표논문집, 2009.

박세정, 「주민참여 관점에서 본 주민자치센터: 현실과 향후과제」, 『사회과학연구』, 2008.

안영훈, 「유럽지방자치 선진국의 지역정부화의 교훈」, 한국지방자치학회 학술대회, 2010.

이기우, 「유럽지방자치헌장과 지방자치의 세계화」, 『지방행정연구』 제19권 제3호, 2005.

이양수, 「시민공화국과 자치의 이념」, 『시민과세계』, 2011.

임의영·고혁근·박진효, 「한나 아렌트(Hannah Arendt)의 공공영역과 행정」, 『정부 학연구』, 제20권 제3호, 2014.

이상봉, 「지역과 지방, 로컬과 글로벌」, 『황해문화』, 2010.

이창남, 「글로벌 시대의 로컬리티 인문학」, 『로컬리티 인문학』, 부산대학교 한국민족문화연구소, 2009.

장세룡, 「전지구화시대 저항기지로서 '로컬'의 가능성」, 『로컬리티 인문학』, 2017.

정순관, 「지방분권개혁과제」, 한국행정연구원, 2017.

장호순, 「자치분권과 언론」, 자치분권학교, 2017.

진실·화해를위한과거사정리위원회, 「2006년하반기조사보고서」, 2006.

한상희, 「한국현대사의 명암과 지방자치시대의 의미」, 자치분권학교, 2017.

호광석, 「한국 지방자치에서 주민참여」, 『사회과학연구』, 2004.

3. 법과 헌장

「대한민국헌법」

「지방자치법」

「지방재정법」

유럽 「지방자치헌장」

우리나라 「지방자치헌장」

헌법 재판소 결정문 「2016헌 나 대통령 박근혜 탄핵」

4. 온라인 사이트

《SBS 뉴스》, "[취재파일] 싱크홀 속출하는 제2롯데월드, 과연 안전한가?", 2014. 07.08.

《경향신문》, "서장원 포천시장 주민 소환투표 무산", 2016.06.07.

《국민일보》, "경기·인천 '서울외곽순환도로 명칭 변경'에 서울시의회 반대", 2019.01.17.

《뉴스1》, "與 '자치분권국가 원년…'지방이양일괄법' 통과시킬 것'", 2019.01.09.

《뉴시스》, "세금 지키자…경기 6개 불교부단체 시민들 11일 상경집회", 2016.06.10.

《동양일보》, "교육감 '임명직 전환' 되나", 2014.06.16.

《머니 투데이》, "단 하루도 성희롱 당하지 않은 날 없었다", 2018.11.14.

《연합뉴스》, "1조원대 용인경전철 소송' 주민들 항소심도 사실상 패소", 2017.09.14.

────────, "구글, 베를린에 창업캠퍼스 설치 포기…집값 급등 등 반발에" 2018.10.25.

────────, "'국민의 이름으로 파면할 권리가 있다'…주민소환제 10년", 2016.02.13.

────────, "주호영, 교육감선거 '임명제 전환' 필요성 시사", 2014.06.09.

《오마이뉴스》, "유신 때 제정된 '국가보위에 관한 특별조치법' 위헌", 2015.03.26.

《웹데일리》, "청년유니온 "복건복지부의 '청년수당 직권취소' 취소 환영…", 2017.09.03.

《전국매일신문》, "서울시 '청년수당' 지급…복지부, 시정명령", 2016.08.03.

《제주도민일보》, "기초자치단체부활에 대한 기대", 2010.12.06.

《중부일보》, "이재명 공약 '서울외곽순환고속도로' 개명작업 '산넘어 산'", 2018.09.18.

《중앙일보》, "[롯데타워 특혜의혹] ① 표창원, MB정부와 롯데, 국가 '안보'까지 무시했다", 2018.01.15.

────────, "43년만의 무죄, 아버지 대신…'긴급조치 9호' 재심 줄줄이 무죄", 2018.02.17.

《프레시안》, "13일간의 단식, 지방자치시대를 열다 [김대중을 생각한다]", 2011.03.23.

────────, "아파트의 욕망이 그들을 '보수'로 만들었다…베이비부머와 아파트의 역사", 2012.10.07.

《한겨레신문》, "'젠트리피케이션 원조' 서울 북촌, 7년 만에 재정비", 2017.01.20.

_____, "서울학생인권조례 주민발의 성사", 2011.05.12.

_____, "홍준표 지사 주민소환투표 무산…유효서명 0.31% 부족", 2016.09.

26.

_____, "마산 · 창원 · 진해시' 통합 사실상 확정" 2009.12.11.

_____, "박정희 정권, 위수령 남발 인권침해", 2010.01.28.

국가기록원

국가법령정보센터

네이버 지식백과, 「6.29민주화 선언」, 한국사 사전.

위키백과, 「대한민국 학생인권조례」, 2017.08.30.

위키백과, 「무상급식 지원범위에 관한 서울특별시 주민투표」, 2017.08.29.

청와대, 「자치분권 종합계획 관련 정순관 자치분권위원장 브리핑」, 2018.09.11.

통계청

행정안전부 국가기록원

찾아보기

지방자치는 우리의 삶을 어떻게 바꾸는가

존엄한 삶을 위한 참여민주주의

1판 1쇄 발행 2019년 7월 8일
1판 2쇄 발행 2021년 9월 6일

지은이 | 정현주
펴낸이 | 천정한
편집 | 김선우
디자인 | 정보환 박애영

펴낸곳 | 도서출판 정한책방
출판등록 | 2019년 4월 10일 제2019-000036호
주소 | 서울시 은평구 은평로3길 34-2
　　　충북 괴산군 청천면 청천10길 4
전화 | 070-7724-4005 팩스 | 02-6971-8784
블로그 | http://blog.naver.com/junghanbooks
이메일 | junghanbooks@naver.com

ISBN 979-11-87685-34-0 93350